一路跋涉　一路芬芳

——我的语文教学理念与实践

安瑛　著

陕西新华出版传媒集团

太白文艺出版社·西安

图书在版编目（CIP）数据

一路跋涉　一路芬芳：我的语文教学理念与实践 /
安瑛著. -- 西安：太白文艺出版社, 2022.10
ISBN 978-7-5513-2063-4

Ⅰ. ①一… Ⅱ. ①安… Ⅲ. ①小学语文课—教学研究
Ⅳ. ①G623.202

中国版本图书馆CIP数据核字(2021)第221416号

一路跋涉　一路芬芳——我的语文教学理念与实践
YILU BASHE YILU FENFANG　　WO DE YUWEN JIAOXUE LINIAN YU SHIJIAN

作　　者	安　瑛
责任编辑	姚亚丽
封面设计	净晨旭
排版设计	建明文化
出版发行	陕西新华出版传媒集团
	太 白 文 艺 出 版 社
经　　销	新华书店
印　　刷	陕西博文印务有限责任公司
开　　本	787mm×1092mm　1/16
字　　数	267千字
印　　张	20
版　　次	2022年10月第1版
印　　次	2022年10月第1次印刷
书　　号	ISBN 978-7-5513-2063-4
定　　价	68.00元

如有印装质量问题，可寄出版社印制部调换
联系电话：029-81206800
出版社地址：西安市曲江新区登高路1388号（邮编：710061）
营销中心电话：029-87277748　029-87217872

"扣好人生第一粒纽扣"——子洲县第一小学首届入学礼

"书香陈仓，文明宝鸡"领读者

关注留守儿童，关爱乡村教师——"暖春我们在行动"公益送教送培

担任"名师之路"学术主持及点评专家

我和支玉恒老师在全国特级教师创新力课堂活动现场

陕西省中小学骨干教师赴美高级研修团高级研修活动

安瑛老师，了不起

支玉恒

看到我的老朋友安瑛老师又一本教学专著将要问世，我由衷为她高兴！她让我写几个字，当然义不容辞。

安瑛老师出生于陕西省一个偏远的、群山环绕的小山坳里。当年，这里贫穷落后，小小的瑛儿就经历了饥寒交迫。她听人说山外的宝鸡市有"馍馍夹大肉"，这就成了对幼小的瑛儿极大的"诱惑"。由于山村闭塞，坳里的孩子们上不了学，读不了书，所以大多数人不识字。

看到这种情况，瑛儿的大姐创建了一所公社生产队队办小学。全校师生一共六个人。大姐一个人担任校长、总务、勤杂工和所有课程的教师。她没有工资，只和农民一起记微薄的工分。后来由于大姐工作太出色，被抽调到公社任职。于是，瑛儿的哥哥、二姐先后接替了学校的工作。这可能就是安瑛老师同样走入教师队伍的家庭传承的原动力吧！

一路跋涉　一路芬芳

　　瑛儿的母亲虽然没有文化，但深明大义。瑛儿从小就在母亲的严格要求下，跟着大姐认字、读书。上学后，课堂上读过什么，母亲就让她背下来。为了求静，尚未成年的瑛儿，独自到大山上、悬崖边去诵读课文。做完这一切，东山上才泛起鱼肚白。1987年，安瑛以优异的成绩考入了凤翔师范学校。由于从小养成了刻苦努力的习惯，她不负韶华，努力跋涉，1990年师范毕业，从此走上了决心为之付出一生的教育生涯。

　　在教师的岗位上，安瑛老师满怀激情地投入工作。最初由于没有经验，也难免碰壁、走弯路，但她从小聪慧机敏，也善于反思。她沉潜课堂，钻研教育教学理论，且恰逢时机，国家颁布了《课程标准》实验稿。通过认真学习，她很快做到了给自己定下的"心中有数""目中有人""胸中有本""脑中有纲"。在不断地锤炼自己的过程中，安老师的课堂逐渐达到了她自己设定的"和谐灵动""激情思维""言意统一""自然天成"的目标。

　　安老师在教育教学的路上，步伐永不停歇。她创建了一间自己的"创客教室"，给学生打开一片语言的天空，让他们的精神自由徜徉。她进行课题研究，先后参与并主持了10多项国家、省、市各级课题研究工作，并获得丰硕成果；她有50多篇学术论文在全国公开刊物上发表；多篇论文和课堂教学观摩课在全国大赛中获奖；她独立完成并出版了多部教学专著；她多次开设讲座，有10多个教育教学专题极受广大教师欢迎；她结交多位全国名师，她外出讲课或送教下乡，总把做好的教学设计邮寄给不少名师请教，征求意见，力求完善。

　　安老师认为，"独行快，众行远"。她成立了陕西省特级教师工作室，利用微信等数个平台，线上研讨交流，线下实践操作，为广大教师提高教学工作水平，提供了"路子""梯子"，为老师们点亮了一盏盏明亮的心灯。

安老师从教32年，努力了32年，奋斗了32年，精彩了32年，同时，她也艰苦了32年，尽力了32年，耗神了32年，甚至可以说奉献了32年的青春岁月。但她从未犹豫彷徨，从未畏葸不前，从未停止脚步。

这本专著并不是她辛勤劳动的全部成果，只是她为了教育事业呕心沥血的精神转化的一部分。但我认为这本专著一定会使每位读者受益匪浅。

祝福安瑛老师百尺竿头，更进一步！

2021年9月15日于威海

目 录
CONTENTS

1

第一章 ▼ 我的语文人生

第一节　我的语文流年

一路跋涉　一路芬芳
——从教三十年心路历程

　　我的家乡在宝鸡市陈仓区拓石镇，那是一个四面环山的小山坳，陇海铁路从小山坳里横穿而过。因为铁路，原本闭塞的小山村变得热闹非凡；又因为是铁路工务段、建筑段、水电段、列车段等铁路工作单位的所在地，工人们来自五湖四海，这个偏远的小镇曾一度被称为"小上海"，也曾经有过辉煌的历史。我的家就坐落在陇海铁路南边的一个凹地里，被称为"道南下坑"。梦想的种子就是在那个"坑"里萌芽、扎根、苗壮生长的。

　　窥探世界，描绘了一个童真的神话

　　记不清是在我几岁的时候，有一群人扛着稀奇古怪的家伙，来到了我的家乡，租住在我家最北边的一间房子里。据说是测量队，打算来给我们这里修公路，提前做测量和勘探的。听说是城里来的人，我便天天缠着他们给我讲大山外面的故事。他们也不厌其烦，告诉我宝鸡有馍馍夹大肉的树，躺在一个摇摇椅上，只需要说一个口令："馍馍夹大肉，馍馍夹大肉。"馍馍夹大肉就会掉到你的嘴里。宝鸡有公园，里面有电马；有长着四个轮子，可以在马路上奔跑的车，叫汽车……他们告诉我，只要我天天在我们家山墙的悬崖边，听着水声，大声念书，就能够看到山那边的宝鸡了。

在那个物资极为匮乏的年月里，"馍馍夹大肉"对我来说是极大的诱惑，于是每天早晨，天一亮我就起床，站在悬崖边，面向家乡名山金龙山，倾听溪水潺潺，沐着晨风伴着晚霞高声诵读。渴望能够像《阿拉丁神灯》故事里所讲的那样，只要肯努力，梦想就一定能够实现。在那段逐梦前行的日子里，王家新先生的诗歌《在山的那边》是我每天诵读开始和结束时必须要反复朗诵的："小时候，我常伏在窗口痴想／山那边是什么呢？／妈妈给我说过：海／哦，山那边是海吗？……在山的那边，是海！／是用信念凝成的海／今天啊，我竟没想到／一颗从小飘来的种子／却在我的心中扎下了深根……"《在山的那边》是我走出大山的精神支柱和理想航标。

家庭影响，厚植了一片肥沃的土地

我们生产队在距离我家六十公里以外的大山深处，整个生产队不过十几户人家，由于山地闭塞，队里的孩子们大多都不读书，纵横交错的沟沟壑壑就是他们成长的天地，十几岁的孩子还是斗大的字不识一个。我的大姐看到这种情况，便创建了拓石人民公社的第一所生产队队办小学。当时没有薪水，大概就是算上工，挣工分的那种吧。在土墙上，抹一层薄薄的水泥，再用墨汁涂黑，就是黑板了；垒几排高点的泥墩子，上面铺一块坑洼不平的木板，就算是课桌了；再摆几排矮点的泥墩子，就算是板凳了。从此，大姐便开始了一个老师和五六个孩子的坚守。随着时间的推移，年级逐渐升高，学生也渐渐多了起来，但老师还是她一个人。复式班教学这个词，我最先就是从大姐口中知道的。别看是一个老师的学校，麻雀虽小，五脏俱全，大姐一个人开齐了所有的课程。大姐心灵手巧，吹拉弹唱样样行。家里大人的衣服，她让学生只穿一个袖子，在衣服上贴上写得花花绿绿的彩纸，腰里系一根彩色的宽布条，就成了藏族舞蹈的演出服，那是我迄今为止见过的最原生态的演出服了。或许就是这样的潜移默化吧，长大后的我也能够富有创意地为学生编排各种类型的文艺节目，设计适恰的服装，且每每受到学生和家长的好评。

由于表现出色，大姐被抽调到公社做了"八大员"，哥哥便从大姐手中接过了教鞭。跟姐姐不同的是，哥哥非常注重孩子们的体育锻炼和个人卫生，无论春夏秋冬，他都会在教室门口准备好洗脸水和香皂，让花猫似的孩子们洗得干干净净，才能进教室。哥哥当老师时，学校从一个小仓库搬到了打麦场，农忙时用来打麦子，平时就是孩子们的操场了，哥哥常常带着孩子们打篮球、跑步，每年镇上的春季田径运动会我们队里的孩子们都能够夺冠。今天，我在教育学生时特别强调"细节决定成败"，应该就是受哥哥教学思想的影响吧。

哥哥做了十年的民办教师，后来作为优秀青年应征入伍。二姐便毅然决然地承担起了"七队小学"的所有教育教学以及学校管理工作。这时候，学校已经壮大成为拥有六个教学班、三十多个学生的"大学校"，可是，依旧是一个老师的坚守。二姐多才多艺，文理兼修，两条拖到脚踝的发辫，是跳新疆舞的最好道具。至今还记得，全公社文艺展演，最吸引人的就是整齐划一的腰鼓队了，乍一看，还以为是从黄土高坡走来的专业表演队呢！在众人的啧啧称赞中，二姐指挥着她的队伍，气宇轩昂地从我面前走过。我被人群裹挟着，一会儿被挤出围观的队伍，一会儿又被挤进表演的队伍。那时，我就在心中暗暗发誓，将来有一天，我也要像二姐一样，神气活现地指挥我的学生在舞台上一展风采。今天我真的做到了——带领我的学生们一次又一次地在各级各类文娱活动的舞台上，取得令人羡慕的成绩。每当我带领文理附小的孩子们，参加宝鸡市渭滨区青少年运动会的开幕式或者渭滨区青少年艺术节活动，我们的节目无论是节目编导还是化装造型，抑或是服装设计，都能够别出心裁、独树一帜，比哥哥姐姐们当年的队伍威风多了。

母亲没有文化，一生只认识"男""女"两个字，却是我们当地的功臣领袖式人物，用现在的新名词来说，绝对是超级"网红"。父亲早逝，母亲一个人抚养我们兄妹四人，历经的苦难、流出的汗水和泪水难以估量。母亲的顽强不屈、严苛是出了名的。我在家里排行老小，每天都必须有晨诵、暮读，尤其是早晨，天不亮就被母亲唤醒，揉着惺忪的睡眼，抱着头天晚上就整理好的晨诵书籍资料，去山墙的悬崖边晨读，大约一科的资料朗读完，东方才刚刚泛起鱼肚白，书本上的字迹才渐渐清晰起来。母亲不识字，但她自有一套规矩：她在家里的任何一个地方，都必须要听到我读书的声音。上学时不管家里多困难，只要我读得好、声音洪亮，母亲就会保证我有一个热乎乎的煮鸡蛋，或者给我五分钱，去买一根油条，这在当时是班里人人羡慕的豪华早餐了。十点钟的课间操时间，无论刮风、下雨、下雪，母亲总会准时出现在学校打上课铃的大树下（我们上课的集结号，是被悬挂在一棵大榆树上用七八十厘米长的半截钢轨敲响的），手捧热乎乎的葱油饼或者鸡蛋夹饼，望眼欲穿地等着我下课。但是，如果哪天晨诵或者暮读偷懒了，家里门背后用漂亮的红头绳捆扎的三根小拇指粗的藤条，就是我的"家法棍"，母亲打起我来一点都不心疼，当时我曾一度怀疑我不是母亲亲生的。在母亲的严格管教下，至今我还保持着晨诵暮读的习惯，也要求我的学生们，早晨迎着阳光，在操场上规范站立，面向秦岭朗声诵读，像极了我小时候的样子。

曾记得小时候，农村家家户户的墙上都会挂一个小喇叭，母亲常常边做活边念叨：你声音好听，有一天能在这匣子里说话就好了。长大后我才知道，那叫播音员，再后来叫节目主持人。为了圆母亲的梦想，我一直在默默地努力着，从学校里的节目主持人、校广播站的播音员，到毕业后成为宝鸡人民广播电台的兼职主持人，且拥有了自己的栏目《少儿天地》，这个栏目一做就是十五年，它也成了一届又一届学生的第二语文课堂，应该是最早的研学旅行、社会综合实践活动吧。一路走来，我的成功全都得益于母亲和姐姐们的教育和引导。此外，我的普通话标准，语感掌控非常精准，应该还有汲取了天地之灵气、汇聚了日月之精华的缘故吧。

母亲虽然没读过书，却有许多至理名言，常常发人深省。小时候，母亲常常说："人过留名，雁过留声。"我一直不大明白是什么意思，问过好多次，母亲似乎也讲不明白具体意思，大体就是无论在哪里，做什么事，都得凭良心，做善事、做好事吧。读书之后才知道，这句话是说人的一生不能虚度，应做些有益于后人之事。它出自《新五代史》，五代时，有个叫王彦章的人，认为人生在世应该建功立业，死后应该流芳百世，让人铭记不忘。他虽然是一介武夫，却常用此语教导别人。他常说："豹死留皮，人死留名。"后人根据这句话引申出"人过留名，雁过留声"的谚语。意思是大雁飞过某地还要叫几声，留下点影响，因而人生在世应该建功立业，留名青史。当我经历人生无数次的失败与挫折时，母亲没有丝毫的责备与批评，往往只有一句意味深长的鼓励——世上无难事，只怕有心人。这便足以点燃我胸中的斗志，让我擦干眼泪，从头再来。母亲这些简单朴素的人生哲理，一直激励着我在追求人生价值的路上，披荆斩棘，砥砺前行，不敢有丝毫的懈怠。原生家庭对我潜移默化的影响，使我在后来的教育教学过程中也受益匪浅，我常常用母亲鼓励我的方式，鼓励我的孩子们："孩子，别怕！胜利了，老师跟你一起分享成功的喜悦；失败了，老师陪你一起品尝失败的痛楚。世上无难事，只怕有心人。"

我与爱人可谓是众人艳羡的神仙眷侣，他是我生活的伴侣，更是我事业成长的总设计师。为了支持我的工作，爱人几乎包揽了所有的家务，才使我能够心无旁骛地沉浸在我的教育教学与研究之中。我做事激情豪迈，容易冲动，爱人常常伴随我左右，事无巨细，耐心指教。面对问题学生，他常常帮我分析孩子之所以成为问题学生的原因，有的放矢地采取措施，因材施教，让我明白了孩子身上所发生的一切问题，都是成长中的问题，只要正确引导，都是可以随着年龄的增长有所改善的。小孩子犯错误，连上帝都是可以原谅的，一个承担着传道、授业、解惑的教师，怎么就容不下小孩子犯错误呢？当我面对冥顽不化、屡教不改的"熊孩子"焦躁不安，甚至简单粗暴时，爱人让我明白了一个简单而意味深长的道理：孩子成年之后，老师课堂上教给了他们哪些知识他们或许完全不记得了，但童年时期老师对他们的态度，他们却会牢牢地记住，并且会带进成年人的世界，甚至会影响到他们对未来世界的认知，乃至改变他们的人生观和世界观。因此，要做有人性的教育、做温暖的教育，在尊严视域下倾听生命拔节的声音，用真情挚爱去温暖每一个幼小的心灵。爱人常常引导我去观察一年级刚入学时候小孩子的眼睛，他说：小学教师要用六年时间为孩子一生的幸福奠基，小学六年的学习和生活是能够改变孩子一生的，它是人生奠基的黄金时期。刚入学时，每一个小朋友都拥有一双简单、清澈、充满灵气与好奇的大眼睛，如果到了小学毕业时，双眼呆滞无神，眼眸中透露出对周遭一切无所谓的神情，这就是教育的失败。在爱人的耳提面命之下，我如履薄冰，谨小慎微，时刻担心会因为自己某一个微小的细节，伤害到小朋友的自尊心。三十多年来，我始终秉承"教者父母心"的理念，用心呵护每一个生命成长，宽宥、包容生命成长的所有错误，动之以情、晓之以理。每当当年的学生牵着自己孩子的小手，将他们的未来托付给我时，回忆起小学的点点滴滴，说得最多的果真是我教给他们的做人与做事的道理，更多的是回忆我对某一件事情的处理方式，如何保护了他们的自尊，如何引导他们认识错误并改正错误。无论是教学中的困惑，还是班级管理中的困扰，爱人常常会用"教育智慧""教学智慧"引导我向纵深思考。如何将自己的教育智慧发挥到极致，是我们一直以来共同探讨的话题。三十多年来，我们一直用"穷且益坚，不坠青云之志"相互鼓励，携手同行，为圆我们共同的教育梦想，不懈努力。

理想笃定，播撒了一颗梦想的种子

受家庭的影响，我从小就在心中播撒下了一颗理想的种子。那时候的我们，最常诵读的关于理想的诗句莫过于流沙河先生的《理想》了："理想是石，敲出星星之火；理想是火，点燃熄灭的灯；理想是灯，照亮夜行的路；理想是路，引你走到黎明。"带着这份执着的理想，我刻苦学习，积极上进。在参加一次植树造林活动时，我站在山坡的最高处，俯视刚刚栽下的一排排小树苗，写下了一篇题为《我是园丁，你是树苗》的文章，老师大加赞赏，且破天荒地作为范文让我在班里分享，那一刻，这颗理想的种子就已经根植于我的内心。我爱教书，费尽千辛万苦，夙愿方才得偿。1987年，我以优异的成绩考取了陕西省凤翔师范学校，成为一名光荣的师范生。

以梦为马，开启不负韶华的跋涉

1990年，我以优异的成绩从凤翔师范学校毕业，从此，开始了我的教育之行。我像广袤教育原野中的一棵芒草，生长在文理附小这片教育的沃土上。三十年的风雨兼程，见证了我这棵芒草柔弱、渺小、平凡却又坚韧、自强不息的形神。

在毕业的最初十年间，我满怀激情，热情似火，在追求"教有常法"的路上艰难探索，但对好教师的理解仅仅停留在教育的表面，天真地认为，只要管理好班级，学生听话，把课文讲好，就是教育了。面对一次又一次参加赛教的失败，我手足无措，陷入迷茫无助的深渊，不知道该何去何从。难道我拼尽全力追求的梦想要就此放弃吗？我开始反思自己的教学，由知识教学逐渐向知识与技能相结合的方向探索实践。

毕业的第二个十年，即2000年到2010年，是我沉潜课堂，认真反思，再次实践探索的过程。这十年恰恰是我国基础教育进行新一轮课程改革的黄金时期，新课程理念把课程意识提到了重要的地位，强调课程是教师、学生、教材、环境四个要素的整合，它不仅是文本课程，更是体验课程，课程不只是知识的载体，更是师生探求新知的过程，对教师角色、学习方式都提出了全新的要求。这十年间，我能够游刃有余地做到"心中有数，目中有人，胸中有本，脑中有纲"，跟学生一起徜徉在书海，沉醉于祖国优美的语言文字之中，享受着语文教学的快乐。此时的课堂，人情味越来越浓郁，与学生的情感交流也渐露端倪：我从站在讲台上的传授者、管理者变为走下讲台的学习共同体的参与者、合作者、组织者、引导者、促进者；从关注知识的传授转变为关注学生思维品质的发展；从关注教师教转变为关注学生学，从关注结果转变为关注学习过程；从关注统一转变为关注生命个体的差异，满足不同需求。我的课堂在默默地发生着转变，变成了师生交往互动、师生情感交流、师生共情的课堂，真正实现了平等对话、允分沟通、真诚合作、有效共建，帅生共同构建起了平等、民主、和谐的情感交往型课堂。课堂真正变成了师生共生的生命场。

厚积薄发，践行一生家国情怀的执念

我参加工作的第三个十年，也正是我们国家新的课程标准颁布的时间，也是我国中小学生核心素养提出的时间段。在新一轮课程改革的集结号吹响的时候，我已经拥有了相对充足的知识储备和心理准备，能够带领我的团队，从容不迫地投入新一轮课程改革之中，依旧坚持在新课程理论指导下的"诗意课堂"探索，倡导用"语文的姿态"教语文，主张"返璞归真，还原语文课的本真"，追求"和谐灵动，思维激情；言意统一，自然天成"的课堂风格。我经历了一轮轮的课堂教学改革，在每一次教改中，理念与实践的不断碰撞，淘洗着我的语文教学思想和认识。回望来时路，在语文课堂走向语文课程，语文教学走向语文教育的历程中，我以"简约、温润语文教育理念和价值取向"引领教育回归原点，构建原生态课堂，让洗去铅华的教育更自然、更质朴、更纯真，更能保持人的善良天性，让语文课堂成为学生心灵自由、精神升腾的天堂，成为真正有生命力的乐园。

在追求返璞归真的原生态语文课堂中，将一切有生命的个体与学生的生存状态、学习状态、生命成长状态紧密结合，基于学生个体成长的需求，在物质基础与精神基础的丰盈中，努力创建生态平衡的语文课堂，寻找共性，尊重差异，全面提升语文素养的教学空间。原生态语文课堂首先关注学生的学习兴趣，使学生萌生对语言文字主动接受、喜欢并愿意亲近的情感。其次，原生态语文课堂营造的是思维自由开放、形态有序和谐的课堂教学空间，通过平等对话触及心灵。再次，原生态语文课堂致力于帮助学生养成终身阅读与思考的习惯，让读书伴随学生一生。最后，原生态语文课堂致力于构建以关注生命成长为轴心的"情感交往型"课堂模式，激发共情，在触摸语言文字温度的基础上，体验生命成长的快乐。当我带着我的学生在语文的世界里"走个来回"的时候，我会用语文教学行为实践"语文学习的外延与生活的外延相等"的大语文学习观，使其在生命成长中悄然生根、萌芽，润物无声，真正达到教育无痕的目的。

研究上，我力求培养"涵泳"能力、不断学习，探索研究，将自己的研究成果转化成论文、专著，为青年教师的成长提供强有力的支持与帮助。我充分发挥自己擅长朗读、演讲、播音、主持等诸多有声语言的表达技能，使得我的课堂教学和课题研究均具备了天然的优势条件。

私人定制，创造一间自己的"创客教室"

我对这间教室有自己独特的定位：这里不仅是一个接受知识的场所，也是拥有无数成长故事、充满精神力量的乐园。在这里，教师会用有效的教学手段唤醒学生沉睡的潜能、激活学生封存的记忆、打开学生幽闭的智慧、放飞学生囚禁的思维……它有无穷的引力，是师生的精神家园，给孩子们打开一片语言的天空，让他们的精神自由飞翔，情感健康成长。创客教室的课程资源进一步整合后，形成了更加高效的"创客教室1+X"阅读课程；家长走进了课堂，"亲子阅读课程"教会了49个家庭阅读；这间教室还刮起了国编教材的"三月风暴"，以两套教材并行的教学模式，为孩子的终身阅读奠定了丰厚的基础。我珍视学生的才华，主编完成了《童诗晨诵选读》《童话暮读选读》，其间收录了一年级学生独立创作的百首童诗、百篇童话。我努力践行着情感交融的教育，让学生徜徉在知识的海洋，栖息在诗意的课堂，充分享受到语文学习的快乐，正像一年级小朋友在《童诗晨诵选读》一书中写的："假如，我有一根神仙的魔法棒，我要让老师变成世界上最漂亮的人……"

课题研究，坚持"课题即问题"的原则

根据自己在教学中的实践，我不断总结经验，探讨问题，先后参与并主持了"情感文明与教师成长""诵读与鉴赏""1+X阅读课程整合"等十多项国家、省、市级课题研究。五十多篇教育教学论文在全国公开刊物上发表，多篇教学论文及教学观摩课在全国大赛中获奖。我参与编写了人教社小学语文第九册《教师教学用书》《"炎黄杯"全国青少年作文大赛精品选》《童漫作文创作技巧》《小学语文优化设计》《高品质学习的实践突围——基于深度学习的笔记式阅读课例研究》等教学著作，均已在全国发行。我独立完成五十万字的专著《例谈小学语文教学设计》，为了完成这部专著，我不但在上课的时候注意积累经验，还阅读了大量的教育教学专业著作，做了近百万字的摘录笔记。在网络上，我利用共享平台研读了一千多节国内名师的教学案例，做了三十多万字的阅读笔记。在生活中，我拜访了支玉恒、薛发根等名师，不放过任何一个近距离请教名师的机会，向他们学到了许多书本上没有的知识。历时整整三年时间，四易其稿，我终于完成了第一部个人专著。本书有五十多万字，记载了六十多个课例，每一个课例，都是青年教师学习和实践的最好范例。

设坛开讲，分享一线教师成长心得

在国培计划及青年教师的培养过程中，送教送培进校园，根据自己的教育教学特点，我创建了独具个人特色的名师讲坛，设计研发了适合一线教师的多样化专题讲座，涉及课堂教学、师德师风建设、班主任工作技巧、教师礼仪、朗读艺术、职业规划等十多个讲座专题，为一线教师的专业成长做好辐射、引领和示范。每一次讲座可能只有三个小时，但背后却需要做大量的准备工作；呈现在听众面前的PPT课件仅有几百字，但文案的准备基本都在四万字以上。一丝不苟的准备，使得我的讲座受到了广大师生的一致好评。每一次的送教下乡，我总是将备好的课，分别发送给北京、江苏、浙江的名师，请他们为课堂把脉，提出自己的观点和看法，之后再根据名师的建议，博采众家之长，结合本地学情，融合自己的教学特点进行反复修改、仔细研磨，最终将最优质的资源分享给一线的老师和孩子们。

建设团队，构建学习共同体

"独行快，众行远"，我组建了"陕西省学科带头人工作坊""陕西省安瑛名师工作室""陕西省特级教师工作室"，利用工作室微信公众平台、宝鸡市教育云平台等网络媒介，创建了线下实践操作、线上研讨的教学研讨交流新模式，为青年教师的成长搭梯子、铺路子，为每一位青年教师量身打造阅读计划，鼓励他们多读书、读好书、好读书、读整本书，这样才能点燃学生阅读的心灯。我手把手教青年教师研磨教材，研究课堂，学为人师，学做真人，让青年教师明白：老师是善良的，学生就是真诚的；老师是博雅的，学生就是优雅的。我鼓励他们营造幸福的婚姻家庭生活，这样才能享受一种幸福的教育生活。近年来我的团队中一批教学人才脱颖而出，团队成员从单纯教学型向教学、科研双肩挑型人才转化迈进，共发表论文40多篇，形成教学成果汇编共80册约90万字，开发课件150件，录制微课110多节，优秀教学设计60多节。这些青年人才带着教研成果，形成新的教学理论，走上课堂，脱颖而出，成为教学骨干。仅有一年教龄的青年教师刘欣第一次参加全国语文教师中华优秀传统文化素养大赛就荣获了一等奖。

美国教育家华特·B.科勒涅斯毕特曾说"语文学习的外延与生活的外

延相等"。我牢记并实践这一观念，指导师生积极参加各级各类学科比赛、才艺大赛及社会公益活动，丰富学科学习资源，使语文学习与社会生活实践有机结合。我带领师生组织援建西部山区"流动书屋"；组织宝鸡地区陕西省第一、二批学科带头人、陕西省名师、特级教师等20余人与"宝鸡千企万人公益行"联合举办"暖春——我们在行动"大型公益活动，为留守儿童送去生活所需，为乡村教师送去全新的教育教学理念，本着"让留守的童年不再孤单，让奉献的青春重放异彩"的目的，与乡村教师结对子，让青蓝工程从城市走向乡村；走进流浪儿童救助中心，奉献爱心；参与汶川大地震赈灾义演、为岐山县残疾诗人募捐义演等语文综合实践活动。

三十二年来，我以独特的姿态在教育这一条并不平坦的路上行走着。我行走得很艰难，因为探索的道路崎岖又艰辛。我行走得很坚定，因为岁月的风霜吹老了我青春的容颜，却改变不了我对语文课堂的一片"钟情"。我行走得很风光，因为"疾风知劲草"，从一个名不见经传的青年教师，成长为一名"陕西省特级教师""陕西省教学名师""陕西省优秀学科带头人""宝鸡市拔尖人才"……这其中所付出的辛酸和泪水是实实在在的如人饮水，冷暖自知啊！我又行走得很惬意，因为我既能与同行、与专家、与教授学者对话，又能以诗意的教育理念与学生互动交流；我行走的路子很宽广，因为我既能跟专家学者结成忘年交，从他们那里汲取养分，也能跟支玉恒等老一辈语文名家同台授课，又能随名师大篷车送教下乡，传递我的教学理念，还能用一场场的家庭教育讲座让学生明白学习的使命、梦想的真谛、生命的意义，让家长清楚"养"和"育"的真正含义……

三十二年的昼夜跋涉，让我懂得了"爱"是语文教师人格魅力的源泉，明白了"教育的最高境界是使人对生命产生敬畏感""教育就是生命的教育，生命成长呼唤教育，教育必将点亮生命"。当我俯下身子凝视孩子们的眼眸，灵动的微笑、诙谐的眨眼，甚至天真的仰望都会让我怦然心动。我想，我在过着一种幸福而完整的教师生活。

春泥护花育桃李，薪火传承绘蓝图，做有家国情怀的教育家一直是我孜孜以求的目标。

第二节　难忘第一次，体悟升堂入室

　　人的一生中有无数的第一次值得纪念，甚至刻骨铭心。每一个生命节点中最有意义和价值的情感体验和心灵启迪，跟所有艰难逐梦的人一样，我带着一份执念，从青葱岁月走向两鬓斑白，从碧玉年华，走过知天命之年，收获了无数的怦然心动，也经历过数不清的坎坷辛苦，但一次次我都执拗地逆风前行。骨子里的那份不服输，一直在倔强地暗示我"你能行"。在我的字典里，从来就没有出现过"我不会""我不行"等字眼，我笃信"勤能补拙"，学识的缺漏会在每一天碎片化的阅读中渐渐弥补。我充分利用八小时以外的时间，恶补苦学，相信阅读能够救赎心灵、治愈伤痛、拯救灵魂。我坚信，坚守课堂，就是坚守民族的未来和希望。每一次的褒奖和认可都是我前行的动力，每一份荣誉都是激励顽强拼搏的加油站。于是，我怀揣荣誉，不忘初心，砥砺前行，用于漪先生的教育箴言勉励自己默默奉献，无私无畏，"一辈子做老师，一辈子学做老师"。

一、青春无悔

——第一次在全市教师座谈会上的发言

尊敬的各位领导、亲爱的老师们：

大家好！

又是一年丹桂飘香，又是一年教师节，当人们用无限的热情和铺天盖地的溢美之词来赞颂老师的时候，对于有着近三十年教龄的我来说，或多或少有些酸楚："老师是红烛，蜡炬成灰泪始干。""老师是春蚕，春蚕到死丝方尽。"老师默默奉献，潜心育人，倾其一生，为什么把他们比喻得如此凄美？我渴望换个角度看教育，我们何不做白炽灯，照亮学生的同时，我们也美美地亮着，享受职业的琐碎和幸福？

我是宝鸡文理学院附属学校的一名普通教师，每天做着繁杂而又琐碎的教学与班级管理工作，日复一日、年复一年。多少个清晨，我踏着黎明朦胧的薄雾，迎着晨空的曙光汇进熙熙攘攘的上班人流；多少个黄昏，我守着空寂的校园伴着繁星伏案灯下，默默耕耘……

二十九年前，我以优异的成绩考入了凤翔师范学校，实现了生命之旅中一次重要的跨越，同时未来的人生有了明确的定位。参加工作后不久，班里有个学生，父母双双去深圳打工，行前要将孩子托付与我照顾。因为刚刚走上工作岗位，起初我没有同意，但禁不住家长的再三恳求，最终还是答应了下来，这之后白天一日三餐、洗衣做饭，晚上辅导功课、铺床盖被……可我万万没有想到的是自己几个月来真心无私的关爱与付出，只因孩子的一句抱怨，招致学生家长的种种非难和无端指责。学期末的一天中午，我刚返回宿舍还没来得及喘口气，学生的父母家人就气势汹汹地冲了进来，吵闹谩骂，嚷成一团，我一下子气得晕倒在地。在经受了这样的挫折之后，我变得心灰意冷，最初的生活信念、人生定位动摇了。但当我决意离开曾经深爱的讲台时，是我的学生给了我重执教鞭的勇气和信心，孩子们听说我要走了，教室里顿时一片哭声，孩子们用桌子堵住门哭喊着："老师，你别走，你走了，我们可怎么办呢？"看着这些可爱的孩子，我早已泪流满面、泣不成声。是啊！我怎能割舍下我所钟爱的教育事业？又怎能割舍下学生的真情挚爱？我的心头重燃起希望之光、热情之焰，强烈的责任感使我以十倍的努力、百倍的热情，再一次全身心地投入到教育工作中去。

而今，当年的孩子们都已经为人父母，他们的孩子有些又成了我的学生。那个当年因无心之语险些改变了我一生的学生已经是美国硅谷的一名颇有成就的技术精英了，牵手送他的孩子入学时，他想到了二十多年前对我的伤害，深感愧疚，良知迫使他用文字的形式向我致歉，并坦言二十多年来，他始终记得我说过的话："做人，应该在阳光下抬起头，做个正直的人。"这句话时刻萦绕在耳边，激励着他踏实工作、老实做事，现在更是将这句话用汉字写在了他儿子的书包上。

也就是从那时起，我也在反思自己的一言一行：我该如何将我的教育教学理念渗透到点滴的教学中去？是那一双双天真清澈的眼睛让我渐渐读懂了"教者父母心"的真正内涵；是那每天清晨一个个看似平常简单的拥抱，让我慢慢明白了师生之间最为贴切的打开方式就是相互理解、相互信任；从学生的懵懂无知到为人父母，我也深切领会到了"十年树木，百年树人"的深刻内涵。

张辰，《陕西日报》要闻版首席摄影记者——我的学生，从读书到就业每一个人生转折点，我都陪他走过。玉树地震，他想随宝鸡医疗队前往，征询我的意见。从"母亲"的角度我矛盾、不舍，但从成长的角度，我鼓励他："奋斗过的青春最精彩。"那时的他文字功底尚有欠缺，每天深夜我们都通过网络修改战地文稿，当《宝鸡日报》用整整两个版面刊载了他从玉树发回来的后续报道时，我不禁潸然泪下。2018年子洲发生洪灾，他毅然决然在第一时间赶赴现场。无数个滴水成冰的日子，他趴在高压电线杆上，只为拍一张铁路工人打冰的照片……当有人问他为什么工作如此拼命时，他总是腼腆地笑答："安老师教的。"

凡此种种，我时时在潜移默化中诠释着为师之道：不仅传道、授业，还用一生去解惑。

…………

正是这种挥之不去、难以消解的教育情结把我的人生与小学教育，以及我深爱的学生紧紧牵系在一起。每当我在各地做教师培训时，总会有年轻的老师冲到台前，道一声："老师，长大后我就成了你！"原来他们就是我当年的学生，似乎还是当年那一张张稚气未脱的笑脸，而我却感到一种前所未有的充实、一种与天下父母分享幸福的快乐，那是一个教育工作者永远值得珍藏的人生财富。这难道不是人性教育的光辉吗？

我常说，因为喜欢，所以爱；因为爱，所以执着。当我们用爱的铧犁在学生稚嫩的心田上耕耘而又春华秋实桃李芬芳的时候，谁又能真正理解我们的欣欣和快慰呢？尽管我们没有成名成家的殊荣，也没有鲜花美酒的拥戴，可我深深地知道：一个没有教师的国家必定是贫穷的国家，一个没有教师的民族必定是愚昧的民族，一个没有教师的社会必定是野蛮的社会。

人的生命，如果有一百次，而且每次都可以重新选择职业的话，那么我将会一百零一次地选择教师这个太阳底下最崇高的职业。成功靠拼搏打造，真情用挚爱点燃，人的生命在追求中闪光。让我们携起手来，做一个忠实朴素的麦田守望者吧，守望责任，守望幸福。

谢谢大家！

2019年9月10日

二、春泥护花育桃李，薪火传承绘蓝图
——陕西省第十一批特级教师启动仪式发言稿

尊敬的各位领导、专家、同行：

大家好！

人间最美四月天，在这百花竞艳的季节里，我们相聚古城西安，一起聆听专家的教诲。我有幸成为陕西省第十一批特级教师培养对象，倍感荣幸。欣喜之余，感受更多的是一种沉甸甸的责任，是一种挑战，更是一种激励和鞭策。

习近平总书记指出："建设教育强国是中华民族伟大复兴的基础工程，必须把教育事业放在优先位置。加快教育现代化，办好人民满意的教育。"培养学生的创新意识，使他们承担起文化自信、文化兴邦、科教兴国的使命，是我们每位教育工作者的责任和担当。那么，今天我们究竟缘何而聚？可以说，是为教育的梦想而来，为教育的使命而来，为担当教育的责任而来，重要的是带着问题和思考而来……

今天，我们聆听领导、专家的教导，与各位专家、学者、同行进行思想交流。应该说这是一次学习培训的大会，是一次经验的传授，也是一场文化的饕餮盛宴，更是一次教育思想的更新。我想，我们不只是捧着一颗心来，而是怀揣激情与使命而来，我相信，我们一定能够满载而归。

在座的各位同行，都是陕西省"三级三类"骨干体系建设的受益者。难以忘记无数次多方联动送教下乡、送培进校；难以忘记多少次国培送教走进河南、奔赴甘肃；难以忘记扶贫帮困走进西山、跨越秦岭深入乡村教学点；难以忘记与留守儿童一次次相拥而眠；难以忘记与特殊儿童的一次次击掌微笑；难以忘记带领省市名师团队走进大学，与师范生结对帮扶，示范引领；难以忘记多少个万家灯火的深夜，研读磨课……从教学能手工

作站到学科带头人工作坊，再到特级教师、教学名师工作室，从一开始不知工作站为何物，到摸着石头过河，山一程、水一程，一路走来，感受良多。

特级教师是荣誉不是待遇。特级教师"特"在什么地方？当然是教学能力、研究水平、创新意识、教学风格等方面的与众不同和出色表现。

因此我认为"特级教师"这个称号是一种高尚的荣誉，是党和政府对教师业务的一种肯定和褒奖，是教育团队同行的激励和共同成长的结果，也是家乡的领导和人民培养了我们、滋润着我们，对此我将永远心存感激，并要把这种感激化作报答家乡人民的行动。所以，无论过去、现在、将来，我都不会把特级教师当作争待遇的理由，而是把它作为奉献的要求，扎根家乡，回报家乡。

特级教师是责任不是头衔。我们不能把特级教师当作一种头衔，应该把它当作一种责任。与一般老师相比，特级教师要担负更重要的责任，完成更多的任务，在教育教学、教研管理等多方面发挥示范、引领、辐射、带动作用，为区域教育的发展出谋划策，打造具有陕西特色的品牌工作室。

特级教师是动力不是资本。被确定为特级教师培养对象并不意味着功成名就，而是在更高要求、更严标准、更大责任的背景下，开始了更加艰难的奋斗与竞争，所以我们必须坚持与时俱进，不断学习，不断创新，才能长盛不衰，立于不败之地。让压力成为前进的动力，博采众家之长，在追赶超越的教改背景下，发挥我们的自身优势，为陕西教育添砖加瓦。

自申报特级教师之日起，我们每个人都清楚地知道：特级教师，不只是诗和远方，更是汗水与泪水的结晶，是痛并快乐着的追逐，是拼搏之后收获的喜悦。

在未来的奋斗历程中，我以为特级教师首先应该是铸厚德，做师德的楷模。陶行知先生说得好：捧着一颗心来，不带半根草去。这正是教师无私奉献爱心的典范。所有的学生都十分需要老师的关爱。要爱我们的学生就要了解他们，信任他们，公平对待他们，尊重他们的人格和创造精神，视他们为自己的朋友和共同探求真理的伙伴。教师的人格力量是一种无穷的榜样力量，是他们学习的楷模，所以人们常把"学高为师，德高为范"作为师者的师德规范。我们必须树立正确的价值观，牢记时代赋予我们的使命，兢兢业业做好自己的工作，潜心教学和科研，弘扬优良学风，恪守学术道德，引导学生健康成长。

其次，要修精业，当教育的脊梁。我们每个教师都应该进行创造性的劳动，使自己的工作富有时代气息，追求平凡中的卓越。

习近平总书记希望教师切实承担教育者的社会责任。人民群众把子女送到学校，就是把家庭的希望托付给了学校，我们教师有责任把学生教育好、保护好、培养好，有责任让家长放心满意，有责任促进教育公平，促进和谐社会的构建。人们常说：责任是师者永恒的承诺和担当，用教育家的情怀，把教书育人作为一份事业用心经营，学求精深，业求精良，研求精湛，一辈子做教师，一辈子学做教师。以"穷且益坚，不坠青云之志"的信念，扛起中国教育的大旗，努力实现自己的教育理想，学做教育家，争做教育家。

最后，践好行，做引领的先驱。在陕西省"三级三类"骨干体系建设中，我们常说的一句话是：要脚踏实地，更要仰望星空。我们要用深度的思考，引领扎实的行动，让我们的每一步探索都能坚实有力，让课堂出知识，让研究出成果，让实践出智慧。

我们将挥洒汗水，用勤勉与智慧浇灌这方乐土，使我们特级教师团队成为教学研讨的集散地、教师成长的助推器、名师培养的孵化器，促进当地教师队伍素质的整体提升。我们将以"四有好老师"作为标杆，敢于担责，充分发挥自身示范带动、辐射作用，用高尚的人格魅力、高超的教学技艺影响师生，把人民满意的优秀教师作为毕生不懈追求的目标。

　　特级教师团队是中国教育的一张名片，我们应不忘初心，牢记使命，使这张名片变得更加亮丽。诚然，在特级教师的培养、发展过程中，难免会碰到各种各样的问题与困难。但我们相信，有你、有我、有他，特别是有省厅领导、专家的关怀、支持和帮助，我们一定能攻坚克难，为打造一支师德高尚、业务精良、理念先进的陕派名师队伍而不懈奋斗，共同谱写陕西教育的新篇章！

　　谢谢大家！

2019年4月12日

三、突破令人欣喜　质感仍需提升
——第一次担任陕西省教学能手大赛评委有感

　　炎炎烈日，挡不住人们对教育梦想的执着追求。我有幸担任2017年陕西省教学能手大赛的评委工作。第一次担此重任，不免诚惶诚恐，内心忐忑不安。

　　两天紧张忙碌的观课、议课、听课、评课，整整二十一节课使我受益匪浅，感慨良多。

　　（一）新——理念超前，思路新颖

　　教学设计突出新理念。聚焦核心素养，挖掘教材价值，凸显教学张力的理念越来越被广大教师关注，一线教师的教育教学理念也在悄悄发生着变化。从单纯的死记硬背课标要求、生吞活剥核心素养理论，到渐渐关注唤醒躺在文件书籍里的文字，教师依据教学目标的三个维度，确定文本的重难点，这样层层深入、环环相扣的设计思路，为目标实现、重难点突破提供了强有力的理论支撑。将这些高深的理论条目，通过分解整合，融入教学设计中，将三维目标有机地分解到教学设计的各个环节当中，让听说读写等目标落到实处，成为看得见、摸得着、学得会、做得到、用得好的"真"目标。比如，《翠鸟》一课的目标设定，就是基于表达的一堂阅读课，目标设定简洁明快：1.认识本课11个生字，会写13个生字；2.了解翠鸟的外形特点，并学习动物外形的写作方法；3.积累优美语言。这样的目标设定，每一个环节都是可触摸的、能落到实处的。以目标为抓手将重点设定为："了解并学习运用动物外形描写的写作方法；感受作者对翠鸟的喜爱之情。"突出了情感目标的隐性显现。这样的语文课方是真语文课。

教学过程突出新思路。依据科学有序的教学设计，在课堂教学过程中进行二次升华，发展学生的学力。大部分参赛选手都能够以教学设计为蓝本，在课堂教学过程中，捕捉课堂生成，充分关注学情，及时调整教学思路，关注读中悟情、读中悟理、读中悟法，通过有感情地朗读来体会语言文字的美。教师指导学生朗读，也从以前泛泛的提示，向朗读技巧的细化指导方向发展，让学生懂得如何处理重音、停顿、连接等朗读的基本要素，体会语感。比如，《燕子》一课的朗读指导是这样设计的："乌黑发亮的羽毛""俊俏轻快的翅膀"中的"的"该如何处理，才能不把句子读破？这是文本朗读中一个专题性的问题，课堂上教师引导学生泛读，通过生生评价、师生评价等方式，学生读出了文本的韵味，从而凸显了小燕子的外形美，进而表达了对小燕子的喜爱之情。这样的语文课是充满情感的、具备审美要素的语文课。

（二）实——基本功扎实，综合素养高

学养丰厚。本次大赛，我们看到了一大批为梦想而拼搏、为理想而奋斗的青年教师，他们年轻而充满活力。为了备战本次大赛，大多数选手都做了三五年的储备，无论是知识的储备还是教育教学理念的积累，都是扎扎实实，下了一定功夫的，从他们的言谈举止、课堂智慧都能够清晰地感觉到他们在用丰厚的学养、完备的理论体系构建自己的个性化课堂。

基本功扎实。普通话、朗读、朗诵、钢笔字、粉笔字、简笔画等教学基本功扎实。看得出他们经过了无数次的研课、磨课、课堂实战演练，理论研究与课堂实践为他们能力的提升搭建了宽广的平台。从说课和答辩来看，在校本研修活动中，无论是名师专家的引领，还是同伴互助，都为青年教师的发展指明了方向。

（三）变——课堂转型，教法转变

课堂教学模式由纷繁复杂的乱象模式，向简单、简约型课堂迈进。教师渐渐地开始关注课程资源的整合，教师在解读教材的过程中，敢于依据核心素养、课程标准，面对繁杂的信息，提取有效内容，对文本进行科学整合，并且开始有意识地培养学生整合有效资源的能力。

课堂结构的转型。部分教师关注到了从教课文到教语文的转型。明白了学生的实践比方法规律的学习更重要。以前那些为了合作而合作、为了朗读而朗读、为了质疑而质疑的虚假套路少了；课堂上教师设置的无效问题少了；小手林立，讨论声此起彼伏的现象少。教师更多地关注到引导学生用心思考的层面上，强调"不动笔墨不读书"，并教会学生圈点画注的方法，学生语文思维能力的训练更清晰、更理性了。我们欣喜地看到，教室里有了"冷场""深层次思考"的萌芽，静悄悄的课堂教学模式在渐渐形成，课堂类型从形式到内容都有了质的改变。

关注点发生着改变。三维目标中情感态度价值观呈隐性呈现趋势，语用教学呈浸入式呈现。越来越多的教师在课堂教学环节设计中，注重语言文字的理解、积累，以及运用方法的指导和点拨，关注语言文字表达能力的培养，让听说读写等学习技能落到了实处，一课一得。目标与能力的训练，不再是浮在表面的内容，而是目标设定有了梯度，重难点的落实有了抓手，语文思维能力的训练有了落实的渠道。

二十一位教师的不同表现，也引发了一些值得思考的话题：

1. 青年教师的综合素养还有很大的提升空间。应培养引领青年教师喜欢阅读，爱上阅读，博览群书，培植教师所固有的文化知识素养，丰厚学养。

2. 青年教师的基本功有更扎实的功课可以做。优美的汉字是我们中华民族的艺术瑰宝，也是世界非物质文化遗产中一颗耀眼的明珠，因此，写好汉字是责任也是使命使然。"三字"（钢笔字、毛笔字、粉笔字）是课堂教学有力的抓手，也是培养学生的初步审美素养的基本方法之一，由培养学生写好汉字，引领学生热爱祖国的语言文字，爱上中华文化，于无声处渗透爱国情怀的教育和培养。

标准的普通话、流畅的表达、激情而富有感染力的语言等都是教师必备的基本素养。我们发现，朗读有助于倾听、理解和记忆，是培养语感的最佳途径。朗读是语文教学中的一项重要内容。语义教师要具备朗读的素养，要让自己的学生拥有朗读的素养。因此，回到语言、回到朗读、回到基本功上来是提升教师素养、培养学生审美情趣的途径之一。

3. 培养青年教师解读文本的能力势在必行。我们都知道语文课不是教课文内容，它只是个例子。那么，它究竟是个什么例子呢？是指向对话教学的例子，还是指向语言积累的例子，抑或是指向语言表达的例子呢？在聚焦核心素养、挖掘教材价值、关注课堂转型的教学改革过程中，引领青年教师多角度、全方位地解读教材势在必行。

4. 师表应引起青年教师的足够重视。根据我所看到的参赛选手的公众形象，我深深地感觉到教师在工作和生活之中的仪表修饰应引起足够的重视。我国中小学生的核心素养中提出，小学生应具备初步的审美素养，教师首先应该是美的化身，是美的缔造者和传播者。一名教师的穿着打扮，不但事关他人对自己个人形象的印象好坏，而且是个人教养与素质的最形象的展示。就师表的内涵而言，通常指品德或学问上值得学习的榜样；在外延上，师表则往往指一名教师的公众形象。因此，我以为，作为教师应将"现代教师礼仪"作为一门必修课，认识教师穿着打扮的重要性，有意识地维护自身形象，掌握有关教师礼仪修养的基本原则，熟练地运用教师礼仪修饰的常识技巧，避免在穿着打扮上弄巧成拙。力求做到形象规范、着装规范、礼仪规范、表情规范、语言规范、举止规范，尤其是参赛课的礼仪更应该精致细腻。

2017年7月16日

四、再次起航，我带着梦想
——陕西省学科带头人培养计划上海研修学习心得

"烟花三月下扬州"，当西北还是春寒料峭的时候，陕西省学科带头人培养对象九十九人如期出发赴上海研修。带着对繁华都市大上海的憧憬和向往，带着对中国教育发展前沿的敬畏，我们走进了上海铭师培训中心。在这九天的学习研修中，有思维的碰撞，有理念的更新，更有发自内心的思考。现在我就将我上海研修的体会与同行们分享。

印象一：思维决定格局　格局决定胸怀

所谓思维格局，就是你的野心扩展能力，野心越大，思维格局越大，这是相辅相成的。梦想的大小，决定了格局的大小。思维格局是一个人做事风格的具体表现。大格局是展望世界，放眼宇宙。

2016年3月20日上午，简单的开班仪式之后，华东师范大学教授、博士生导师李政涛为我们做了题为《名优教师专业成长与课堂教学》的精彩讲座。

李教授从"生、实、清、细"四个方面深入浅出地阐明：重建今天的语文课堂，需得"用语言黏住学生"。得让好的思维走进教育者的内心，进而引领学生在思维与创意碰撞的过程中享受学习的快乐，成为终身学习的高手。

　　而现实是，书教着教着就进入了瓶颈期、高原期，无法走出自己思维的桎梏，困顿在自我封闭的圈子里，故步自封，难以有新的突破，严重制约了自我发展的空间。如果要再上一个台阶，思维品质便决定你的晋升，好的思维品质就是人生的金牌，教师需得全方位、立体地完善自己的思维方式。如果缺少自我训练、自我反思，便会停滞在教学的高原期。人到中年的我，陷入了深深的思索：作为学科带头人，应该是师德的典范，区域教育发展的引领者，更需要寻找到属于自己的发展方向，将激情的持续度、积累的厚度、思维的高度、视野或格局的宽度、胸怀的广度相互融合。改变自己，从改变思维方式开始，用心寻找改变自己的原动力："鸡蛋——被外力打破，会成为别人口中的食物；被内力打破，则成为重新诞生的新生命！"

　　印象二：校园文化彰显办学特色

　　走进上海的不同学校，印象最深的是这些学校的社团活动。每个孩子都能够根据自己的喜好，组建社团，参加社团活动。孩子们通过参加学校社团活动，探寻自己兴趣的着力点，培养和发展自己的特长爱好。学校通过提供各具特色的社团活动课程，切实减轻了学生的课业负担，丰富了学生的课余生活，使每个学生都得到发展。尽管这些孩子将来未必都会成为大家，但至少在生命成长的这一阶段，享受到了自我发展的乐趣。这些学校也在各具特色的课程上彰显办学特色，形成独特的学校文化。

　　上海市浔阳路小学秉承"基于学生成长需要"的课程理念，研发出了适合本校学生、家庭需要的"阳光课程"体系。课程体系分为"阳光礼仪""阳光建心""阳光艺术""阳光创造"四个板块，包含足球、篮球、花式跳踢、口琴、机器人、建模、航模、民间工艺制作等四十多门选修课程。3月25日下午，我们观摩了学校的阳光课程。印象最深的是艺术社孩子们的电视剧创编活动，五六年级的孩子们在老师的引领下，独立完成了一部古装电视短剧的编导、创意、拍摄、编辑等所有环节，孩子们无拘无束的创意、激情洋溢的表演、开放发散的思维，为我们打开了一扇窗。最让人感动的是口琴社，为了使贫困家庭的孩子能够掌握一门器乐特长，学校创立了口琴社，指导教师从学生的家庭经济基础出发，充分尊重学生的情感和自尊，让生活在最底层的孩子们同样能够接受尚美教育。学校开发了口琴课校本研修课程，将这些孩子们一路带到了亚洲口琴邀请赛的舞台并获得冠军。

上海市实验学校东校的社团活动更是高大上，孩子们都是来自海归学者的家庭，学校研发开设了以艺术教育、体育教育、科技教育为特色的拓展型课程和探究型课程，具体包括舞龙队、健美操队、文学社、篮球队、管乐队、合唱团、手工、游戏、钢琴、足球、羽毛球、环境科学探索、机器人、无线电、创造发明、电子创新小制作、陶艺、纸艺、蝶艺、键盘即兴伴奏、图像美编、综合英语、奥数训练、数学思维训练、趣味作文等课程或社团，课程都是由学有所长的老师担任。给我印象最深的是学校的科学老师，她是蝴蝶爱好者，也是上海市蝴蝶研究协会的会员，学校根据她的兴趣特长，专门修建了蝴蝶孵化园，成立个人兴趣工作室，这位老师也将自己收藏多年的珍稀蝴蝶标本、与蝴蝶相关的物品，布展在个人工作室，供大家参观学习，指导学生制作的蝶艺作品常常在国际大赛中获奖。当一位任课老师能将自己的兴趣爱好与工作紧密相连，并将自己的所有积累无私奉献给学生的时候，润物细无声的引领和潜移默化的教导使那份职业的崇高和人格魅力得以充分彰显。

这时，我忽然想起了重庆市九龙坡区谢家湾小学。曾经听过知性练达的美女校长刘希娅的报告，当时就被学校"六年影响孩子一生"的教学理念所震撼。刘校长提出课程资源整合，整合课程资源的前提是"个性张扬，和谐发展"，实施"红梅花儿开，朵朵放光彩"校园主题文化，让每个孩子按照自己的优势去发展，以"自信、自尊、自觉、自悟"作为育人目标。谢家湾小学的小梅花课程，对授课教师提出了严峻的考验，每一位课程开发的老师，都必须是复合型人才。学校把艺术教育渗透到学科教学中去，开设了人人必修的生活与礼仪课、综合实践课和选修的兴趣课和特长课，其内容包含了声乐、绘画、雕刻、攀岩、体操、陶艺、书法、器乐、舞蹈、演讲、主持、表演、手工编织、金工、木工等四十多个方面，为学生创设自主发展的空间，强调多门艺术学科的沟通和融合，拓展了艺术教育的方法和内容，使艺术教育的本质真正回归到情感教育、审美教育和素质教育的层面。

回归到现实，与其临渊羡鱼，不如退而结网。可实际问题就来了，目前我们这里的教育环境是很复杂的，亟待解决的是如何保持教师队伍的稳定性，只有这样，对教帅的培养才能是长期的、有目的的、可持续的。在不受教育行政指令制约的前提下，从彰显教师个性出发，培养一批创新型、有理想、有特色的一线教师是改变西部教育落后面貌的关键。

因此，学科带头人的引领辐射作用就显得尤为重要。在暂时无法改变西部欠发达地区当前大的教育环境的时候，学科带头人应努力从改变观念开始，引领一批有梦想、愿意为教育奉献青春的一线教育工作者，立足课堂，做好自己，让每一位老师都能成为阳光星探。

印象三：家常课的思考

3月23日，我们来到了上海实验学校东校进行名校考察，这是浦东新区留学归国人员子女定点学校，建校历史仅仅十二年。学校在"为每一个孩子的幸福童年和美好未来服务"的办学理念指导下，借鉴世界发达地区的办学经验，形成了学校、社会、家长委员会三方联动的管理办法，群策群力，构建了以学生为中心的和谐教育生态，提出了朴素的发展方向："进步每一天，快乐每一天，成功每一天"，引导学生会学、乐学、主动学、持续学，注重培养"乐群、博雅、尚美、能思"的富有潜质的阳光少年。一所年轻的学校，全新的办学理念，与世界接轨的管理模式，绿色生态的教育环境，都给人留下了深刻的印象。

在实验东校我们欣赏了两节同课异构的家常课《扫山路的老人》。上海市教委小学语文教研员薛峰老师的点评引发了我对课堂教学深深的思考。"语文的核心素养"这个词我们早已耳熟能详，可是，正如薛峰老师所言：教师面对文本，该如何研究教学内容？同一篇文章，在不同的年级，该教到什么程度？同样的课，在同一年级，同样的教学目标，该怎么上，上到什么程度？有人提出"泛语文化状态"，认为生活的外延有多宽，语文的外延就有多宽。如果这样，语文学习岂不是无限大？因此，基于教学目标的语文教学和评价应该是生命课堂的根基所在。

支玉恒老师曾经提出，"听说读写，字词句篇"是语文教学的八字"宪法"，用语文的意识来教语文，让语文课回归本真。这就提醒我们一线的教师，需得遵循规律，用老老实实、实事求是的态度去伪存真，让语文的核心素养在洗去铅华中展现语文学习的本色。痛定思痛，我们的许多一线老师，就是教学参考书、百度的搬运工，为了应付检查，将参考教案照搬照抄到自己的备课本上，上课前看都不会看一眼，更有甚者，根本就没有见过新课程标准长啥样，更别提对标准的运用了。

课程标准是课堂教学的目标和方向，有学段目标和年段目标，每一个学段，根据学生的生理、心理特点的不同，明确提出了三维目标，从知识与技能、过程与方法、情感态度、价值观等方面，明确学生的发展方向。语文课堂教学中，应遵循"课标"要求，以大语文观的思维模式去挖掘自己课堂的生命力、创新点，练就学生终身学习的技能，朝着"站起来能说，坐下来能写"的方向努力发展。立足课堂，培养学生的语言素养，使语言知识、语言能力、文化修养三方面有机融合，均衡发展，让充分关注表达、提升语文素养真正落实到课堂。

面对西部教育的发展步伐，笔者认为，要想将新课程标准的精髓与核心落实到课堂上，凸显语文的核心素养，需要创建以学生为中心的和谐生态教育环境，从尊重生命、创建生命的课堂入手；去教育改革的行政化，还基础教育一片安宁；去轰轰烈烈搞模式化的课改，还教师一隅潜心研究、独立思考的空间，让教育真正成为一门创新的艺术。

印象四：校园小景览胜

上海研修期间，我有幸走进了上海的几所学校参观，有的学校历史悠久，创办于1884年，是上海市开埠以来校史最长的学校；有的学校建校仅仅十二年，办学理念与世界发达国家接轨；有的学校是上海市优质学校的典型代表，科研兴校，关爱生命共生共长；有的学校，一走进，就好像置身于一个童话的乐园；有的学校一旦跨入，就像穿越到了爱丽丝漫游仙境的梦幻之中。各具特色的办学理念、各具风格的校园文化，无一不让人为之震撼。

上海市浔阳路小学，以独特的"浔阳"文化见长，追寻每个孩子的主动健康成长。"浔阳十景"颇具匠心，呦呦鹿鸣、潺潺流水、竹林幽草、鱼戏墙头、花开四壁……每一处景观的设计，都透露着极富生命力的气息，彰显着浔阳气质，洋溢着生命的灵动。在这里，我听到的是啾啾鸟鸣、声声欢歌，孩子们的脸上洋溢着幸福的微笑。听到娇小玲珑而又飒爽干练的美女校长朱乃楣追求生命平等的教学理念时，我对这所学校的每一位老师都肃然起敬。在繁华的大都市，这里是一群生活在都市边缘的孩子们，或者说是几乎被边缘化了的孩子，是都市里的弱势群体，他们大多来自城市低保家庭、棚户区家庭，原生的成长背景给学校教育提出了严峻的课题，因此，浔阳路小学的阳光课程教育对他们来说，可能是唯一能触及的尚美、尚能教育课程了。因此，每一处景观的设计，每一节阳光课程的研发，都以尊重生命、相信生命的力量、坚信每一个生命都有发展的理念为出发点，关注生活最底层的生命成长，公平、公正、博爱、无私，这才是教育的大爱。

浙江省绍兴市上虞区崧厦镇金近小学创办于1929年，经过十多年的特色"童话教育"探索，已成为全国闻名的特色"名校"。走进这所学校，首先映入眼帘的就是我国著名儿童文学作家金近先生的塑像，走进校园就像走进了一个童话世界，这里的每一栋教学楼都有一个童话的名字："龙门馆""梦幻园""清水塘""鱼悦厅""小鲤鱼号文化列车墙""小鲤鱼剧场"等。这里随处可见孩子们颇具童趣的创意，他们或将童话故事里的主人公用草编的形式，请到花园里来，活灵活现；或将童话故事里的各种小动物用绘画的形式，再现在花园的石头上，惟妙惟肖；园艺师用绿树红花编扎出童话故事的各种场景，使得每一处花园小景都是一个正在演绎的童话故事，小朋友们穿行其中，每天扮演着不同的角色，在玩耍嬉戏中享受童真的快乐，甚至将地图上长江的流向，微缩在校园一侧的地面上，将中华民族的发展史一一记录，让孩子们每时每刻都能了解华夏民族的发展历史，爱国教育无处不在；红军二万五千里长征的微缩景观也豁然出现在校园，从江西瑞金出发，爬雪山、过草地，最后三军顺利会师陕西吴起镇，每一处重要节点都有相关简介。校园里的每一块石头、每一块草坪、每一件摆设，既是景观，又是教具，还是学具。而这里仅仅是一所乡镇学校，"素质教育童话化"的办学方向，受益的是孩子们，更为孩子们快乐幸福充满无限想象力的童年增添了美好。走出校园，不禁再次对这位乡贤式的校长何夏寿肃然起敬。

走进上海实验学校东校，整个校园无处不彰显着时代发展前沿的氛围：学生展示自我的演奏乐池，憨态可掬的好奇熊，亭台楼榭的微缩景观；凭栏观景，鱼戏莲叶；穹顶之下，蝴蝶孕育；陶艺作品的收藏亦成为校园一景；楼梯间、拐角处、墙壁上的名言警句、经典语录无处不在。在这里，你会惊喜地发现，灵动的生命、尚美的情思，都融进了那张校园全家福。

杭州新华实验小学的校园门厅，"时光邮箱"布满了整面墙壁，与天花板上的童话故事相连接。入学第一天，一年级的小朋友会与父母一起，将自己的心愿卡投进"时光邮箱"。若干年后的某一天,打开邮箱,将会是怎样的一种惊喜?花园草坪上,"爱丽丝的洞""秘密漂流瓶""时光隧道"等童趣盎然的景观设计,无不包含着设计者的巧思。

校园景观是校园文化建设的窗口,校园文化是学校教育的主要组成部分,是全面育人不可或缺的重要环节,是展现校长教育理念、学校特色的重要平台,是规范办学的重要体现,也是德育体系中亟待加强的重要方面。小草"唱歌"、墙壁"说话"的学校文化设施是一种很重要的隐性教育方式。

印象五:阅读成为一种呼吸

苏霍姆林斯基说过:"我认为一个非常重要的教育任务,就在于使读书成为每个孩子最强烈的、精神上不可压抑的欲望。""真正的读书——这是一个吸引智慧和心灵的过程,它能激发起对世界和对自己本人的思考,促使少年认识自己并思考自己的未来,读书不会使人精神空虚,没有什么东西可以代替书籍。"(《苏霍姆林斯基教育箴言》,朱永新编)

无论走进上海市的哪所学校,图书馆的建设都遵循这一真理,激励学生爱上阅读,让阅读成为生命中不可或缺的一部分,让阅读成为呼吸。有的学校倡导绘本阅读,提出"阅读点亮童年"的口号;有的学校提出"书香有约""心灵港湾",倡导用阅读点燃人生的阅读理念。

上海实验学校东校图书馆,有效地利用墙体空间位置的不同,设计出造型别致的书架,将空间用得恰到好处,利用复式空间的栏杆将图书馆隔成了上下两个空间,每处空间独立运行又相互关联。图书馆内立体声环绕,如果上阅读课,无论你在哪一个角落,都能够听到老师的讲解;学生的阅览室,充满童趣,设计别具匠心。阅览室分为三部分:"读书帐篷""阅读沙发""绿色地毯"专供安静读书、勤于思考的孩子午读时享用。"读书帐篷"成了学生阅览室的一大景观,谁能坐进帐篷里读书,那是无上荣光的事。教师阅览室更是令人向往,阅览室里为读书的老师们准备了咖啡、茶水、休闲吧椅，每一处细微的布局，都浸润着阅读、生命、生活、乐趣、尚美的元素。

杭州建新小学的爱丽丝绘本馆更是让人驻足留恋。爱丽丝绘本馆具有阅读、教学、讨论、展示和创作等多种功能，其设计采用了"森林"主题，着力打造自然、浪漫、温馨、富有童趣的阅读与创作环境。绘本馆门口外墙面采用人工3D立体绘画，取材于《爱丽丝漫游奇境记》中的相关场景，色彩与构图都极富情趣与创意。走进馆内，繁茂的藤蔓爬满天花板，在灯光下闪烁出鲜亮的绿意；纯色的原木书架，采用球体、长方体、正方体、字母等图案巧妙搭建而成，营造出大小不一、层次错落、活泼有致的效果；四千多种优秀绘本罗列在书架上，不同国家、不同版本、不同内容、不同主题、不同风格，花花绿绿，颇为壮观，都能申请吉尼斯世界纪录了；最受孩子们喜爱的是坐落在馆内的三个鸟屋，孩子们坐在鸟屋里阅读绘本，是他们觉得最惬意、最开心的事。另外，还有散落在馆内各个角落的可爱的动物布偶、动物台灯、动物坐垫，再加上各色花草与绿色植物，整个绘本馆充满了浪漫、温馨与童趣。

有一种呼吸叫阅读，阅读是一种品质，是一种思索，是一种修养，更是一种境界，它是生命中不可或缺的给养。阅读能够点亮心灯，每一位醉心于教育的老师，都会通过阅读，引领学生去探索未知，充盈生命成长的内涵，增加生命的厚度。

印象六：直面差距，因地制宜，探索创新

我是幸运的，在独自前行二十六年之后，能够有幸与陕西省学科带头人同行，我再次看到了希望——结伴前行的希望。如果说陕西学前师范学院的第一次研修，开启了我的梦想之门，那么这次上海之行的研修，每一场报告、每一次参观，都为我带来了心灵深处的强烈震撼。

重建理念体系。尊重生命的教学理念落到了实处。每一所学校的办学理念都是从尊重生命出发，以善待生命、使生命快乐、共享阳光为出发点，是有人性的教育。校园里的每一条标语都是那么柔软，充满温情。

正如陶行知老先生所说：道德是做人的根本。根本一坏，学问再大，也不会成为对社会有用的人。因此，作为教师要特别关注孩子的价值取向，积极引导学生在学习生活中的道德表现和道德发展，把学会做人作为教育的头等使命，让学校成为养育人性的圣殿。

直面现实差距让我更加深刻地认识到"学然后知不足，教然后知困"的真正含义。首先是与同伴的差距，陕西省学科带头人每位老师都有丰厚的学养、独到的教育教学理念。在与同伴的交谈中，深感自己知识的浅薄、能力的欠缺。其次是观念的差距。李政涛教授"上天入地，知行合一，平等对话，融通创新"的教学主张，以及浔阳路小学"用生命点燃生命"的职业理想观点，正是关注生命教育的核心价值，都促使我再度审视自己多年的教育教学历程。由于西部教育的特殊环境，我们更加关注的是智育的开发，关注的是升学率，考试成绩成了评价学生的唯一标准，评价体系的空置和失衡，导致我们培养出了一批高分低能的学生。细细想来，我们不就是基础教育的罪人吗？我不禁汗颜。因此，我们应直面差距，立足课堂，从改变思路开始，静待每一粒种子的萌芽。

终身探索学习。作为教师，我深切地感受到，必须树立起终身学习的观念，只有不断地学习、更新观念和知识，不断地在实践中总结经验教训，吸取他人之长来补自己之短，才能使自己更加有竞争力和教育教学的能力。随着教学实践的增加，新问题、新矛盾也接连不断地出现，要想自己成为一名真正合格的学科带头人，要学的东西还有很多很多，要走的路还很长很长。因此，必须不断学习，从中总结更多经验，发扬优点，改正缺点，不断探索新的知识、教学方法和教学手段，回归课堂的本真，提升教育教学效果。

最后真诚地感谢陕西省教育厅，感谢学前师范学院，感谢牛文明博士，感谢上海铭师培训中心！

2016年4月4日

五、做一个手持戒尺、眼中有光的教师
——第一次接受媒体采访

过去由于程序性规定不严密、不规范甚至缺失，出现了有的教师对学生"不愿管、不敢管"或过度惩戒甚至体罚学生的现象；有的家长对教师批评教育学生也不理解，造成家校矛盾、"校闹"，或对老师"秋后算账"等现象，严重影响了教师教书育人的使命与担当。

教育部印发《中小学教育惩戒规则（试行）》（以下简称《规则》），在全社会引起了很大的反响，尤其在教师队伍中产生了不小的震动。《规则》明确了教师在教书育人过程中，具有批评和抵制有害于学生健康成长的现象的义务，对教师的教育惩戒权通过出台细则来进行规范和明确，堪称一线教师依法执教的"尚方宝剑"，为教师依法执教、保障教师合法权益提供了法律保障。对教育来说这无疑是件利好的事。广大一线教师都是欢迎的。如何用好《规则》则需要进行有效引导。

《规则》第二条明确规定，教育惩戒是指"学校、教师基于教育目的，对违规违纪学生进行管理、训导或者以规定方式予以矫治，促使学生引以为戒、认识和改正错误的教育行为"。这一规定，首先明确了教育惩戒的属性，就是在教育过程中发生的，学校、教师行使教育权的一种具体方式，而不是单独赋予学校、教师的一种权利。其次，明确了实施的对象和方式，是对违规违纪学生的管理、训导和矫治。最后，强调了行为的目的性，要使学生认识和改正错误，不能为了惩戒而惩戒。

《规则》中根据程度轻重将教育惩戒分为一般教育惩戒、较重教育惩戒和严重教育惩戒三类。一般教育惩戒适用于违规违纪情节轻微的学生，包括点名批评、责令赔礼道歉及做口头或者书面检讨、增加额外教学或者班级公益服务任务、一节课堂教学时间内的教室内站立、课后教导等。较重教育惩戒适用于违反校规校纪情节较重或者经当场教育惩戒拒不改正的学生，包括德育工作负责人训导、承担校内公共服务、安排接受专门的校规校纪和行为规则教育、被暂停或者限制参加游览以及其他外出集体活动等。严重教育惩戒适用于违规违纪情节严重或者影响恶劣，且必须是小学高年级、初中和高中阶段的学生，包括不超过一周停课停学并要求家长在家进行教育管教、法治副校长或者法治辅导员训诫、专门人员辅导矫治等。

　　《规则》明确了实施的权限及范围，以及具体操作落实的细则。《规则》出台前，一些地方流行"把老师当学生管，把学生当祖宗敬，把家长当神供"，"家长越位、老师让位、学生退位"的现象成为常态，一线教师始终处于社会弱势地位。当师生矛盾突发时，教师俨然成为"汉堡"中的"夹心菜"，学校及教育行政部门不能成为保护教师依法执教合法权益的"娘家人""守护神"，一线教师被推到了风口浪尖，他们独自承担来自家长的责难、社会媒体的霸凌！不管有无过错，先"闹"过再说，"校闹"不休，教育尊严扫地！"管学生就是跟自己过不去"成为许多教师的自嘲！更有甚者，因"校闹"让一些教师"破产"！因此，要让教师走出不敢管、不愿管的泥淖，必须从法律上支持并保障教育惩戒权，从而让《规则》落地生根，则是当下最为迫切的工作。

　　因此，笔者认为，要想使《规则》落地，使学生在受教育的过程中，既有动之以情、晓之以理的春风化雨式的温情教育，也有违反班规校纪之后承受适度责罚的"严爱"。要让必要的惩戒成为学生经受挫折、承担犯错后果并付出应有代价而健康成长的砥石。

　　首先，学校和教育行政主管部门应该成为教师的"娘家人"，成为教师合法权益的守护者。也只有这样教师才能够有足够的精神储备，在教育教学管理中张弛有度，合法、有效地行使教育惩戒权利，净化教育环境。无纠错教育将会给孩子的健康成长带来不可估量的伤害。四年前，我们身边曾发生过这样一件事，某校开学招聘了一名应届毕业生，担任两个班的数学课，这位老师刚出校门就上了讲台，面对长期不完成作业、上课不专心听讲、扰乱课堂纪律的小捣蛋们，束手无策，一怒之下就用手掌打了班里屡教不改的六个小朋友的手心。事发之后，老师意识到了自己的错误，主动去办公室找家长道歉，但家长不依不饶，坚决要求换掉任课教师。学校的处理意见是这位老师在全校大会上反复做检讨，在课堂上反复给学生道歉，扣除当月工资，且要求教师买了礼物，再挨家挨户登门道歉，最后停职反省。在这件事情的处理中，学校始终没能站在公正的角度，对教师、家长、学生进行批评、教育，对家长唯唯诺诺，对学生娇惯纵容，直接将涉事教师推到了风口浪尖，由年轻的教师自己面对家长、学生的责难，缺乏足够的身心保护。在家长、学校的强压之下，年轻的老师萌生了轻生的念头，幸亏家人发现及时，才未酿成大祸。不得已，这位老师选择了辞职。试想：如果当初这位老师入职时学校就对她进行了系统严格的岗前培训，结果会不会比预期的要好很多？如果学校没有让涉事老师直接面对家长，彼此的心里是否还会存有一些应有的包容？教育者的尊严会不会得到一点点保护？如果这样，年轻教师的职业信仰或许不会被学校的冷漠和家长越位扼杀在摇篮里。

这件事情的处理方式所带来的不良后果是，这个班的家长比以前更加不尊重老师，任何一位家长随随便便都可以对教师的教育教学指手画脚；学生更是肆无忌惮，嚣张跋扈；凡是给这个班上课的教师个个畏首畏尾，如履薄冰。四年下来，校园霸凌现象成为这个班的常态，不完成作业成为正常现象，无论是学习成绩还是班风班貌都十分堪忧。日常教学中，这样的案例不胜枚举，由此可见，依法治校、依法执教的积极意义不言而喻。但在具体的惩戒落实过程中，每一位普通的一线教师究竟需要了解、掌握哪些基本的法律法规知识，练就哪些处理学生问题的"功夫"，这是需要进行学习和专题培训的。

　　其次，完善学校心理咨询室，培训专业心理咨询师，从专业的角度呵护孩子身心健康成长。学生之所以违反校纪班规，与父母受教育程度、原生家庭的教育氛围都有着密不可分的关系。在分析潜质学生成因时，应从科学的视角去分析，将先天缺陷与后天养成相结合，了解孩子的性格特点，因势利导，因材施教，培养学生的阳光心态，积极乐观地面对困难和挫折，勇敢面对成长中发生的必然事件。这就要求一线教师不断学习，积极进取，学习心理学知识，防患于未然，将矛盾化解在事件发生之前。教师如果人人都能够成为手持戒尺、心中有爱、眼中有光、胸中有情的教师，那么每一次爱的惩戒都将是滋养生命活力的源泉。

　　再次，搭建家校共育平台，创建家长学校，充分发挥家长的养育作用。其实，在教育孩子的过程中，家长与教师应该是同盟军，因为，双方的目标是一致的，都是希望孩子能够身心健康、快乐成长。参加工作三十多年来，我一直认为家校共育是学校教育的最好形态。每学期应召开两次家长会，根据本班学生及家长的具体情况，依据近期出现的问题，设计主题式家长会。从一年级开始，首先为家长量身打造阅读计划，推荐阅读书目，督促家长从学做合格家长向优秀家长迈进，开启家长与孩子共同学习、一起成长的全新历程。通过家长会、亲子活动等丰富多样的形式，将教师的教育教学理念传递给家长，并以此得到家长的认可，将家校关系建立在相互信赖、相互理解、相互尊重的基础上，使家长将孩子托付于老师，成为一种相互敬仰的生命之托，也只有这样，温暖、有度的惩戒才能落地有声。否则，跪着教书的教师，何以教出坚强直立的学生？戴着镣铐舞蹈，怎能彰显太阳底下最崇高职业的尊严？

　　最后，《规则》落地，教师能够有尊严地行使教育惩戒权，有助于培养出有责任担当、能抗压受挫、有顽强毅力的良好公民。依法惩治校闹，尚需社会支持，还校园以清静，还教师以尊严。当然，在我们教师的团队中不可否认有一些教师法律意识淡薄，依法执教意识不强，在教育教学管理过程中方法简单粗暴，会出现这样或者那样的问题，但这都不是主流。我们广大教师都是有着仁爱之心和扎实学识的，他们有着教书育人的初心和担当。他们中的许多人都是学校工作的中坚力量，是教书育教学工作的行家里手。在自媒体发达的今天，断章取义扭曲了教育环境，一旦出现惩戒失误，教师就会成为众矢之的，没有人去关注事情的起因、经过，只是对所谓"结果"大肆渲染。新闻媒体的舆论一边倒，自媒体的快速传播，家长围攻教师、堵校门、提出种种不合理要求，严重扰乱学校正常的教学秩序，将学校推向了风口浪尖，将教师推到了一个无法转身的墙角。凡此种种，当事教师为了息事宁人、保住饭碗，不敢管不能管也不愿管。佛系教书、无纠错教育便成了一些教师无奈的选择。而这恰恰是眼下畸形教育形成的主要原因。因此，依法惩治校闹，保护教师依法执教的合法权益不受侵害，是关乎民族兴亡、社会进步之大计。

百年大计，教育为本；教育大计，教师为本。依法执教，是每位教师的权利、责任和义务，用好《规则》这个尚方宝剑，需要躬耕教坛的老师们殚精竭虑、不辞辛劳地无私奉献，更需要社会的支持、家长的理解、学校和教育行政部门的护佑，切莫让《规则》成为镜中花、水中月，成为一线教师依法惩戒的"温柔陷阱"。

2021年2月2日

第三节　恩师领航，感受人格价值

一、高山仰止，景行行止
——我和支玉恒老师的故事

那是2013年的12月，那个冬天的宝鸡还是比较寒冷的，我的教学也跟那个冬天的天气一样，走进了瓶颈，无法突破，苦闷和彷徨使我终日郁郁寡欢。

一个偶然的机会，师父魏星将我带进了全国特级教师巡讲的舞台，我有幸成为"全国特级教师——小学语文创新力课堂教学观摩活动"宝鸡站的主持人。当我知道这次的宝鸡之行不仅有在全国久负盛名的新生代名师魏星、宋运来、盛新凤，还有被称为中国小语界"四大天王"之一的支玉恒老师时，我兴奋得好几天都没睡好觉。当时就跟组委会提出：我的那节公开课能不能请支玉恒老师帮我点评？两天之后，组委会老师告诉我，支玉恒老师欣然答应了。这对我来说，幸福来得太突然，要知道支老师可是全国大名鼎鼎的专家啊！我是谁？一个一线的普通教师，是因为被邀请做活动主持人，才有机会与大师同台。激动、兴奋过后，就是长达两周的紧张和焦虑。

这次我选择用一种全新的教学方式教学古诗，是有渊源的。那是2011

年暑假，我去四川绵阳参加新课标解读培训会，会上张学伟老师在解读课标时，抓住课标中第二学段古诗文教学的要求："诵读优秀诗文，注意在诵读的过程中体验情感，展开想象，领悟诗文的大意"，从朗读与诵读的技巧与区别，讲到创设情境的种种方法，告诉我们引导学生认识中华文化的博大精深，汲取民族文化的智慧，培养学生热爱祖国语言文字的感情，不是靠简单说教就能够达成目标的，而应该在精心设计每一个教学环节中，为学生创设一定的学习情境，在发展语言能力的同时，发展思维能力，培养学生科学思考的能力。我听得一知半解、云里雾里，整整三天的学习，我的思维都被新鲜的概念、陌生的名词狂轰滥炸，无法与课堂有效链接。张老师用一节示范课，完美地诠释了课标中古诗文教学的目标要求和教学建议。记得张老师当时讲的是古诗《问刘十九》，我完全沉浸在张老师为学生创设的情境中，久久不能自拔，原来古诗还可以这样教！

带着诸多的疑惑和不解，我开始在我的课堂上大胆尝试，但总是感觉哪里不顺畅，触摸不到学生思维的兴奋点，课堂失去了往日的激情和灵活，我已然失去了自我，在"邯郸学步"中惶惶不可终日。

这次全国特级教师巡讲活动，对我来说真是一次千载难逢的好机会，我精心准备，并请支老师现场诊断，解决困扰我许久的问题。于是，我跟我的同事们反复推敲，无数次地试上、研课、磨课，最终将柳宗元的《江雪》呈现在了各位专家面前。

首先我将教学目标确定为"熟读成诵，体会意境；抓住诗眼'钓'品读、联想体会作者想要表达的思想感情，与诗人进行心灵对话"。在课堂教学中，我把抓关键词句、创设情境、体悟诗情作为教学重点。试图在"激趣—悟境—悟情—拓展—延伸"的设计环节下进行，努力把学生引入意境，想方设法让诗中的画面和诗人的感情在学生脑中活起来；教学中，我借助音乐渲染，通过抓关键字、让学生观看插图、走进作者、感情朗读等方法，使渔翁孤舟独钓的形象深深地扎在学生的脑海中，抓住诗眼

"钓"字，深刻体会"寒江雪"的内涵，结合柳宗元的背景资料，引导学生体会他清高孤傲、怀才不遇的孤寂和无奈。整堂课没出什么大的问题，算是顺下来了。

支老师就坐在教室最后一排的座位上，听得非常专注，时而在笔记本上飞快地记录，时而向我投来鼓励的目光，时而向学生送去赞许的眼神。专家点评环节，我屏住呼吸，握笔的手都在不停地发抖。我紧张地记录支老师说过的每一个字，生怕漏掉了什么。支老师对我的课堂设计给予了高度的评价，充分地肯定了我敢于创新的思维意识，这给了我重拾信心的力量和勇气。

时隔两年之后的2015年，支老师再次以《难忘安瑛老师的课》为题，对我当年那节课做了精彩点评："2013年听了宝鸡市安瑛老师讲的《江雪》一课，久久不能忘怀，篇幅关系，只说最精彩的几点：学生自主阅读思考后，老师单单提出'千山鸟飞''万径人踪'让学生思考这是一种什么景象，得出了壮观、热闹、欢快的认识。然后加入'绝''灭'两字，一下子产生了强烈鲜明的对比，使学生非常自然地深入体会了诗歌前两句的意境。有了这体会，后面两句的'孤'和'独'两字即迎刃而解，全诗的形象和精神也就深入人心了。最后再联系柳宗元被贬永州的心情，让学生更深入地体会。安老师把这首学生难以理解体会的古诗三言两语、一气呵成、点到为止地启发学生自主思考、想象，学得干脆利索，卓有成效。"

在支老师一次又一次的鼓励之下，我开始认真研读支老师的教学课例，下决心从模仿开始，成为最优秀的自己。模仿支老师《第一场雪》的教学，我反复研读课堂实录，详细记录每一个环节转换节点，但课堂上我困在"彤云密布"这个词语的出处和使用的问题中；模仿支老师的《只有一个地球》的设计，我被九大行星搅得晕头转向；模仿《草原》一课的教学，同样的情境设计，一样的问题设置，支老师的课上，学生与他之间似乎总有一根线牵着，他们在享受着老舍先生为他们描画的温情画卷，而我的课堂，学生总是游离在文本内容之外，我使出了浑身解数，也无法在课堂上构建起一个读者、教者、作者三方对话、情感交融的模式……从那一刻起，我为自己的浅薄和无知感到深深的羞愧，我开始深刻地反省"给学生一碗水，老师须得有一桶水"的真正含义。而今我更是清醒地意识到，提升教师的学养，丰富自己的知识储备是挖掘教材核心价值、激发学生学习张力的源泉。要想给学生一滴水，教师须得是一片汪洋大海，正所谓"问渠那得清如许，为有源头活水来"。

2015年的暑假，支老师将他一生的教学积累和经验都毫不保留地发给了我。支老师也会将他整理的教育教学理念以及精彩片段实录及点评，准时推送到网络，我每天都会认真阅读并仔细咀嚼；退休后的时光里，支老师一刻也未曾停止探索，每当支老师一部部饱含心血的作品出版，他都会在第一时间寄给我，而我常常被支老师一个个朴实而又精彩绝伦的课例感动，尤其是《支老师谈语文》《支玉恒经典语文课堂180例》《小学语文15课》《支玉恒语文教学研究》等书，品读每一个课例，赏析每一段点评，渐渐地，我似乎在"乱花渐欲迷人眼"的各级各类名师教学主张、流派中，找到了自己语文教学的定位：向支老师学习，遵循返璞归真的语文教学理念，用语文的手段教语文，精准解读语文课程性质，还语文课程本来的面目，用"语文的手段解决语文问题"。支老师认为，最基本的语文手段就是听、说、读、写，即用听说读写的手段，去解决字词句篇的问题。人文性和工具性互为因果，彼此相依相存，是一个和谐统一的整体。人文性与工具性的统一也应该统一到语言文字上，如果课堂教学中人文教育力量过于强大，极有可能会让课堂失去语文教学的学科理性，将语文课上成历史课或者思政课，失去了语文味。要实现人文性和工具性的统一，学生必须到文章中去理解、体会，在语言文字中涵泳；老师应带领学生在文本中走一个来回，在品词析句的阅读体验中，注重对语言本身的研究，将语言中蕴含的人文要素内化为个人情感体验的元素，并与学生的个人情感体验相互连通、渗透、融合，与作者建立对话体系，以求达到情感相融、心灵共鸣。最终达到语言文字积累运用，提升学生语文素养的目的。

2021年5月，"支玉恒教育思想研讨会"在洛阳举行，接到支老师的邀请，我兴奋不已，但由于身体原因，不能赴约。至今，我还清楚地记得，我在去西安复查的前一天，在火车上和支老师聊天的情形，当支老师得知我生病的消息后，随即赋诗一首，鼓励我要勇敢与疾病抗争，要像那天边的彩虹一样："任它天有不测风云，何惧人有旦夕祸福。坚强内心护好肌肤，乌云过了就是彩虹。"支老师的教育人生是一部传奇大戏，一生历经坎坷，跌宕起伏，从体育师范生起步，却一步一步成长为蜚声全国的语文教师，被称为中国小语界的"四大天王"之一。支老师告诉我："2021年对我来说运气不错，此前休息了两年，无声无息了。今年以来，身体越来越好，又开始出门讲课了。以我八十二岁高龄，又去了湖南长沙、浙江杭州，各去了两次，讲课、座谈，然后游览，去了岳麓书院，上了爱晚亭，参观了南宋旧都临安博物馆……只要内心坚强、乐观、心态好，人是不会轻易被疾病压垮的。对病痛，战略上要藐视它，战术上要重视它，曙光就在眼前，幸运不会离你太远。瑛儿，挺住！"当我读到这段话的最后一句"瑛儿，挺住！"时，我分明感觉到，那是父亲对女儿最简单、最朴素，却最饱含爱意的呼唤。

"'瑛儿'，让我忽然感到了父亲般的温暖！不禁潸然泪下。"我回复。

"怪我！怪我！闭上眼睛休息会儿吧！情绪不能大起大落。听话……"

"我知道你是好样的，你像蓝天上舒展的白云，又像大海上洁净的水花，你不会凋谢，只会继续绽放光彩！"

"瑛儿，U盘已快递，请查收。先看讲座，按序看。"

"瑛儿，U盘已快递多日，收到了吧？如没收到告诉我。"

"凡事不要不敢为。"

　　每当我在工作、生活中遇到困窘，情绪郁结无法开解时，我就反复咀嚼我跟支老师聊天的对话，每一个字、每一句话，都仿佛有魔力一般，再苦再难的事情，我都能够默默地扛着、顽强地挺住。我知道，是支老师面对生活的勇气，给予了我莫大的信心和鼓舞。虽然因为自知才疏学浅，不敢在公众场合承认我是支老师的徒弟；担心因为自己的浅薄，影响师父的高大形象；不敢在支老师的朋友圈点赞，担心别人说我沽名钓誉……但支老师每天发的文章，我都会仔细地阅读，从中汲取养分，无论何时何地，支老师对待课堂的执着和坚守、钻研与探究，都是我前行的动力。

　　记得支老师曾经说过：课堂是学生成长的圣地。教师要充分激发学生的生命活力，激发学生的学习兴趣，让他们在学习知识技能的过程中，发挥最大的主观能动性，依靠自己的努力完成学习任务。在这片净土上，教师应以真诚和良善，用简单朴素的语言，为学生营造安静思考的阅读环境，让学生充分施展他们的才华，在自我探究中获得成功的喜悦。

　　而今，我也已经从教三十多年了，一直努力朝着支老师的方向前行，潜心课堂，争取成为他那样的人，简简单单，朴实无华，却又与众不同。

二、恩师

——我生命中的贵人

　　"还没看见瀑布／先听见瀑布的声音／好像叠叠的浪涌上岸滩／又好像阵阵的风吹过松林……"

　　"你的语感真好！"

　　"你的普通话非常标准。"

　　"你具备一个小学教师的基本素质。"

一路跋涉　一路芬芳

　　三十四年前的声音恍如昨日，1987年我考取陕西省凤翔师范学校面试时的情形依旧历历在目，恩师的点评依稀在耳边萦绕。

　　当年的两位考官，一位是德高望重的袁青山老师，一位是治学严谨的王发平老师，王老师后来成了我的班主任。初见恩师的时候，应该是他刚刚从文理学院中文系毕业，我们是他担任班主任的第一届学生。班主任中等身材，浓眉大眼，帅气俊朗，英气逼人，儒雅率真，用现在的话来说是典型的型男形象。大概是有军人情结吧，恩师常常穿一套1950式海空军干部服装，草绿色的军装上四个口袋，醒目、耀眼，老师偶尔也会别一支钢笔在上衣左侧的口袋里，一条宽大的蓝色军裤，似乎与他型男的形象极为切合。在学校众多的老师中间，恩师显得随性、率真，总是很有主见地按照自己的意志行事，有自己独特的做事风格。渐渐地，我们发现，恩师特别像邻居大哥，自然、亲切、随和，却有一种说不出的感觉——我们班同学都很怕他，直到今天我才明白这种感觉就是敬畏。

　　恩师没有高谈阔论，但在潜移默化中，让我领悟到了将来成为一名教师必备的修为。每个周末他都会来教室里转转，跟我们没回家的同学聊聊天，也正是那时候，我知道了"雅致"对一个老师成长的意义：舞台上，我学会了站丁字步，挺拔大气；生活中我明白了女孩子走路要走直线，目光专注，不左顾右盼；说话要温文尔雅，有礼有节……渐渐地，秦风路上再也见不到我手捧冒着热气的烤红薯大快朵颐的豪迈；公众场合再也听不到我旁若无人的高声喧哗；电影院中再也见不到我小耗子一样嗑着瓜子，朗声大笑的情形……恩师润物无声般的教育，使我受用无穷。毕业之后，我自修研习了关于礼仪教育的相关课程，先后开设了教师礼仪、社交礼仪、朗诵礼仪、小学生成长礼仪、雅致是一种修为等课程，为即将登上讲台的师范生以及新入职的教师们，提供了丰富的学习资源，这些课程成了教师职业形象塑造以及小学生文明礼貌养成的优质校本课程。

　　恩师的严谨治学、勤勉努力，为我们这群十五六岁的孩子做出了表率。恩师带我们语文基础知识课，曾记得恩师为我们上的第一节课是用谜语导入的。谜面大致是说皇帝的头发是平的吧，谜底就是他名字，他转身在黑板上潇洒地写下"王发平"三个字，洒脱、舒展、工整的粉笔字，一下子就吸引了我们的注意力。字正腔圆的发音，标准的普通话，将晦涩难懂的单音节词、双音节词讲得风趣幽默、浅显易懂。为了纠正西府方言在普通话学习中前后鼻音不分、"N""L"混淆的现象，恩师一遍一遍地教我们找准普通话发音时，舌头在口腔里的位置，从诗词格律的平仄规律讲到朗读时平声韵、仄声韵的朗读技巧，细腻、不厌其烦，为我们日后从事教学工作奠定了坚实的语言基础。记得毕业时，我们班全班同学的普通话等级测试全部过关，这全都得益于恩师悉心的教导。恩师告诉我们："朗读是语文老师的基本功。"也正是从那时候开始，我便深深爱上了普通话朗诵、主持和演讲，我是从恩师的语文基础知识课走上舞台，成为一名优秀的校园主持人的；也正是因为恩师的耳提面命，三年的母校舞台，我成了名副其实的"麦霸"，也练就了我驾驭舞台语言的基本功。无论是文艺晚会的主持，还是各类活动的主持，我都能驾轻就熟，独当一面。正是因为母校和恩师为我深植了语言的种子，在毕业之后的三十多年教学生涯中，我始终保持着晨读的习惯，也曾在宝鸡人民广播电台、宝鸡经济广播电台创建了自己的栏目《少儿天地》，成了家长、老师、孩子们口中不老的"安瑛姐姐"。我常戏称"在教育界，我的主持是最专业的；在主持这个行当，我是教书教得最好的"。

恩师好似一座富矿，他勤于阅读，笔耕不辍，思想深邃，深深地影响着我们未来的职业规划。本来感觉终于跳出"农门"，吃上商品粮了，就一步登天了，扬扬自得，却不知自己正在孤陋寡闻和鼠目寸光的舒适区，一点一点地消磨着青春的锐气，对未来既没有期盼也没有规划，每天都像一只只快乐的小鸟似的，按部就班地读书、学习、运动。恩师依旧每个周六、周日到教室里转转走走，除了嘘寒问暖，话很少，偶尔会跟我们说"专科""本科""研究生"之类的陌生词语，再后来告诉我们有一种考试叫作自学考试，是不受限制，可以报考的，如果我们现在参加考试，毕业是可以拿到大专或者本科学历的。于是，班里的很多同学都在老师的指点下，开始参加自学考试。不知从何时起，我们班周末回家的、逛街的同学越来越少了，班主任来教室的频率也越来越多了。那时候，恩师跟我们聊《人生》，谈路遥，聊《平凡的世界》中不平凡的人生，也谈爱情与未来。正是受恩师丰厚学养的影响，我在之后的三十多年中一刻也未曾放弃过自己，像恩师那样读书、教书、写书，并教会学生和家长读书。在恩师的引领下，我第一次参与人民教育出版社小学语文第九册教师教学参考书的编写，是恩师手把手地教我如何遣词造句，如何将自己在一线的实践经验上升到理论的高度；依然像在学校修改作文一样，我的每一篇教学论文，恩师都悉心指导，用心修改；是恩师的鼓励，使我萌生了写一本属于自己的个人专著的念头，恩师对我的书稿的修改更是字斟句酌，不放过一个标点符号的推敲……专著出版发行之后，恩师再次从头到尾认真阅读、修改，将书中他认为表达不严谨的词语、表述不完美的语句，悉心勾画、批注。正是恩师这种对待学问一丝不苟、精益求精、严谨治学的态度，潜移默化地影响着我，让我渐渐养成了凡事力求完美的行事风格。我的"陕西省安瑛名师工作室"微信公众号上的每一篇文章、每一条语音信息，恩师都会认真阅读，并提出中肯的意见和建议。恩师常说："但凡呈现在读者面前的文字，无论是网络媒体还是纸质媒体，都必须严谨，不得有丝毫的马虎。"

　　恩师不仅在学业上对我们严格要求，还在生活上对我们关爱有加。每当听到哪位同学生病时，恩师总是让师母做好热气腾腾的面条或者煮得黏稠的小米粥，跟师母一起送到宿舍，非得看着生病的同学吃完，他们才能放心地离开。那时候我们班的很多同学甚至因为这次生病的怎么又不是自己而有点小小的遗憾或者失落；班里有几位家庭困难的男生，学校发的菜票、饭票常常没到月底就吃光了，剩下的一两周就靠罐罐馍就白开水度日。恩师常常买了菜票，让我转交给他们，且不允许我告诉他们是老师接济的。我当时很不理解，落人情的事，为什么不让他们知道？毕业之后，我也做了老师，才知道呵护学生的自尊心就是对生命至高无上的尊敬。我因为体质比较弱，常常病恹恹的，恩师和师母常常像照顾自己的小妹妹一样关心照顾我。记得有一次，我骑自行车摔伤了腿，行动不便，整整一周，恩师和师母总是把饭菜送到宿舍，安慰我不要急躁，静心养伤。直到今天，恩师依然会在我生病的时候亲自登门看望，且鼓励和安慰我要有战胜疾病的信心和勇气。有句话说得好："让我们每一个人都做一个月亮，从太阳那里得到爱，再把爱无私地奉献给大地的每一个角落。"也正是恩师点点滴滴的关爱让我学会了博爱。在三十多年的教学生涯中，我将目光下沉，践行"教室里不能有阳光照不到的地方"的诺言，用如炬的目光，温暖着教室里的每一个学生，用博大的胸襟包容他们，用母亲般的温暖呵护着每一颗受伤的心灵，帮助每一位需要帮助的孩子，陪伴他们走过美好的童年。

韩愈说："师者，所以传道受业解惑也。"在从经师到人师的成长过程中，恩师堪称人师中的典范。记得那是一个秋阳温润的下午，我们正在教室里上自习，恩师忽然通知我，开学典礼上，让我代表新生发言。我顿时慌了手脚，心跳加快，不知所措，紧张得说不出话来。恩师似乎看出了我的心思，亲切地鼓励我说："别害怕！你的普通话非常标准，声音洪亮，一定会说得非常精彩的！就说说你为什么报考师范学校吧，写完发言稿，我给你修改啊！"开学典礼的那一天，全校师生都记住了我这个发言声音嘎嘣脆的山里丫头，也正是从那一天开始，我正式成了校广播站的"专业播音员"。正是因为恩师一次次地为我提供磨砺自己的平台，我才有机会在学校成为能够独当一面的优秀学生会干部。1989年，那个非常时期，是恩师帮我们冷静地分析局势，带领我们班委会、团支部的委员们一起稳定同学们的情绪，一切行动听从学校的指挥。正是因为恩师高屋建瓴的睿智、洞察全局的思维方式，让我在30多年的工作中，每每遇到大是大非的问题，总是会深思熟虑，坚定信念，勇敢前行。记得毕业那天，我曾豪迈地跟恩师道别："老师，您给我一个支点，我就能翘起整个地球！""我要做我们镇的镇长，我要当校长，我要成为特级教师，我要成为……"当我的追求与爱人的事业发生冲突时，我陷入思维的困境，难以抉择。又是恩师，两周一封信，满满的嘱托，说得最多的就是"相夫教子，支持好爱人的工作。做个好妻子，做个好老师"。二十多年来，恩师的嘱托时时在耳边回响，与爱人一起为了我们共同的教育梦想筚路蓝缕、栉风沐雨，虽蒙冤受屈，但初心不改，依然钟情于自己所挚爱的教育事业。这份执念更多是来自恩师教育情怀的激励和影响，也是恩师人格魅力的熏陶。

光阴荏苒，转眼之间恩师已经退休了。一日去恩师家中拜访，发现恩师家中一摞厚厚的书法字帖，以为是恩师买来临摹的，翻开一看，竟然是恩师的笔迹。原来，三十多年来恩师始终未曾停止过书法学习，从唐诗宋词到经典美文，恩师每天坚持练习书写。现在正在给刚刚出生不到三个月的外孙编写书法练习册。以前我们上学时就发现恩师每次跟别人说话时，手指总是不停地在画着什么，原来以为那是恩师的说话习惯。时至今日，我方才明白，那是恩师在书空练字。

如今，我也到了知天命的年龄，即将离开我所挚爱的讲台，但恩师的教诲，却早已与我的血脉融为一体："人生关键的时刻，就那么几步，你们将来要成为孩子生命中的贵人。"回望来时路，恩师不就是用他的行动践行着"做孩子生命中的贵人"这句诺言吗？如今我也努力学着恩师的样子，已然成长为学生生命中的贵人，给"顽石"以感化，给"自卑"以力量，给"胆怯"以激励，给"愚钝"以智慧。也许，有时仅仅是一个眼神、一个举动、一句话语就能成就孩子的一生。

三、借一支长篙，向课堂更深处漫溯
——我与牛博

时间倒回到2015年11月2日，那是在我45岁"高龄"挤进"陕西省三级三类骨干体系建设"之"学科带头人培养对象"的第一天，隆重的开班仪式上，我认真聆听各位领导对此次培训活动所寄予的厚望，备感责任的重大，顿时有种"找到组织"的欣喜若狂。因为我坚信，从此将结束"单打独斗的游击战争"，与充满青春活力的教育探索者一同携手，朝着心中的梦想快乐起航。

一位身材微胖、不修边幅的男老师，稀疏的头发、锃亮的大脑门上写满了智慧。大家都喊他牛博，原来他就是我们的班主任。牛博的讲座，风趣幽默，但意味深长。《向青草更深处漫溯》——一个貌似风情万种的题目，却引发了我深深的思考：在专业型、专家型、杰出型教师成长过程中，自己将定位于哪一类型，抑或做知识型还是智慧型教师呢？

破冰活动时，牛博终于从台上走到了我们中间，自我介绍居然是从我们这边先开始的，要求是先记住自己左右两边的同学。我当时说的什么，记不全了，但只记得我说了一句"我欢迎大家来宝鸡，我将是最专业的导游"吧。牛博一脸的不屑，透过那副宽大厚实的眼镜，两道如炬的目光燃烧着轻视，轻飘飘地捽过一句："跟着课本去旅行？也带我们去世界各地走走？"顿时，我的脸上火辣辣的，不知所措的我双手无处安放，坐也不是，站也不是，杆一样杵在那里。我敏感的神经的第一感觉是，这个牛博对来自小地方的"老年人"有偏见。很快，我们就围绕研究什么课题展开了激烈的讨论，我当然是信心满满地继续我的儿童诗朗读与教学研究了。但是当我把课题研究的题目报告给牛博，请他把关时，他看都不看，就一个字"念"，我战战兢兢地把课题研究的题目念给他听时，他眼睛直勾勾地盯着讲台，大眼角都不扫我一下，冷冷地说："把题目压缩到二十个字以内再说。"直觉再次警示我他这是打心底里就瞧不起我，或者瞧不起我的研究方向。我艰难地思索着，寻找答案。做梦也没有想到，在分配导师的时候，我却偏偏成了他的学生，我心中暗暗叫苦。

在之后十几天的学习中，我渐渐地发现这个叫"牛博"的中年人，似乎不是我第一感觉的那样，他的内心好像有一团火，点燃了每个学员心中的梦想。他的质朴与真诚，他的执着与坚守，只是源自对教育的那份深深的挚爱。他将我们定位为朗朗星空最璀璨的那一颗，茫茫人海最出色的那一个，星星之火中可以燎原的那丝火星。再后来我终于知道，这个对我一脸不屑的中年人原来是个长得太着急的八〇后，年轻的博士，真名叫牛文明，因为博学多识，大家亲切地称他为"牛博"。

随着课题研究讨论的不断深入，我发现这个牛博还真不是浪得虚名，他学养深厚、思维敏捷，看待问题的视角独特，文学的、历史的、哲学的，他无所不知。从课题申报题目的确定，到如何从知网检索文献、阅读资料、撰写开题报告，等等，事无巨细，他都悉心指导，不厌其烦。小组讨论时，对于我们提出的很多无厘头的问题，他都能帮我们找到相应的理论支撑，并将相关的著作推荐给我们。就这样，我们这些大多数都是第一次主持省级规划课题的小白，在导师的引领下，渐渐地也摸着了一些门道。今天，我不仅能够独立完成课题的研究，还能够培养和带动一批年轻人，投入到课堂教育教学研究的行列里，也带出了一支能上课、善教研、敢创新的科研型教师队伍。

牛博总是能够知人善任，根据我们学员各自不同的特长，为我们搭建成长的平台。"走出去，长见识，遍访名师"是牛博引领我们在实践中成长的第一步。虽然时间已经过去六年多了，但我还清晰地记得是牛博带着我去拜访杭州建新小学校长闫学老师。在建新小学我第一次见到了亚洲第一个主题图书馆"爱丽丝绘本馆"，徜徉其间，似乎感觉书中的人物一个个向我们款款走来，故事中的场景渐次清晰鲜活了起来。一回到学校，我就将绘本课程与语文课程进行了有效对接，研发了"绘本遇见童年"系列课程，其中"读绘本、演绘本、创编绘本"已经成为我语文教学中的一个特色课程。当我走进我国著名儿童文学家金近先生的母校——浙江省绍兴市金近小学时，我第一次领略到了不一样的现代化农村小学；走近具有大爱情怀的校长何夏寿，在童话式的教育氛围中，感受"小鲤鱼跳龙门"的拼搏与努力。我的语文综合实践课程"童话遇见童年"系列之"读的童话、讲的童话、写的童话、画的童话、演的童话"等教育模式也是从何校长的校园文化解读中受到启发，并开始进行尝试的。是牛博带我走进陕西师范大学、陕西学前师范学院等高校，为参训教师、在校师范生做培训讲座和专业引领，在一次又一次的历练中，我得以快速成长。

2015年秋天是我教育生涯的转折点。牛博推荐我去"名师之路"教学研讨会担任主持人。在那里，我第一次见到了薛法根、蒋军晶、崔峦等目前活跃在中国基础教育舞台上的全国知名专家、学者，有幸聆听他们精彩的讲授，更有幸与他们近距离接触，听他们答疑解惑。每一场活动，我都会随身携带笔记本电脑，边听边记录，记录自己的听课感悟，以便做出较为精准的专业化点评。几乎每一场活动，牛博都会亲自到场，坐在我的旁边，给我解读学院派专家高屋建瓴的理论观点，告诉我作为一线教师该如何因地制宜、因生制宜将科学的观点渗透在课堂上，让学生从中受益。对于一线成长起来的名师、专家，牛博总是能够一针见血地指出，哪些环节是花架子，课堂不适用；哪些切入点是能够点燃学生思维、培养学生能力的创意。在牛博指导我如何观课、议课的时候，常常会不经意地说上一两句，名师也是从一线教师成长起来的，也是普普通通的人，你也可以的。牛博的话，像一粒种子，信念是促它萌生的风。也正是从那时起，我认真研读每一位名师成长的艰难历程，了解他们的教育教学主张，购买了大量的名师专著，认真研读他们的经典课例，反复观看他们的讲课视频，认真阅读知名学者的课例点评，在现场从不放过任何一个可以与名师交流的机会，从教学内容的选择到课堂环节的设计，甚至老师与学生之间细微的互动，都是我做深刻思考和探究的地方。无论是薛法根老师一堂课中与一个学生的死磕到底，诸向阳老师的循循善诱，还是何捷老师的不会就飘过，都是教学艺术的彰显。每当这时，牛博总是告诫我说：学习别人不是为了你的课看起来像谁。当有一天，你成了你自己的时候，就是你教学风格形成的最佳时期。牢记导师的提点，我博采众家之长，在教学过程中，反复实践，不断创新，在反思中探寻适合学情、校情的教学方法，挖掘学生课堂张力，终于从模仿中走出来，形成了"简约、温润的语文课堂理念"，恪守"用语文的手段教语文"，在简单、朴实中，探寻激情与灵动的课堂教学风格。五年之后，我也成长为一名陕西省中小学教学名师，也实现了自己毕生的追求，成为特级教师行列里的一分子。

陪伴三级三类骨干体系教师的成长，牛博用真情保驾护航。曾记得学科带头人培养期间，每一次活动的设计和策划，牛博都会从活动的目的和意义、活动的实际价值和社会价值等方面，做科学的规划。"暖春，我们在行动"大型公益活动就是在牛博的精心策划之下，得以顺利进行的，他邀请了陕西省三级三类骨干体系宝鸡团队的各个学科骨干教师20多人，送教送培进课堂；组织商务印书馆以及宝鸡千企万人公益行活动，为宝鸡市西部山区的广大师生送去图书及生活用品，引起了强烈的社会反响。现在"帮扶乡村教师，关注留守儿童""让奋斗的青春绽放异彩，让留守的童年不再孤单"已经成为宝鸡市小学名师联盟的品牌活动，常年坚持为乡村教师做订单式的定点帮扶，充分发挥了骨干教师的引领、辐射和示范作用，彰显了他们的社会责任意识和使命感。

回顾过往，与导师相处的点点滴滴历历在目，导师的教诲时时在耳边萦绕。牛博用他自己的人格魅力感染着我，时时警示我，既要仰望星空，又要脚踏实地，在踏地而行中砥砺奋进。难以忘记，当我事业遭受重创时，牛博将傅佩荣先生引进我的生活，鼓励我用哲学与思辨的视角，解读人生的坎坷与灾难；当我人生迷茫，找不到前行的方向时，牛博默默地将于漪的《点亮生命灯火》递给我，使我明白作为一名真正的教师需要有"一辈子做老师，一辈子学做老师"的情怀，应该怀着对每个学生生命敬畏的虔诚，手持火种，点燃他们精神成长的灯火……牛博话不多，我们见面的次数也不多，但是，每一次见面，似乎他总能算准我当时当下的心境与困惑，总是能将哲学、美学、教学等方面的书籍，及时送到我的手中，让我从中探索真知。渐渐地，我从牛博那里学到了教育需要遵循"牧羊人法则"——有经验的牧羊人总是能将他的羊群赶到水草肥美的地方去。

我是幸运的，在我的前半生中，遇到了无数的良师益友，牛博也是最使我感激、给我鼓励最多的恩师。有时我常常想：他对于我的热心的希望、不倦的教诲，小而言之，是希望我能够成长为学术型、科研型的教师；大而言之，是为了中国的教育，就是希望我能够成为教育家型的教师。他的性格，我是十分钦佩的。每当夜间疲倦，正想偷懒时，抬头看见书架上导师送给我的一本本书籍，那"撑一支长篙，向青草更青处漫溯"的期待似乎又在耳边响起，便使我忽又良心发现，而且勇气倍增，继续在漫漫征途砥砺前行。

四、百年母校永芳华

——与母校恩师们的点滴往事

近几年，我经常受邀担任青年教师各级各类赛教的评委，在点评、提问时，常常会脱口而出："孩子，这个环节如果这样设计，你觉得怎么样？会不会效果更好些呢？"也有同事批评我，对选手太温柔，缺少了大赛的严肃性。不知怎的，随着时间的推移，三十多年前我在陕西省凤翔师范就读时，恩师们的一举手、一投足、一颦一笑，仿佛就在眼前交替出现，甚至说话、讲课的声音，好像也时常在耳边响起。不知从何时起，"孩子们"成了我课堂上用得最多的称呼。

　　记得当我第一次离开家乡，第一次走出大山，来到我梦想起航的地方——凤翔师范学校。第一天上课时，一声特别的问候"孩子们！"，让我的眼泪早已翻涌而出，不知是这声问候触动了我的泪点还是老师清朗的眼眸里包含了太多的慈和与希冀。我们的文选与写作课就是在陈世卿老师这一声父亲般的"孩子们"的问候中开始的。我记不清那节课教学内容讲了什么，只是至今还清晰地记得，陈老师夸我们是最优秀的孩子，将来也必将成为最优秀的教师，在教育好自己学生的同时，善待自己面朝黄土背朝天的父母，争取让他们晚年有所依靠……整堂课，我穿梭在陈老师饱含深情的殷殷教诲中，且暗暗下定了决心，将来一定要长成妈妈的一把伞，为她老人家遮风挡雨，陪伴她安度晚年。

　　陈世卿老师年纪不大，身体单薄，瘦削的脸庞棱角分明，颧骨凸起，眼神中却投射出刚直不阿的神情，那神情伴随了我三十二年，一直是我遭遇挫折时引领航向的一束光。最吸引我视线的还是那撮在风中傲然挺立的山羊胡子，据说，"山羊胡子"是有故事的，但是我们不知道故事的始末。听学长们说，我们进校前，他们就是按照普师专业——"万金油"型教师培养的。陈老师带领大家锐意改革，大胆创新，整合课程，为顺应将来农村基础教育的发展，让美育教育、体育教育、技能教育与文化课程教育并驾齐驱，用今天的视角来分析，他就是教育教学改革的弄潮儿。这个故事正是当下核心素养与课程资源整合的前奏。

　　"老徐"是我们的物理老师兼学校政教主任。遥想当年，晨曦微露，起床的铃声尚未响起，"老徐"的脚步声伴随着唠叨声就已经扑面而来："谁敢睡懒觉？"门锁他都敢砸；吃饭时间，整个食堂乌泱泱一片，只要有"老徐"瘦弱的身躯在，我们再也不用担心递进去的是碗，等来的是打饭师傅无奈的眼神。因为餐厅有了"老徐"，我们女生才能吃饱饭，才能看住自己的碗，才能够端着自己的碗，趾高气扬地从强悍男生叹息的眼神中飘过，才会对井然有序、规则、秩序这些词肃然起敬……此后的三十多年，我延续着"老徐"的做法，唠叨、严苛、执拗但不失亲和，教会了孩子们敬畏规则，温润着孩子们稚嫩的童年。

刚参加工作两个月时，"老徐"来看我，那时，我每月八十九块钱工资，我用在凤翔师范学校吃饭的绿洋瓷碗，在文理学院教工餐厅给他买了一份类似盖浇饭的午餐，他吃得很香，说这是他吃到的最好吃的饭了。至今我欠恩师"老徐"一顿丰盛的谢师宴，欠他一声深情的"父亲"。

与"老徐"不同的是，代数老师马来焕，他上课从不喜欢用粉笔头写字，一支粉笔，两面板书是他的标配，不多不少，最后一个标点符号写完，粉笔用尽，缜密的逻辑思维、严谨的推理验算、标准的图形嵌入，每一步都堪称完美。今天看来他的板书就是PPT式的，也正是从那时起的近三十年间，课堂板书的艺术美、结构美、条理清、有质感都是我努力的方向。

何彩琴老师曾担任过我们的音乐老师，她钢琴弹得很好。每次上课，看到她十指纤纤，在琴键上灵巧地舞动，边弹边唱，我就觉得很神奇。大家都非常喜欢上她的课，她的声乐特别好，声音似银铃般清脆、婉转、柔美。但我却最怕上音乐课，因为五音不全，常常跑调。记得上小学时，我们的音乐课是全校三个年级三个班一起上的，音乐老师一般是风琴伴奏，我总是很卖力地跟着学习，可是老师总能在百十来号学生中听出来是我跑调了，后来只要我只卖力地张大嘴巴，做口型，不出声，老师总会表扬大家，唱得真好，太标准了。从此，自尊心极强的我就对上音乐课产生了恐惧感，一到音乐课，我就想逃课。何老师好像一眼就看穿了我的心思，每次上音乐课都频繁地提问我，她亲自为我伴奏，让我唱歌，希望用琴声将我带到正确的音调上来，可我一次也没成功过，视唱练耳我一次也没听准过。但何老师不厌其烦的耐心教导、悉心调教，却让我学会了指挥，学会了如何组织文艺活动。虽然我的视唱练耳从来没有考及格过，但在之后的三十多年里，我凭借着何老师教给我的丰富的乐理知识、音乐常识，也能听懂《高山流水》《二泉映月》《赛马》，也知道了《扬鞭催马运粮忙》是具有东北民间音乐风格的新派笛子代表乐曲之一。我甚至成功地将自己锻炼成了一名优秀的节目编导，我组织过各级各类大型文艺节目，带领我们附属小学获得过省市级文艺汇演一、二等奖，我也被同事们亲切地称为"安导"。

三十年弹指一挥间，如今的我们也已经年过不惑，但仗义执言的亢万成，至今仍是我心目中的英雄；气宇轩昂的刘军祥老师一曲《梦驼铃》让我从此恋上"黑漠孤驼"，这个名字，一用就是三十年；郭均老师的遗作《凤求凰》吹醉了多少凤师学子的心……

"十年树木，百年树人，插柳之恩，终生难忘。"

我是"团长"。我所在的1987级一班，由我担任团支部书记，大家亲切地称我"团长"。寒风萧瑟中我们赏菊吟诗、弹琴作画，是一群志同道合的文艺青年；倾盆大雨中我们创造陕西省首届中师生运动会的奇迹；青藤回廊下，我们共话青春梦想的神奇；古城墙脚下，我们寻根历史，再现雍城昔日的辉煌；困难来临时，大家慷慨解囊，你一两饭票，我五分菜金，我们共渡难关……也正是从那时起，我学会了责任和担当，我是"团长"，带好我的团是我的义务，而后的三十年间，虽历经风雨，各奔东西，但心却一刻未曾分离，我也渐渐读懂了"散是满天星，聚是一团火"的真正含义。

2017年7月正式宣布我的母校——陕西省凤翔师范学校整体合并至宝鸡职业技术学院，原校址一百一十五年的历史画上了句号，校址将另作他用。我顿时觉得心里空落落的，我们似游子无处安放回归的心。

宝鸡市国学研究会会长李巨怀先生的话，道出了无数凤师学子的心声："时间愈久，凤师愈新。生斯长斯的宝鸡文脉因此校而源远流长，绵延不息，凤师居功至伟，百世馨香。"追忆母校，母校永远铭记于心，一曲绝唱秦川八百里，百年风华雍州一名校。凤凰不死，精魂永存！百年母校永芳华。

第二章 ▼ 语文教学理念

第一节　简约、温润语文课堂的理念和取向

一、教学理念以生为本：简约、温润语文课堂的核心灵魂

生本教育的首要原则就是"先学"，将教师的教改变为学习任务前置，教师运用科学有序的方法指导学生完成学习任务。生本教育的教学模式包括五个步骤：任务前置、分小组讨论、相互交流、共同解决学习困惑，以及拓展延伸。

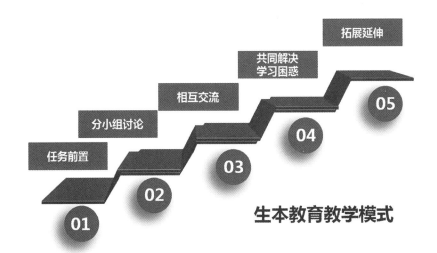

生本教育教学模式

生本教育改变传统教学中教师掌控课堂节奏，安排课堂内容，学生被动接受的局面，要求教师必须尊重学生的需求，全面依靠学生。全新的课程改革，应在生本理念的引领下，打破传统观念的束缚，用全新的教改理念规范自己的课堂教学，努力使自己成为学生学习的参与者、陪伴者和引领者，帮助学生更好地提高语言文字综合运用能力，提升语文素养。在生本教育理念下，前置性作业必须能够对学生的先学有指导作用，能够通过"先学"内容的引领，将语文阅读引向纵深，能够诱发学生的深度思考，引导学生去探索语言表达的规律，在获取知识的同时，掌握一定的语言表达技能，培养良好的语文学习素养，知其然，更要知其所以然。

在语文教学中，生本教育依靠学生自我探究来发现问题、解决问题，引导学生在自我探究中发现新知，这样的知识才是有意义的、根深蒂固的。实现学生的理解和发现新的知识的重要条件就是学生已有的认知结构必须使核心知识产生迁移。例如，在学习连续观察事物时，将相关的观察元素有机组合，使得学生有观察的抓手。如根据事物的发展规律，按照时间顺序，连续观察，充分运用"望、闻、问、切"等观察手段，抓住事物的变化规律，找出变化特点，并做好观察记录，以观察日记的形式完成观察任务。因此在布置前置性作业时，内容需要符合两个要求：一是这个内容应该让学生有能力完成，这样学生才能体会到成就感；二是学习内容要让学生感兴趣，这样学生才会积极主动。

二、教学目标聚焦核心：简约、温润语文课堂的精神支柱

语文的学科理性从解读文本开始，完成工具性和人文性的和谐统一。我认同并践行了"语文教学需要科学序化"理念，坚持语文教学的学科理

性和技术温润的统一。"挖掘教材价值，提升核心素养"较为直接的路径就是繁杂信息等于有用信息加无用信息，我们的教学也是一样，对有用的问题，整理加工，没用的内容可以忽略。叶圣陶先生曾说，课文无非是个例子，要发挥好文本的教学价值，选取最有价值的内容来教：发掘语言训练、思维训练来教。

法国埃德加·富尔提出："未来的文盲不再是不识字的人，而是没有学会学习的人。"引导教师如何挖掘教材价值，选取最有效的教材内容，通过对比策略、概括策略等方法，确定有效教学目标，使学生学会阅读。阅读艺术就是适当地略过不必要阅读的部分、摒弃烦琐的内容，对文本内容进行适当舍弃和删减，发掘文本的核心价值，弱枝强干，追求简约而厚重的教学，教孩子有用的语文。

小学生语文素养包括：语言理解能力，能读懂文本的主要内容；语言运用能力，交流顺畅，文从字顺，减少口头禅；思维能力，能在阅读表达等言语活动中主动思考、主动质疑，能运用联想和想象，具有初步的评判艺术；审美能力，感受到人性美，具有初步的审美情趣。语言理解与运用，处于语文核心素养的基础层面；语言的发展与思维的发展是相辅相成的。思维能力和审美能力的培养以对语言的理解和运用为基础，是在培养提升语言理解与运用的过程中实现的。

有位老师在教学《珍贵的教科书》一文时，将目标设定为"理解课文内容，了解指导员用生命护书的过程，感受指导员热爱祖国，为了下一代无私奉献的精神"。这样的设计很容易将语文课上成思想品德课。这是语文课的感性、直白解读。

如果在语文学科理性的引领下，重新研读、审视文本，让情感态度价值观理性呈现，并且探究情感态度的表达方式，则需要从语言表达方式、知识结构、审美情趣等方面做理性的思考，将目标调整为"通过品读描写人物语言、神态、动作的词语，感受指导员的牺牲精神和崇高理想"，重点从课文第3到11自然段陈述对话的三种表达方式及文中省略号的用法入手，抓住指导员牺牲前表情、神态、语言的特写，引导学生学会语言表达方式，在学生情感朗读的基础上进一步感受指导员忘我的牺牲精神。

语文课程突出一个中心，以学习语言为中心，这是区别于其他课程的重要标志。学习语文主要侧重理解、运用语言文字的能力，特别是运用语言文字的能力。

第二节　简约、温润阅读教学的策略与路径

一、研磨课程细节：简约、温润语文课堂的格物致知

"研课磨课"这一研修模式的出现，使广大的一线教师得以从雾里看花中探寻到文本要表达的内涵，由原来的自说自话、无效教研，迈向合作探究、集思广益、集体研讨，这对于教师的专业素养提升起到了积极的促进作用。但是，"磨课"究竟"磨"什么？怎么"磨"才能使"磨课"这种新的教研形式发挥更大效能呢？我以为，一个"磨"字足以道出教师们在磨课过程中无数次反反复复的修改、打磨，逐字逐句推敲、揣摩的艰辛。不过，这一个"磨"字也说明一节好课是需要在精雕细琢上下大功夫的。

"教材就是一个个鲜活的例子"，如何科学、优化地使用好这个例子，教师需要智慧地纵观教材全貌，立足课堂，胸中有纲、目中有人，在以儿童为中心、关注儿童身心发展的理念指导之下，力求从以下四个方面入手：

1.长文短教。"长文"指的是那些超过了800字的文章，第三学段大多是超过1000字的文章，在有限的时间内，学生阅读一遍都得十几分钟。

"短教"就是在有限时间内，较为科学、精准地寻找到切入点，"点、线、面、体"有机结合，提纲挈领，设计教学，达到有效教学的目的。我们通常在磨课的时候，帮助老师们梳理文章，从抓住题眼、找准中心、理清脉络、分清层次、选准训练点入手，直奔教学重点。

如统编版六年级上册《灯光》一文抓住"灯光"理清文脉，抓住三次出现的"多好啊！"体会人物形象塑造的匠心独具。

研读《牧场之国》一文，以"这就是真正的荷兰"一句为突破口，抓住"真正的荷兰"一词提纲挈领，思考：文中是从哪几个方面描写牧场之国的？表现手法有哪些？用"真正的"一词将游览顺序串联起来，清晰明了，情感丰富。

《普罗米修斯》一文，从解读插图入手，学习通过细节描写刻画人物性格，并通过情感朗读体会人物的英雄行为。

总之，"删繁就简三秋树，领异标新二月花"是对长文短教的最得体的诠释了。

2.难文浅教。所谓"难文"是指篇幅较长、内容繁杂跳跃的现代文，或者篇幅很短但语言较为难懂的现代文，或者是较为难懂的文言文，以及距离时代比较久远的文本。所有的课文都是教材的一部分，不能认为难懂、无从下手，我们就放弃或者蜻蜓点水，一带而过。这里的浅教是指需要选准角度，抓住核心，化难为易，合理设计，达到教学相长，读写共生。

如部编版六年级下册《十六年前的回忆》一文，属于篇幅较长、内容丰富且距离学生年代较为久远的课文，在磨课过程中，可以从课后第三题入手，抓住李大钊语言、动作、外貌等细节描写，体会李大钊沉着冷静、临危不惧的崇高品质，以及对革命事业的坚定信心和无限忠诚；也可以从文中的时间细节入手，抓住"1927年4月28日""4月6日的早晨""28日黄昏"这些表明确切时间的词语，一方面表达了作者对父亲遇难的经过刻骨铭心、难以忘怀，一方面也说明作者在叙述的时候非常谨慎，尽量真实地再现那段历史，让读者清晰地了解李大钊的英勇事迹。

3.诗文美教。核心素养中提道：学生应该具备读懂一篇文质兼美的文章的能力。一篇文质兼美的文章，编排到杂志上，就单纯是一篇美文，但是，一旦被引入教材，它就不仅仅是一篇美文，还承载着引导学生听说读写、布局谋篇、学会语言表达方式等任务。因此，磨课中此类文本如何解读，值得每一位老师静心思考、精心设计。

美教应从美读的角度设计教学目标。"正确、流利、有感情地朗读课文"是课标对朗读教学的基本要求，培养学生良好的朗读素养，注意基调、重音、停顿、语速等朗读技能的训练，注重情感体验、培养语感是教学过程中教师应该关注的侧重点。

如部编版六年级下册《匆匆》，这是一篇散文，抒发了作者对时间流逝的无奈和惋惜，以及对前途的迷茫和彷徨。很多老师觉得时代背景距离孩子们太久远了，对时光流逝的无奈和惋惜读得懂，但对文字背后作者要表达的深层次情感"迷茫和彷徨"难以挖掘，因此找不准设计目标。但教师在研读教材时应该知道，朱自清的文章独具特色，新颖的构思、深刻的内涵、充满诗情画意的语言，将人世间的真、善、美浸润于字里行间，情真意切中彰显人性的美。因此将目标设定为"正确、流利、有感情地朗读课文，尝试背诵"。这样的设计会很自然地将学生带入文本的意境之中，从朗读技巧的指导入手，引导学生在理解体会文本内容的基础上，有感情地诵读散文，在声情并茂的朗读中与作者产生情感共鸣，进而体会作者表达情感的独特方式。再体会文中两处问句是怎样表达感受的，并以第三自然段为例，深入思考并仿写如何选择内容以表达对时间流逝的具体感触。

美教还应从语言积累的角度设计目标。语言积累是学好语文的基础，在阅读体验的过程中，充分发挥文质兼美文章的优势，将优美词语、经典句段进行摘录、理解、记忆，建立丰富的语言资源库，丰盈积淀，为言语表达、语感体验、阅读实践奠定坚实的基础。

美教应从审美的角度设计目标。教学中给予学生美文鉴赏的方法指导，让学生明白美文鉴赏应从韵脚的设定、结构的精美、语言表达形式的选定、布局谋篇的艺术、用词的精准贴切等方面入手，在情感朗读的基础上，充分感受诗文语言的艺术特色，达到"入诗入画"的情感体验效果。

4.老课新教。近三十年来，教材不断改革、创新，但是，还是有一批文质兼美的经典文章被收录在教材中。教学时间长了，难免会形成思维定式，认为这类文章就应该这样教。随着时代的不断发展进步，有些文章距离孩子们的认知年代太过久远，无论是从思想性、审美性还是人文性来看，孩子们理解起来都有一定的难度。如何在关注理解、积累，关注表达、运用方面下功夫，另辟蹊径，为学生的阅读开启另一扇窗呢？

关注表达，文本创编。引导学生将一些文质兼美的经典课文进行舞台剧创编，在创编过程中，巧妙引导学生关注文本人物的语言、动作、神态、心理，为掌握人物描写的方法提供了很好的范例。如部编版《杨氏之子》《田忌赛马》《伯牙鼓琴》等课文，都可以从人物描写的特点入手，借助舞台剧的独特创作手法，充分利用课程自身资源，在语言的二次创作中达到升华主题、提升语言文字运用能力的目的。同时，用舞台剧的语言进行朗读表演，也让语感在语言文字的应用中得以体现。

关注生成，读写兼容。这些经典的老课文，都有它的生长点抑或叫拓展点，教师在磨课过程中，应找准拓展点，直奔中心，设计有趣味、有目的、有延伸的练笔训练。

如《清贫》发表半个多世纪了，方志敏的形象也感动着无数人，激励着一代又一代青少年成长。如果让学生体会方志敏强烈的爱国情怀，理解革命先烈伟大的理想和追求，还是有一定困难的，但这篇文章语言简洁，用词精妙，在设计这一课的练笔时，我们设计为"写给方志敏的一封信"，通过回顾历史，感恩先辈们崇高的牺牲精神，结合自身，憧憬未来，学会珍惜今天幸福美好的生活。

总之，在全新的理念引领下，将教材作为一个例子去教学，才能找到课堂的真谛。以儿童为原点的教育才是有生命的课堂，尊重儿童认知规律的设计才是科学的课堂。因此，无论是什么题材的文本，都应该遵循一个基本原则：课堂设计的简单、简约、平实、丰厚。

在此框架之下，还需要从细节入手，让教学思路清晰明白，教学方法简单简约，教学过程扎扎实实。教师在教学过程中，应时时关注学生的学习需求，尊重儿童生理、心理的发展规律，灵活调控课堂，选择行之有效的切入方式，激发学生的探究欲望和创新思维的意识。因此，课堂导入需要简洁明快，直接入题。课堂提问同样需要精准简练，依据文本内容创设问题情境，精心设计核心问题和辅助问题，让课堂问题设计趋向于促进学生能力发展，启迪学生深度思考、深化对所学知识的理解，从而培养学生分析问题和解决问题的能力。

总而言之，要想上好一节课，教师必须博览群书，不断汲取营养，用丰厚的学养滋养自身；必须具备自我成长、独立研读教材的能力；具备挖掘教材资源、设计学生课堂训练活动的能力；拥有破除提问"碎碎念"无效问题的勇气；拥有另辟蹊径、营造洁净灵动课堂的教学技能。支玉恒先生常说"听说读写，字词句篇"课堂教学的八字法，语文老师就是"用听说读写的手段，去解决字词句段的问题"。语文老师就该用语文的方法教语文，把语文课上出语文课的味道来。

二、创设教学情境：简约、温润语文课堂的张力储蓄

教学情境是指在课堂教学中，根据教学的内容为落实教学目标所设定

的、适合学习主体并作用于学习主体，产生一定情感反应，能够使其主动积极建构性学习的具有学习背景、景象和学习活动条件的学习环境。教师可以综合利用多种教学手段，通过外显的教学活动形式，营造一种学习氛围，使学生形成良好的求知心理，参与对所学知识的探索、发现和认识。教学情境可以贯穿于全课，也可以是课的开始、课的中间或课的结束。随着新课程改革走向纵深，传统的教学模式受到了前所未有的挑战，基于问题情境，以问题研究为平台的建构性教学成为课堂教学主流，教师的"创设教学情境能力"也随之成为教师重要的专业能力。

捷克教育家夸美纽斯曾说："一切知识都是从感官开始的。"而情境教学正是以直观的形式，解决学生认知过程中的形象与抽象、实际与理论、感性与理性，以及新知与旧知之间的关系和矛盾。

（一）精心设计导语，创设思维情境，激发学习兴趣

要上好一堂语文课，课前导语安排得当十分重要。它犹如一首乐曲的引子、一部戏曲的序幕。它的主要任务是引起学生注意、激发学习兴趣、引起学习动机、明确学习目标和建立知识间的联系。精心设计的导语能促进学生的情绪高涨，让情绪步入振奋状态；能凝聚学生注意力，使其迅速集中并指向到特定的教学任务和程序上，为完成新的任务做好心理上的准备，有利于学生获得良好的学习效果。

如我在教《青山处处埋忠骨》时，我设计的导语是：亲爱的同学们，在杭州西湖岳王墓石柱上有这样一副对联："青山有幸埋忠骨；白铁无辜铸佞臣。"用于教育人要忠贞；清代徐锡麟《出塞》"军歌应唱大刀环，誓灭胡奴出玉关。只解沙场为国死，何须马革裹尸还"则以"何须马革裹尸还"来体现戍边将士满腔的报国热情和豪迈的英雄气概。今天我们将要学习晓年的一篇短文《青山处处埋忠骨》，这个题目就出自这副对联。本文的中心句"青山处处埋忠骨，何须马革裹尸还"正是在毛泽东惊悉爱子毛岸英在朝鲜战场壮烈牺牲这个噩耗后，在极度的痛苦中，面对岸英遗体

是否归葬的抉择时，含泪写下的批示，表现了毛泽东常人的情感、超人的胸怀。今天，让我们怀着无限崇敬和敬仰之情，跟着作者晓年一起回到七十多年前那个令人悲痛不已的时刻，去感受作为一位父亲的毛泽东对儿子遗体安葬问题的态度，去体会一位无产阶级革命家的博大胸襟。

开课伊始，教师就以深沉而丰富的语言，为学生营造了一个静心思考的情境，从文本的中心句切入，精心选择的音乐与教师声情并茂的范读，为学生快速进入文本打开了一条通道。

（二）巧用情感朗读，丰富快乐想象，诱发奇思妙想

想象是一种特殊的思维形式，是人在头脑里对已储存的表象进行加工改造形成新形象的心理过程。它能突破时间和空间的束缚。想象是孩子们特有的精神资本，只要善于引导，用情感朗读创设文本意境，孩子们想象的火苗便会被点燃，此时学生稚嫩的语言，不再是对事物的简单描述，而是智与美、情与思的一次陶冶创造。它的巧妙远远越过了单纯的讲述。

因此，指导学生正确、流利、有感情地朗读文本，为学生创设言语表达情境，让文本内容变得有声有色，有静有动，使人物形象鲜活地呈现，让学生将他看到的、听到的、触摸到的、想到的、感受到的，如行云流水一般绘声绘色地描绘出来，这时往往课堂气氛活跃轻松，孩子们沉浸在欢愉之中。如在教学《荷叶圆圆》时，我采用配乐朗读的形式，引导学生尝试通过听读，边听边展开丰富的联想和想象，如"小水珠躺在荷叶上，眨着亮晶晶的眼睛"。悠闲快乐的小水珠眨着眼睛，都看到了什么、听到了什么？"小青蛙蹲在荷叶上，呱呱地放声歌唱。"请你侧耳倾听，是哪只小青蛙的独唱音乐会呢？还是青蛙一家的小合唱？或者是青蛙家族的荷塘音乐会？它们可能会唱什么歌？你参与了吗？小鱼儿、小蜻蜓都在干什么呢？导引式范读，为学生创设了丰富的联想和想象的情境，使得学生在一定的情境中，结合自身的生活经验，与文中的小朋友亲切对话，与生活情境对话，并从中发现作者表达情感的方式和方法。

（三）借助多媒体手段，优化言语表达，培植创造性想象

学生的创造性想象是靠言语来充盈、调节和促进的，最终用言语来表达的。如果没有丰富的言语表达，学生的思维必然会走入困顿，因此，在课堂教学中，借助多媒体手段，创建思维空间，是培植和发展学生创造性想象力的重要手段之一。

爱因斯坦也曾说过："想象力比知识更重要。因为知识是有限的，而想象力概括着世界上的一切，推动着社会的进步，并且是知识进化的源泉。"在教学中，充分挖掘教材中的想象因素，借助微课、慕课、微视频等媒体资源，经常进行想象训练，让学生展开想象的翅膀，翱翔于想象王国，这对发展学生的创新能力是至关重要的。让小河流淌，发出潺潺的水声；让小鸟鸣叫，发出啾啾的歌声；让小树披上绿装，呼朋引伴；让战场的硝烟弥漫、风啸马嘶在想象中升腾；让辽阔草原的一碧千里却并不茫茫在头脑中再现……充分调动学生生活中的认知经验，激发出自然万物的生命意味，使真、善、美在语文课堂上表现得淋漓尽致，使人如临其境、如睹其物。如在教学文言文《铁杵磨成针》时，首先利用微视频为学生创设联想和想象的语言环境，让学生在赏析视频过程中，注意观察老人家和李白对话时的语言、动作、神态，以此来揣摩人物的品质特点。当每位学生把自己头脑中的已有表象进行加工改造时，新的人物形象便创造性地立体呈现了，对李白当时心境的预测以及对故事结局的预测，都有利于想象力的发展；每个人都会说出自己不同于别人的推测结果，在同学之间进行交流；每个人会从别人的想象结果中受到启发，拓宽自己的思维领域，学生的思维就会冒出来，创造性想象的能力就会得到提高。其次，引导学生尝试借助自己的创造性想象，将本文改写成课本剧，且在人物语言前加上修饰成分，提示人物说话时的情绪、心理状态等，在语言的二次创作中，习得语言表达方式，落实语文要素，体会人物品质特点。感受古典文学语言凝练之美，体会汉字博大精深之美。

（四）有效激发情感，营造共情氛围，诱发探究欲望

有意义学习的情感前提是教师必须用情感激发学生的学习欲望。曾有学者形象地指出：在小溪里流淌的是水，在血管里流淌的是血液，但在一位激情澎湃、充满爱心的教师口中奔涌而出的却是富有强大感染力的思维源泉。

因此，在日常教学中，当引导学生用自己的真情实感精读全文后，我们常常会借助思维导图、深度阅读单等阅读支架，让学生用心去体味其中的思想感情，将阅读引向纵深，或针砭时弊，或颂扬正气，或歌唱英雄，或抒怀言志。让学生与文中主人公进行心灵对话，在共情中换位思考，寓教于乐。在作者优美的语言文字中，陶冶自己的品行，修正自己的行为。如我在教学《穷人》这一课时，借助小说类文本的深度阅读单，引导学生进行深度阅读，在深入阅读前，搞清楚小说类文本的阅读需要解决的五个问题：什么时间、什么地点、什么人、发生了什么事情、结果怎么样。思维导图的介入，能够更清晰便捷地梳理文本的主要内容。至于对文本语言表达方式的探究，则需要借助小说类文本阅读情节曲线图，通过抓住情节发展、人物心理变化、环境描写等因素，体会作者所要表达的思想情感。在精读文本后，尝试进行语言表达的训练，指导学生创设情境，改编渔夫回来后，桑娜怀着忐忑不安的心情与渔夫的一段对话。在表演对话中，使学生对语言进行二次创作，落实本单元的语文要素：关注情节、环境，感受人物形象。本单元的语文要素之习作则是要求学生能够"发挥想象，创编生活故事"，课文的结尾为学生创编提供了开放性的开头："你瞧，他们在这里啦。"桑娜拉开了帐子。这句话为原本就拮据的家，又增添了无穷的压力。但是，善良的桑娜和勤劳的渔夫，依旧这么周而复始地辛劳着，转眼二十年过去了……为学生创设一定的写作环境，让他们结合自己二十年后的生活、学习状况，结合桑娜一家的实际情况，创编桑娜一家的命运。

正如英国教育家洛克所说："儿童学习任何事情的最合适的时机是当他们兴致高、心里想做的时候。"因此，只有激情和真情才会在师生间产生一种互相感染的效应，才能让共情在不经意间激发学生学习的热情，唤起学生的求知欲，诱发学生进入教材的欲望。情感激发的目的在于为课堂教学提供一个良好的情绪背景，学生兴致勃勃、兴趣浓厚，甚至兴高采烈，这是教学的最佳精神状态。

总之，创设情境既要为学生的学习提供认知停靠点，又要激发学生的学习心向。这是情境的两大功能，也是促进学生有意义学习的两个先决条件。

三、巧用插图资源：简约、温润语文课堂的知行合一

在小学语文教学中，教科书是丰富的教学资源之一，而教科书中的插图，在众多教学资源中所起的作用是不可小觑的。它以独特的造型特征、别具匠心的艺术特点，以及丰富的内容信息被越来越多的教师所关注，也被称为教材的第二种语言。但是，很多一线教师还是不能科学地解读插图在课程教学中的地位和意义，不能够物尽其用，致使有效的教学资源与课堂生成失之交臂。鉴于课堂教学中此类问题不是个例，因此，如何在教学过程中合理有效地运用插图，提高课堂教学效果，提升语文素养就显得尤为重要了。

（一）教材中插图的功能

1. 运用插图的装饰美化作用，激发审美情趣。插图具有重要的审美教育功能，能将课文的人文精神和绘画的表现方式相结合，既能体现课文的文学价值，又能体现绘画的艺术价值。康定斯基认为"色彩的影响是直

达灵魂的，而且在很大程度上色彩如音乐有着同样的影响效果，可以与阅读者产生共鸣"。低年级的学生对色彩的感知能力非常强烈，由于他们识字不多，对文本内容的理解是靠对色彩、图形的直接感知来获取的，饱满的色彩对他们有着直接的视觉冲击力，而鲜艳的色彩、科学的构图，不仅能够准确表达文本的主要内容，也往往能够唤醒学生的审美想象力，并在想象活动中发现美、欣赏美、创造美。

2. 激发阅读兴趣，探究文本内涵。"兴趣是最好的老师。"教科书中的插图最重要的作用就是激发学生的阅读兴趣，吸引学生的注意力，它们有力地补充了文字所不能达到的视觉效果。鲜艳的色彩冲击、风趣幽默的构图设计、精妙的排版设计，都能够充分激发学生的好奇心和求知欲。插图也会以它独特的方式，引领学生在文本中涵泳，在语言文字间穿梭，在图文并茂中受到启发和诱导，激活他们积极的阅读探究欲望，"按图索骥"探究文本内涵的本源，与文本内容、插图编辑、主人公产生情感共鸣，向文本更深处漫溯。

3. 深刻理解文本内涵，提升综合素养。教科书中的插图，是教科书重要的组成部分，尤其是低年级段的插图是课文的主要内容和思想情感的直接呈现，有时也是文本行文线索的视觉呈现。它是文本内容的解释说明，更形象生动地阐明了事物的发展变化规律，增强了文字的感染力和说服力，能够引起读者在图文之间产生思维的互换。无论是单幅图还是多层图，都能够牢牢抓住学生的思维特点，培养学生读图、解图的能力，使学生由表及里，深刻理解文本内涵，感悟人物形象，体悟思想情感，落实语文要素，听说读写练的综合素养得到有效提升。

（二）科学使用插图，提升语文素养

1. 借助插图，培养听说读写能力。

（1）读图说话，训练学生口语表达能力。

口语表达能力是现代公民的必备能力，应培养学生倾听、表达和应对的能力，使学生具有文明和谐地进行沟通交流的素养。一、二年级是培养学生观察能力、听说读写能力的关键时期，引导学生学会倾听，即"睁大眼睛、竖起耳朵、用心听"，通过倾听来训练学生的专注力，为读图、表达做好情绪上的铺垫。依据《义务教育语文课程标准》对口语交际的教学建议："口语交际是听与说双方的互动过程。教学活动主要应在具体的交际情境中进行，应努力选择贴近生活的话题，采用灵活的形式组织教学。"教师在课堂教学过程中，应借助插图，为学生创设良好的交际语境，选择贴近儿童生活、利于表达交流的切入点，引导学生在仔细观察插图中，捕捉与自己生活体验相接近的元素，如色彩、构图、人物形象、自然景观等，并展开丰富的联想和想象，自由、舒心地表达自己的内心感受，与义本中的自然万物进行对话。鼓励学生说完整的话是低年级口语交际的着力点。

部编版小学语文二年级下册第21课《青蛙卖泥塘》是一篇精彩的童话故事。文中的小青蛙由于不喜欢住在烂泥塘里，想卖掉泥塘，换一些钱搬到城里去住。于是，它做了一块牌子，上面写着"卖泥塘"，每天都站在牌子边大声吆喝："卖泥塘喽，卖泥塘！"一头老牛走过来，说："这个水坑坑嘛，在里边打滚倒挺舒服。不过，要是周围有些草就更好了。"

第二年春天，小青蛙的泥塘边就长出了绿茵茵的小草，它继续大声吆喝："卖泥塘喽，卖泥塘！"一只野鸭飞过来说："这地方好是好，就是池塘里的水太少了。"

…………

于是，小鸟、蝴蝶、小兔、小猴、小狐狸都提出了自己的要求，课本第93页的小气泡也做出了提示："当时小动物们是怎么说的呢？我来扮演一种小动物，说一说。"

课堂上，教师可以首先借助插图，创设语言表达语境。引导学生观察文本插图中的手扶牌子、扯着嗓子吆喝的小青蛙，猜一猜它此刻的心情，再看一看课本第94页的插图，猜猜看：此时的小青蛙心里会想些什么呢？然后，邀请班里的小朋友分别扮演小青蛙、小鸟、老牛等小动物，分别与小青蛙对话，想想小动物们会怎么说呢？小青蛙最后吆喝了什么？小动物们会怎样回答呢？借助文本中老牛、野鸭的回答句式，完成口语交际的拓展，应该是水到渠成的。学生的观察能力、口语表达能力、语言交际能力都在情境中潜移默化地得到了训练和提升。

（2）解图写话，培养读写能力。

部编版小学语文低年级教科书共有插图446幅，插图数量所占比例很高，几乎一篇课文中就配有三至四幅插图。在教学过程中，教师应当重心前移，引导学生学会观察图画，能够将图画中分散的信息元素在大脑中进行排列组合，使学生结合自身的阅读经验，准确猜想作者的创作意图，合理解释图画的表面意思。同时，教会学生一定的观察方法：从整体到局部、从远到近、从近到远、从上到下、从下到上，对每一幅图画都能做到科学解读，这是一种观察素养的训练。教学中，还需要教师能够利用插图所创设的情境，将学生带入一定的语境之中，通过情感朗读、合理想象，从模仿走向创作。由此让学生在情感朗读中揣摩语言文字的温度，感受语言文字的优美。

部编版一年级上册《四季》是一首优美的儿童诗，诗歌按照一年四季的时间顺序，将四季中独具特色的事物，用对话的形式，采用拟人的手法，一一呈现，童趣盎然，抓住四季中"草芽、荷叶、谷穗、雪人"的形状特点，让它们分别与自己的小伙伴对话，表明自己是四季的代言人。文本采用拟人化的构图方式，赋予"小鸟、草芽、荷叶、青蛙、谷穗、雪人"以人的表情神态，"嫩绿、青绿、金黄、雪白"等色谱含义的渲染，为学生创设了一个熟悉又有趣的生活场景，激发起了孩子们的表达欲望。教学时，教师可以采用配乐朗读、节奏朗读、分角色读等多种形式的朗读，熟读成诵。在充分尊重学生的个性化阅读的基础上，完成课后第二个练习题："你喜欢哪个季节？仿照课文说一说。"引导学生模仿诗中把植物、动物当作人来写的方法，让大自然的万事万物都具有人的表情、神态和情感。猜猜看：谁会对谁说些什么？一年四季里还有哪些你最感兴趣的事物？找一找，将它们组合成一对小伙伴呀！也可以同桌合作，一位同学扮演季节，一位同学扮演这个季节里的事物，尝试对话练习。然后，把自己刚才说的写下来。教师课前需要准备关于四季的图画，引导没有思路的同学看图说话、写话，做到为学困生兜底。这样分层教学，使得课堂上人人有话说、人人有话写。至此，"我手写我心"的迁移运用才能落到实处。长此以往，学生的口语表达能力和写作能力才能得到长足的发展。

2. 借助插图，培养思维品质。

（1）以插图内容为经线，培养细致的观察能力。

部编版教材中的插图设计精良，构思巧妙，每一幅插图与文字的结合都堪称完美。有时插图就是文章的线索，有时插图又承载着情感态度，有时又蕴含着语文知识，每一幅图画既是一个独立的个体，单独存在，又与文字水乳交融，成为一个不可分割的整体。教学时，教师应该引导学生细致地观察，发现插图与文本内容的关系，在细节中捕捉有价值的信息，有效地突破本单元的重难点，落实语文要素。

部编版四年级下册第七单元导读中（第99页）的插图，是一幅水墨画，主要元素为墨竹、兰花、岩石，正是本单元人文要素的精准的艺术表达，与人文要素的文字表达相得益彰。在教学本单元时，教师先引导学生朗读单元导读的人文要素，然后观察插图，将这幅插图中的单个元素的文本语境和文化语境的含义理解透彻，再结合文字得出本单元人文要素的核心词为：高洁、坚毅、不屈、力量，这些都需要在阅读文本时，借助插图，从字里行间用心揣摩。

本单元的语文要素提出：学会用多种方法写出人物特点。本文作者主要是通过人物的语言来塑造人物形象的，而插图的出现，为学生学习多种方法观察人物提供了丰富的教学资源。借助插图，引导学生仔细观察，抓住插图中船长坚毅的神情、视死如归的眼神、笔挺的制服、犹如铁铸一般的身躯、紧握船舷的大手、海面上掀起的一丈多高的浪花、倾斜的船体等主要信息元素，将一位高大、伟岸的英雄船长的形象树立在读者面前。此刻，不需要教师讲解、说教，学生细致观察就不难探究出，塑造人物形象不仅仅可以通过语言、动作来描写，还可以通过人物的外貌、神态、环境等细节来塑造。

（2）以情节补白为纬线，激发想象能力。

苏联插图家维列斯基说："好的插图不需要加标题说明，也不需要从书中引话，但读者看后能着重体会内容，唤起丰富的想象和再创造。"

一二年级的小学生，正处于对世间万物充满好奇、积极探究的年龄，他们无拘无束、天马行空的想象和联想，常常就是奇思妙想的源泉，鼓励孩子大胆想象，勇于进行创新性思考，不人云亦云，有自己独立的思维视角，是培养学生思维品质最基本的做法，也是最行之有效的做法。其中能够"情节补白"的插图正是以插图为支点，翘起学生联想和想象的多维空间。

部编版一年级上册口语交际《小兔运南瓜》就是故事情节补白的范例。教学本节课内容时，可以先引导学生整体观察图画，借助题目，了解这三幅图要表达的主要内容，插图夸张的表现手法，硕大的南瓜、小兔和妈妈细微的表情、周围的环境，都为第二幅图中大大的问号背后的妙招埋下了伏笔。教师可以借助图画下方的问题以及小纸条上文字的提示，用"小兔子发现了一个大南瓜，可是，南瓜那么大，它那么小，可怎么把南

111

瓜运回去呢？哪位小朋友愿意帮帮它呢？"一句话将学生与文本紧密结合，无形之中就用一句话为学生和故事中的主人公建立起了对话的桥梁。乐于助人是小朋友的天性，学生一定会结合自己的生活实际，大胆想象，究竟该如何将大大的南瓜运回去，还不至于损坏呢？思维的闸门就此打开，孩子们的金点子也将一个接一个地喷涌而出。同样，为了保底，教师可以提供思维的抓手，如小兔子搬运南瓜时的词语："搬、运、滚""轻轻地、飞快地、高兴"等，让学困生跳一跳也能摘到桃子。与此同时，当聪明的你帮助小兔子运回南瓜后，猜猜看：妈妈和小兔子之间会说些什么

呢？妈妈会怎么夸奖小兔子，小兔子又会说些什么呢？这一环节的设定，将联想与想象、观察与表达推向了高潮。

因此，教师在课堂中引导学生科学观察图画，解读图画元素所承载的情境信息，都将为深层次品读文本打下坚实的基础。

3．润物无声，根植审美感知能力。

（1）捕捉插图特点，培养初步审美情趣。

部编版教科书中低年级段的插图审美属于"视觉审美"的范畴，以其线条的灵动、色彩的跳跃、人物的夸张、情节的有趣、造型的别致、嵌入的贴切等特点，被小学生所喜欢。每一幅插图都集文化性、艺术性和生活性于一体，很多画面都是孩子们喜闻乐见的场景，甚至是童话世界的再现。孩子们非常容易与画面中的人物、动物建立起对话关系，将自己融入其中。这种身临其境的感觉，正是来自艺术家们独具匠心的艺术创作。如低学段教科书的封面，就是一个非常重要的审美媒介，它们由民俗专家景绍宗绘制，画面采用中国民俗传统的饱和色、大胆的构图、精美的设计、夸张的笔法，将民俗民风、童真童趣自然贴切地一一呈现，放风筝、捏泥人、皮影戏、耍狮子、舞龙灯、放鞭炮、包粽子等孩子们喜闻乐见的民俗传统，都来源于孩子们的身边，一种由画面美而引发的亲近感便油然而生。在引导学生观察封面插图时，极富乡土气息和人文情怀的画面也为培养初步的审美情趣做好了感情的铺垫。

部编版教材从三年级开始，每一个独立的单元，都增加了单元导读页。单元导读页承载着一个单元人文要素和语文要素的要求。单元导读页的插图设计，大多依据本单元教学内容而定，有的是中国传统的水墨画，有的是色彩碰撞强烈的水彩画，有的是青山绿水画，不同的艺术表现手法丰富着学生的视觉，开启了学生审美思维情趣的大门。

（2）品味插图意境，提升审美情趣。

儿童对一切事物都感到好奇，日月星辰、山川河流、飞禽走兽、芸芸众生，在他们的面前构成了一幅充满神秘的图画。整个小学阶段，儿童抽象逻辑思维正在发展中，其抽象水平还不高，思维的自觉性刚刚开始发展，具体形象的成分在低年级和某些学科的学习中，仍然起着重要作用。因此，抽象文本中所蕴含的审美价值，依旧需要以精心的排版、丰富多样的图画设计来开启孩子们的审美思维，唤醒孩子的审美意念。部编版五年级上册课文《猎人海力布》选择色彩柔和的民间剪纸配图，第一幅插图用来凸显海力布的猎人形象，第二幅插图将海力布在灾难来临前与乡亲们沟通时的焦急、无奈的神情、动作，刻画得形象、逼真，栩栩如生。透过画面的意境，海力布纯朴、善良的形象便跃然纸上。《牛郎织女（二）》中的插图，则采用铺满整页的水彩画，将牛郎织女鹊桥相会的场景描绘得活灵活现，人物的表情神态刻画得形象逼真，使人有身临其境之感，不由得被牛郎织女追求爱情、向往幸福生活的精神所感动。《圆明园的毁灭》则采用实景拍摄的手法，将圆明园的残垣断壁赫然呈现在读者面前，插图采用文字浮于插图表面的手法，蓝天、白云、荒草之中的圆明园显得凄美、悲壮，此刻，插图所承载的精神文化是显而易见的。透过这残垣断壁，学生自然会通过丰富的联想和想象，在头脑中再现圆明园昔日的辉煌，以及八国联军毁灭圆明园时的惨烈，激发起学生强烈的民族自尊心和浓厚的爱国情怀。

　　总之，合理利用教科书中的插图，能起到事半功倍的教学效果。将插图与文字理解相结合，有利于培养学生的观察理解能力，启发学生的思维，培养审美素养，是提高课堂教学效果、提升学生的综合素养的有效路径之一。

第三章 ▼ 课堂实践探索

深度学习，让课堂教学真实发生

　　阅读是语文课程中十分重要的学习方法，阅读既是学生实现自身精神成长的主要途径，也是语文各种能力得到发展的基础。

　　《义务教育语文课程标准（2011年版）》（以下简称《新课标》）强调："阅读是运用语言文字获取信息、认识世界、发展思维、获得审美体验的重要途径。阅读教学是学生、教师、教科书编者、文本之间对话的过程。"在现代"以人为本"思想和对话理论的基础上，应该重新审视教师和学生的地位，重视学生在课堂上的主体地位，尊重学生的个性思维，尊重学生的独立阅读感受，为学生"心灵闲逛"式的个性化阅读体验营造平和的氛围。在师生平等对话的基础上，凸显教师的主导地位，充分发挥教师在课堂上组织者、参与者和促进者的作用和效能。

　　阅读教学不仅仅是培养学生的语文能力，还应该是情感态度价值观的隐性塑造和渗透。阅读是一个情感熏陶、精神涵养化育的过程，学生的生活阅历、情感世界、阅读习惯、知识储备，对他们理解文本创作意图、揣摩作者的情感思想都有一定的影响。因此，阅读目标不是纯粹的技术性目标，应在关注心灵成长的范畴内，设定目标，提出要求。

《新课标》十分注重语文学习过程与方法维度，并与知识和能力维度融为一体。《新课标》主张让学生在阅读过程的展开与阅读方法技能的运用中，获得真正的阅读能力。阅读作为一种心智活动，其过程是十分复杂的。语文阅读能力，只有在学生作为阅读实践主体，并在实践过程中对阅读材料重复接触、多次尝试和反复练习中才能获得。因此，《新课标》把语文课程确定为一门综合性的实践课程，就有它特殊的意义和地位了。叶圣陶先生有一句名言："教是为了不教。"的确，教的目的在于"授之以渔"，在引导学生阅读体验的过程中，掌握一定的阅读技巧和方法，从而使学生能更精准地表达自己的阅读体会。每一项阅读技能都不是与生俱来的，它需要后天科学的培养和习练方能获得。也有人说："语文课不是教师教出来的，而是学生读出来的。"课标的阅读目标中涉及朗读、默读、略读、浏览、诵读等多种阅读方法和技能的运用，旨在使阅读教学中过程与方法的维度更加丰盈。

综上所述，我们不难发现，小学语文阅读教学有着鲜明的个性特点，依据《新课标》理念下的语文阅读教学的内涵，小学语文阅读应关注主体性与主导性的平衡，凸显阅读的实效性，将人文素养、审美情趣、创新思维能力的培养，放到显著位置，才能真正做到知行合一，人文性和工具性统一协调发展。

（一）阅读教学的主体性

教育的最终目的是促进学生的个性化发展，学生是阅读的主体，阅读主体的主观能动性直接影响着阅读教学的质量。阅读是学生的个性化行为。在阅读教学中，应充分尊重学生的个性差异，尊重个性化阅读体验，尊重他们对文本的独特认知，培养学生积极的思维认知习惯，激励学生在研读文本的过程中，主动参与文本情感活动，加深理解和体验，在知识构建、情感体验的过程中，习得知识和技能，提升阅读素养。教师应积极改进教学方式，分析学情，研读教材，设定难易适中的教学目标，做到因材施教、先学后教、以学定教，将课堂让位于学生，使得学生始终站立于课堂的中央，成为课堂的主人，让"学生主体性"的阅读教学理念根植于课堂，成长于课堂。

（二）阅读教学的实效性

小学阅读教学的实效性，是指课堂教学效果。想要在有限的教学时间内追求效率最大化，须得用语文的手段来解决语文的问题，即用听说读写的手段，解决字词句篇的问题。课堂上，在学生理解课文内容的基础上，教师需要用科学的方法引导学生，教会学生阅读的基本技巧和方法；教师应充分了解学情，掌握学生的阅读习惯、阅读兴趣、价值取向、思维方式，关注学生的阅读面和阅读量，拓展思维空间，提高阅读质量，使学生能够多角度、全方位、多维度解读文本。阅读教学沿袭"一元与多元理解同存共荣"的观点，防止学生抓不住重点将文本分析得支离破碎，或者无限拓展延伸，偏离文本核心思想。小学阅读教学通过阅读实践引领学生学会阅读，发展创造性思维，拓宽创造性阅读的路径，提升阅读素养，形成阅读能力，使学生认识丰富多彩的世界，认识中华文化的丰厚博大，尊重世界各国的多样文化，吸取人类优秀文化的营养，从而从一个"生物的人"健康地成长为一个"社会的人"，为终身阅读打下坚实的基础。

（三）阅读教学的人文性

语文教学无非是通过语言作用于心灵，以帮助孩子的精神发展，并以此来统摄语文教育的方方面面。阅读是一种自由的、充满智慧的精神生活。我们应当让学生在自由而愉快的阅读中享受高尚的精神生活。人文性的核心内容是人文精神，它是一种精神的自由。而人文精神的教育在很大程度上是借助语文课程的教育，对学生进行情感熏陶、精神化育，培养学生的民族认同感，引导他们发掘汉语言文字的人文价值，理解汉语言文字中所包含的汉字的意义、民族的精神、民族的文化内涵。从传承民族文化的视角，学习优秀的中华文化，让民族自豪感、民族自尊心根植于学生批判性、思辨性的理解和运用之中，让民族认同感在化育中潜移默化、生根发芽。人文精神也体现在充分尊重学生的精神自由，培养学生独自思考、敢于质疑、善于运用批判性思维的探索精神，把课堂的主动权真正交还于学生手中。在尊重学生独特的心理体验中，使其体悟到生命的意义和价值，让每一个生命个体的独特性、差异性、多样性在和谐、包容的环境中得以拔节成长，健康发展。

（四）阅读教学的情感性

语文阅读教学对各个学段都提出了详尽的阅读目标，归纳起来无外乎这三个方面：对文本思想内容的理解，对文本篇章结构的分析，对文本语言表达方式的探究。小学语文教材中大多数文章都是记叙性文本，这类文本大都情感比较丰富，多是歌颂作者热爱祖国、热爱家乡、思念故土、爱护环境、保护自然的思想感情，这类文本细腻的情感都是通过作者优美的语言表达出来的，学生在阅读理解的时候，除运用语文能力解决阅读知识的问题之外，更重要的是能够抓住文本的关键词句进行分析理解，了解作者的创作背景、写作意图，力求与作者的思想情感、文本主人公、故事情节产生共鸣，促使作者的思想立场和价值取向能够对学生丰富的情感和思维活动起到引导和推动的作用。只有思维活动与情感活动同频共振，智力因素与非智力因素协同参与，情感、态度价值观才能浸润在课堂教学的每一个环节，文本阅读的情感性才能有效体现。

（五）阅读教学的审美性

阅读教学也是培养学生审美情趣的过程。阅读是一种审美感知，是基本的文学审美活动，其全过程都贯穿着情感熏陶。它是一种情感体验式的阅读过程，当它与学生的认知水平、知识储备、学习方式相辅相成的时候，就会在学生情感、态度、价值观的形成和发展方面产生独特的作用。将文学鉴赏的目标落实到对作品的感悟和品味上，阅读这种审美活动就显得尤为重要了，引导学生在阅读的过程中，将抽象的文字转换成具体感性的形象，激活文字的灵性，探究文字背后的秘密。将文本中描述的独立场景、人物、事件、环境等因素有机整合，情景再现，将作品场景与生活现象相结合，将作品人物形象与现实人物相关联，将作品情感与阅读体验相融合，由表及里、由外而内，在文本中走一个来回。这样就经历了一个"感受—感染—感悟"的过程，感受是伴着情绪的感知，感染是感动性、移情性体验，感悟是在情感和理性的共同作用下所获得的价值性的启迪与领悟。在这个阅读轮回中，从艺术形象入手，引导学生领略作品的意境美、人性美、语言美以及结构美，让学生接受美的熏陶，陶冶性情，不断提升文化品位。学生因此透过语言文字的美体悟到文本所蕴含的意境、情理，陶冶性情，升华对美的认知，以美开启对真善美的崇尚，对美德的向往。

第一节　微课创新

微课在小学语文前置性学习中应用的设计原则

今天的学生，是数字时代的原住民。随着互联网的普及，网络基本覆盖了城市乡村的角角落落，智能手机、平板电脑等电子产品已经成为学生学习使用的常态化工具，尤其是疫情期间，在线学习更是占据了互联网教学的半壁江山。随着教学组织形式的不断变化，学生的需求也在发生着巨大的变化，以前那种教师一言堂、占据主体地位的局面发生着翻天覆地的变化，学生的主体地位凸显。微课视域下的前置性学习方式的出现，打破了传统教学的教学方式，使得学生的学习兴趣逐渐浓厚。那么如何遵循科学的设计原则，使得师生在教学相长的环境中共同成长呢？

（一）客观学情的把控——因材施教。

对于第一学段的学生，重点在培养他们的倾听能力、观察能力和朗读能力。由于年龄小，刚刚结束幼儿园的学习，很多学习习惯、阅读习惯尚在打基础阶段。这个学段的学生有着丰富的想象力，对周遭事物充满好奇，探究欲望强烈，为了很好地呵护他们，微课的设计应凸显趣味性、技能性。这一学段主要是学习方法、阅读技能的培养，音乐的选择、动画的呈现，都会吸引学生的注意力，在不知不觉中培养终身学习的技能。

第二学段的学生已经掌握了一定的学习技能，拥有了一定的识字量，能够运用默读、诵读、朗读等基本阅读方法，读懂一个文本，并能够提出问题、解决问题，能够运用批注式阅读方法，能够进行简单的深度阅读，构建高阶阅读对话模式，关心作品中人物的命运和喜怒哀乐，与他人交流自己的阅读感受。这一阶段设计的前置性学习微课，旨在引导学生尝试在正确、流利朗读文本的基础上，有感情地朗读，阅读倾向于提问、猜想、批注、观察、连续观察等阅读技能的运用，在提升阅读素养的目标指引下，引导学生学会独立阅读，多角度解读文本。

第三学段的学生已经具备了独立解读文本的能力。这一学段的学生应该能够在阅读中了解文章的表达顺序，体会作者的思想感情，初步领悟文章的表达方法，在交流和讨论中敢于提出看法，做出自己的判断。这一学段的学生能够阅读简单的非连续性文本，并且能够从图文结合的素材中获取有价值的信息，掌握了查找资料、运用资料的基本方法。这一学段的前置性学习微课设计，应该更趋向于不同文体的阅读方法、言语表达方法的探究等阅读策略的培养，更趋于理性，并且关注扩大知识面、拓展阅读视野的训练。在趣味性与知识性、技能性相结合的视域内完成独立阅读的任务，从而培养终身阅读、终身学习的好习惯。

（二）教材解析的透彻——精准施策。

以基于微课的第一学段儿童诗朗读指导前置性学习为例，分析在小学语文教学中，如何借助微课进行儿童诗的朗读指导。首先选择了北师大版小学一、二年级语文课本中具有代表性的十首儿童诗供研究。它们分别是一年级上册《小小的船》《早操》，一年级下册《雨铃铛》《水乡歌》《老树的故事》《小鱼的梦》，二年级上册《我有一盒彩笔》《贺年片》，二年级下册《瀑布》《妈妈的爱》。抓住儿童诗的特征：文字的通俗性、用语的押韵化、措辞的口语化、意境的趣味性等。从朗读素养是否合乎标准的角度，设计朗读指导方法，从读者的形体、态势、表情、眼神的表现力，普通话、字词朗读的准确、语速的适度、声调的适度标准、听众的满意度等方面衡量，设计精美的微课，将趣味性、创新性、艺术性分别以学生喜闻乐见的方式一一呈现。以此，我探索归纳出了基于微课的小学语文第一学段儿童诗朗读指导实践样态及其实施策略，并创建了小学语文第一学段儿童诗朗读指导的微课精品课程资源库。

（三）简单凝练的内容——妙趣横生。

根据不同学段学生注意力集中的时间以及学习任务的不同，尊重小学生身心发展的规律，科学地设计微课学习内容及学习时间。由于小学生注意力集中时间较短，是学习习惯初步养成的阶段，微课的设计应关注趣味性，凸显创新性，侧重技能性，引导学生从仔细观察、认真倾听、专心朗读开始，学会简单的阅读方法，如：如何通过朗读技巧的训练，朗读文本，体会语感；如何通过默读、略读、精读、浏览等朗读方法的运用，学会读懂文本；如何借助科学的方法理解词句的意思，或联系上下文，或剖词析字，或借助关键词理解句意；等等。前置性学习与预习的差别之一在于前置性学习的内容是不局限于书本知识的，前置性学习提倡学生扩大自己的知识面，多阅读课外知识。学生可利用陕西省名师微课资源库、宝鸡教育云平台"安瑛名师工作室"等平台进行前置性学习，学生所拥有的知识资源会非常广泛。首先，平台中有相当丰富的微课、题型，还有交流平台。平台中微课的内容并不局限于书本知识，包含了人文知识，以及流行音乐、绘本故事、科学小常识、自然现象等许多学生感兴趣的内容。因此，老师在设计过程中注意要让学生尽量在短时间内完成该学习的内容。内容设计应在充分了解学情的基础上，设计梯度作业，让不同层次的孩子都能够跳一跳摘到桃子。由于前置性学习是在没有老师帮助的情况下学生独立完成的，老师在布置前置性学习的内容时要做到简单明了，让学生容易理解，但还不能太过肤浅，否则容易进入前置性学习就是提前自学生字词语、读懂理顺文本内容的怪圈，容易造成粗略阅读、浅阅读，使得前置性学习效能低。如果内容太多过于繁杂，又会让学生的思绪变得混乱。因此，课程内容的设计应该是围绕课程核心，用语文的手段教语文，在语言文字的运用规则和技巧上下大功夫，这样微课视域下的前置性学习才能走上良性循环的轨道。

（四）简短紧凑的时长——短时高效。

由于基础教育目前存在各种教育怪象：幼小衔接都有培训班，更别说已经升入小学的小学生了，每个学生至少都有两个不同的补习班，甚至还有课后班，小学生课余的时间被大量挤占。在这样的环境下，很多家长认为只有大量刷题、反复识记、反复抄写生字词语、死记硬背就是学习语文，很多学生不能够保证前置性学习的时间，渐渐地，语文学习的兴趣就被这种恶性循环耗尽了。因此，老师在设计前置性学习的过程当中首先应该确定学生的学习时间，包括学生什么时间进行前置性学习，学习多长时间。确定学习时间是为了让学生对前置性学习有清晰的时间观念，让他们了解只要能够在规定的时间内完成学习任务，其余时间他们可以自由支配。这对于学生来说是一种新鲜的学习方式，不仅给了他们自主学习的机会，还让他们在前置性学习的过程当中发现自己的问题。关于前置性学习时间的设计安排，老师需要注意的是不能让前置性学习成为学生的学习负担。根据课程的内容可以灵活安排前置性学习的时间。由于语文这门课程是一门工具性学科，是为其他学科培养良好学习方法、思维习惯的基础学科，因此，微课的设计应在听说读写练的基础上，合理分配时间，使得言语思维在一个良性循环的轨道上循序渐进。因此，老师设计的前置性学习的持续时间尽量不要超过十分钟。利用微课平台进行小学语文前置性学习，学生观看微课的时间尽量不超过十分钟，看完微课完成作业的时间最好控制在十五分钟以内。

（五）明确清晰的目标——要素落地。

小学生因受学习任务紧、学习压力大、外界繁杂信息诱惑大等影响，他们独立自主学习的能力也在经受着严峻的考验。很多学生独立意识不强，学习主动性欠缺，并没有形成自主学习的意识和能力。老师布置前置性学习之后，部分学生不知道应该怎么完成。同时，有些老师布置的前置性学习的目标不明确，目标不明确就会导致前置性学习的内容不明确，连学习内容都不清楚，学生又该如何完成？在上课前，老师要清楚地知道这节课需要学生学会哪些内容，掌握什么知识点，这也是教师设计三维目标的意义。根据单元导读、课标三维目标的要求，针对每节课确立本节课语文要素、人文要素的达成目标，有了明确的教学目标，这堂课才有一个清晰的方向。根据每堂课的三维目标，老师在布置前置性学习之前也需要设计明确的学习目标。设计明确的前置性学习目标，一方面，让学生心中有数，完成前置性学习时目标明确，清楚哪些是语文知识、哪些是学习技能、哪些需要自己借助互联网查阅资料，科学、有序地达成目标要求；另一方面，老师设计了明确的目标之后有利于课堂教学。教师通过对文本的研读，清楚在本环节学习中，三维目标如何落地，语文要素如何落实到文本解读中去，才能在课堂上、在学生分享交流的时候有的放矢，因势利导。在尊重学生自主阅读体验的前置性学习的前提下，学生才能习得语言文字的表达方式，乐于思考，学会阅读，学会写作，充分提升语文学习能力。

（六）科学系统的流程——效率提升。

学习流程是短时高效完成前置性学习的关键所在。以"深度阅读学习单"的使用的系列微课设计为例，微课内容一般包括学习方法引领、内容浅析、问题提出、完成学习单等环节。有些学生自律意识不强，学习全凭自己的喜好，没能读懂老师设计前置性学习的目的和意图，匆匆浏览微课后，即完成阅读单，学习过程较长，但效果却不尽如人意。在进行自主学习的过程中要求学生按照老师的操作流程去做才能达到良好的效果。另外还有一种情况，在上复习课前老师设计的前置性学习流程是先做题，这样设计的目的是让学生通过做题发现自己的知识漏洞，之后再通过观看微课弥补自己的不足。老师根据课程内容和特点安排前置性学习的流程，学生按照科学有序的引导进行学习。这样学习会更有利于学生找出自己的问题，加深学习内容与师生之间的互动。

总之，科学有序、简洁有趣的设计，能够为课堂教学带来事半功倍的效果，使得学生能胸有成竹地参与到课堂学习中来。学生在充分准备、深度思考的前提下，才能成为课堂学习的主人。

一、以《识字单元》为例，谈识字教学的前置性学习微课设计

【系列名称】

小学语文前置性学习系列

【知识点描述】

以《识字单元》为例，谈识字教学的前置学习——科学认读 潜能识字

【教材分析】

第三单元是识字单元，围绕"传统文化"的主题编排了《神州谣》《传统节日》《"贝"的故事》《中国美食》4篇识字课。课文编排充满传统文化色彩，富有童趣，有助于激发儿童的学习兴趣，传承中华民族传统文化。本单元内容丰富，需要认识60个生字，会写37个生字，体现了识字的多样性。

识字写字是本单元的重点。在本学期识字教学中要鼓励学生运用学

到的识字方法和已学的生字、偏旁开展自主识字，不断提高自主识字的能力，培养主动识字的习惯。在这个单元中《中国美食》是看图识字；《传统节日》将识字与生活紧密结合；《"贝"的故事》是字族识字，集中体现了象形字识字的特点；《神州谣》充分展现了祖国的大好河山。教学时可以联系前面的内容开展学习，巩固识字效果。

【设计思路】

本节微课的设计理论依据是《新课标》对第一学段学生识字的具体要求："喜欢学习汉字，有主动识字的愿望""学习独立识字"。通过孩子们喜闻乐见的生活识字方法，结合微课堂，教会学生汉字开花联想识字法，学生在探究的过程中发现汉字的奥妙，激发自我探究的潜能，培养学生的观察能力、动手能力和语文思维能力。

【学情分析】

二年级的学生，已经初步具备了一定的观察能力、动手能力，科学思维、联想思维也有过运用，因此，本节课中走进生活，通过自己的眼睛，观察发现校园里随处可见的标志牌，街市上的店铺门面招牌，市场上、超市里、交通工具上、城市围挡上的公益广告等。目之所及，但凡有文字的地方，都是我们应该关注的点：是否有我们认识的字，哪些字出现的频率最高，这些高频字对我们识字和阅读都有一定的帮助。为了将《新课标》"结合语文学习，观察大自然，用口头或图文等方式表达自己的观察所得"的要求落到实处，教学中要引导学生将自己的观察发现制作成剪贴识字本，用科学有效的办法，发掘学生识字的潜能。

【学习目标】

1. 创建剪贴识字本。

2. "汉字开花"联想思维识字的技巧。

【学习重点】

理解、掌握生活识字的路径。

【学习难点】

理解、掌握生活识字的路径。

【教学过程】

第一环节：激情导入

系列微课片头及本节微课内容简介，推出以《识字单元》为例谈识字教学的前置性学习。

设计意图： 旨在紧紧抓住学生开课伊始的黄金三分钟，开门见山，将本节课的教学重点呈现在学生面前，使学生明白本节课的学习内容。

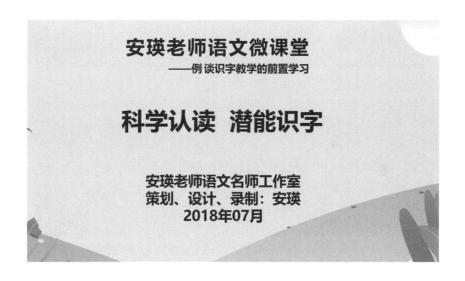

第二环节：内容讲解

同学们！中华汉字文化博大精深，今天跟老师一起走进汉字王国，我们来探索发现，学习识记汉字的小妙招吧！

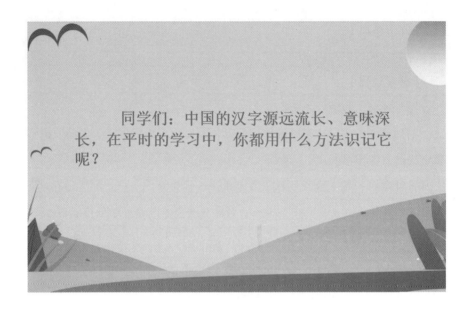

1. "创建剪贴识字本"——剪贴资源无处不在。

剪贴资源无处不在：

　　1.超市：日常的生活用品、食品、家用电器、儿童玩具……

　　2.生活：住地的街巷名称、出行的车票、旅游景点的门票、各种文娱活动的入场券、纪念品、自然界的日月星辰、花鸟鱼虫、花草果木、民俗节日活动……

（1）超市里的汉字天堂：日常的生活食品、用品，家用电器，儿童玩具……

小剪贴，大乾坤

（2）生活中的汉字奥秘：住地的街巷名称，出行的车票、旅游景点的门票、各种文娱活动的入场券、纪念品、自然界的日月星辰、花鸟鱼虫、花草果木、民俗节日活动……

设计意图：生活中处处都是孩子们识字的资源，引导家长和孩子们处处留心，观察发现，将身边熟悉的事物跟汉字学习紧密联系在一起，养成用心观察、处处留心、积累运用的好习惯。

2．"汉字开花"联想思维。

（1）小游戏，巧联想。

同学们！看到"风筝""龙船"这样的词语，你会跟哪些字联系起来呢？谁跟"争"字对对碰，能成为好朋友呢？"扌+争=挣"。"风"跟谁对对碰，又会成为好朋友呢？"木+风=枫"。看到"龙"字呢？……这样的游戏你会玩了吗？

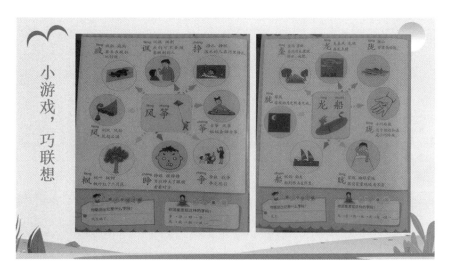

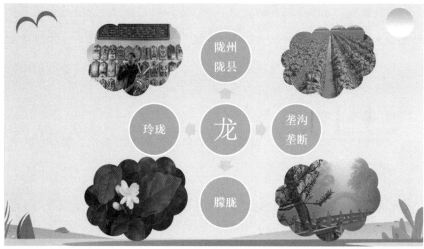

（2）联想表达我最棒。

看到"马"字，你首先想到了哪个字？这个字如果组一个词，你会组什么词呢？如果用你最喜欢的词语说一句话，你会吗？试试看吧！

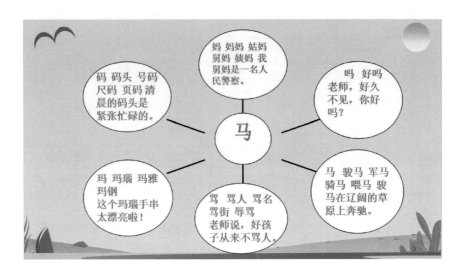

设计意图：思维导图在语文学习中，是一种培养学生语文思维能力、让思维立体呈现的基本方法。"汉字开花"正是联想式思维的主要方法之一，用图文并茂的方式，通过联想将生活中的具体事物跟汉字的外形、结构联系起来，增强记忆，达到潜能识字的目的。

第三环节：巧妙结课

同学们！汉字王国里，有数不清的秘密，等待着我们去探索、去发现。相信你是最棒的！

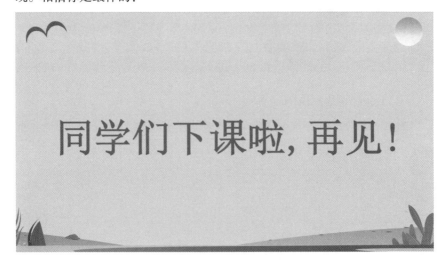

设计意图：以淡绿色卡通图片为背景，设计结课语言，启发引导学生通过色彩阅读自然，在细节处彰显设计的匠心独具。

【教学反思】

这是针对二年级下册识字单元教学前置性学习的一节指导性微课，旨在为学生渗透丰富多样的识字方法，引导学生找到生活识字的基本路径，本课学习优势在于：

1. 生活识字科学有效。培养学生观察能力、语言表达能力，方法科学得当，效果显著。如"创建剪贴识字本"这一环节充分利用生活中的识字资源，引导家长和孩子们处处留心，观察发现，将身边熟悉的事物跟汉字学习紧密联系在一起，养成用心观察、处处留心、积累运用的好习惯。这一环节的设计是在《新课标》理念引领下，依据《新课标》对第一学段综合实践能力的要求"结合语文学习，观察大自然，用口头或图文等方式表达自己的观察所得"，将创建剪贴识字本作为生活识字的一个突破口，既提升了学生的观察能力，又培养了动手能力。

2. 思维导图，联想识字环节的设计，有目的地训练了学生的语文思维能力。用"汉字开花"图文并茂的方式，为学生创设与生活密切相关的学习情境。在丰富多样的语境之中，学生的联想思维火花被点燃，在儿童最近思维发展区，充分将图片、文字、生活中的种种事物，建立起闭环式的勾连，达到潜能识字的目的。

【微课提取二维码】

二、以《村居》为例，谈古诗的前置性学习微课设计

【知识点描述】

前置性学习的策略方法指导

【教材分析】

《村居》是清代诗人高鼎写的一首风景诗，全诗如一幅美丽的风俗画：乡村的二月，天气暖和起来。春光明媚，和风丽日，青草生长，鸣莺翩飞。在春风吹动下，垂柳的枝条正拂着堤岸，仿佛陶醉在融融的春光中。白昼渐渐长了，儿童沐浴着春光，呼吸着新鲜空气，奔跑着放飞风筝。诗人抓住早春二月的特点，以精练的语言勾画出一幅春光明媚、生机勃勃的"乐春图"。景、人、事融为一体，充满了生活情趣，字里行间透出诗人对春天来临的喜悦和赞美。

【设计思路】

《新课标》要求，二年级学生应学会默读，因此，本课程"读一读"要求学生在正确、流利、有感情朗读的基础上，学会默读，学会背诵，经典的学习和积累是引领学生了解、喜欢中国传统文化的路径之一，也是从小培养文化自信的重中之重。

将批注式阅读教学的雏形——符号式批注引入其中，让"不动笔墨不读书"落到实处，在读书过程中要眼到、口到、手到、心到、脑到协调并进，为深度学习做好铺垫。依据《语文新课程标准》对第一学段古诗学习的要求"诵读儿歌、童谣和浅近的古诗，展开想象，获得初步的情感体验，感受语言的优美"，通过设计默读、背诵、圈点、画注的学习方法，初步感受高鼎笔下春天的美妙景象。

培养学生借助多渠道搜集资料、梳理资料、筛选有价值信息的能力。虽然只是二年级学生，但出生在科技如此发达的社会，他们对电子产品

并不陌生，都能够从电脑上、手机上查找自己需要的素材。因此，对作者、创作背景的了解，对描写春天诗文的拓展学习，都是独立阅读的最初模式。

培养学生的质疑能力。自读提问，通过多元阅读，来解决自己想要探究的问题，让深度学习有效发生。

【学情分析】

依据本学段学生的认知特点，抓住他们好奇心强、敢于对未知世界展开丰富的联想和想象、拥有强烈探究欲望等特征，设计"问一问、查一查、读一读、画一画、补一补"的"五读法阅读模式"。二年级学生已经具备了一定的自学能力，完全能够在微视频的引领下，一步一步地完成古诗的探究式学习。

积累背诵是本年级学生的长项，入学一年半，他们已经积累了一百多首古诗词。拓展阅读以及推荐其他描写春天的诗句，是对《村居》学习的拓展和延伸。

【学习目标】

1. 学习并逐步掌握古诗文前置性学习的五个基本步骤。

2. 以读代讲，体会语感。

3. 通过自主学习，培养学生自我探究意识。

4. 拓展：培养学生搜集整理资料的意识。

【学习重点】

培养朗读素养，训练独立阅读技能。

【学习难点】

培养朗读素养，训练独立阅读技能。

【教学过程】

第一环节：激情导入

小朋友们，古诗的前置性学习，主要以读为主，我们通过多种方式的读，希望小朋友们能够读出诗的情趣，读出诗的韵味和诗的情感来！

设计意图：以系列微课片头及本节微课内容简介推出以《村居》为例谈古诗的前置性学习。封面设计以春天的绿色为主色调，旨在唤起学生对大自然的向往，封面荡秋千的小朋友和空中飞舞的风筝，都为古诗内容的呈现做了铺垫。多元素、多感官的冲击，为激发学生探究情趣提供了多维路径。

第二环节：初读感知

1. 以读开篇，创设情境——请跟我读！教师范读，缓慢的语速，优美的语调，为学生营造一个舒适的语境，用声音和音乐打开学生思维的闸门。

2. 以声激情，巧妙联想。"同学们：你们都看到了什么，听到了什么？边读边想象啊！"

请跟我读吧！

村居

【清】高 鼎

草长莺飞二月天，

拂堤杨柳醉春烟。

儿童散学归来早，

忙趁东风放纸鸢。

设计意图：以"请跟我读吧！"引领全文，通过教师声情并茂的范读，为学生创设情境，使学生置身于春天美妙的画卷之中。

第三环节：学法引领

本课学习内容及古诗前置性学习的五个基本步骤。

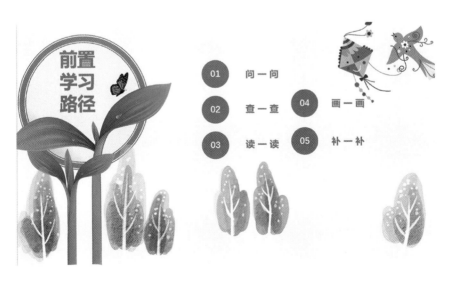

前置学习路径

01 问一问

02 查一查

03 读一读

04 画一画

05 补一补

1．问一问

（1）有不认识的字啊？问问字典啊！

（2）作者是谁？哪个朝代的诗人？你还读过他写的哪些诗？问问百度，问问爸爸妈妈或者小伙伴啊！

设计意图：以"不耻下问我能行！"为引领，将这一环节的质疑方向引向双基及内容的探究，从思维路径出发，使学生明白，读懂一首古诗首

先从读懂作者开始。引导学生养成不懂就问的好习惯，明白使用字典的好处，有条件的同学可以尝试上网查资料，并尝试着在大量的网络资源中，筛选自己认为有价值的资源信息。

2. 查一查

（1）默读诗文，用"＿＿＿"画出作者描写的各种事物；数一数一共写了几种。如小草、黄莺等。

探索发现我最棒！

1.默读诗文，用"—"画出作者描写的各种事物，数一数，一共写了几种？如小草、黄莺。

2.这些词语你理解吗？如果不理解，也可以试着通过查字典、百度搜索等方法查一查，并把它的意思写在书上。

莺（yīng）飞　　拂堤(fúdī)

纸鸢(yuān)　　春烟　　醉

（2）这些词语你理解吗？如果不理解，也可以试着在百度里查一查，并把它的意思写在书上。

莺（yīng）飞、拂堤（fú dī）、春烟、纸鸢（yuān）、醉

设计意图：这一环节以"探索发现我最棒！"为引领，引导学生通过各种渠道突破字词的学习，扫清阅读障碍，在批注式阅读方式的引领下，找一找，画一画，抓住描写事物的特点，体会描写景物的古诗的表达方式，体会其共性。

3．读一读

（1）确定基调。朗读时读得轻快、流畅，体现环境的优美和儿童生活的快乐。

（2）找准韵脚。读好韵脚字"天、烟、鸢"。

（3）画出停顿。读出节奏美。

我的声音似百灵！

　　1.确定基调。朗读时读得轻快、流畅，体现环境的优美和儿童生活的快乐。

　　2.找准韵脚。读好韵脚的字"天、烟、鸢"等。

　　3.画出停顿。读出节奏美。

请听我读啊！

村居

【清】　高鼎

草长/莺飞/二月天(tiān)，

拂堤/杨柳/醉春烟(yān)。

儿童/散学/归来早(zǎo)，

忙趁/东风/放纸鸢(yuān)。

　　设计意图："诵读儿歌、儿童诗和浅近的古诗，能边读边想象，感受语言的优美"是《新课标》对第一学段朗读能力提出的要求。要达到"正确、流利、有感情地朗读"，朗读基本技能的训练是关键，科学的训练是培养学生语言感知能力的必由之路。

4. 画一画

（1）根据诗文内容，想象诗歌的画面美。

（2）用思维导图画出诗文内容。

（3）体会诗歌中春天美丽的景色和小朋友快乐的童年生活。

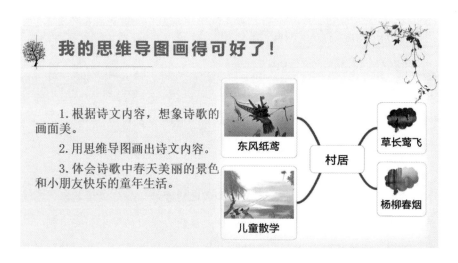

设计意图：这一环节以充满童趣的语言"我的思维导图画得可好了！"为导语，引导学生用思维导图将古诗内容立体呈现。思维导图是一种将思维形象化的方法。它有效的思维模式应用于记忆、学习、思考等的思维"地图"，有利于人脑扩散思维的展开。

5．补一补

（1）补充关于作者、关于诗文的相关小资料。

（2）你还知道哪些写春天美景和童年快乐时光的诗篇? 分享给大家啊!

分享是一种美德!

1. 补充关于作者、关于诗文的相关小资料。

2.你还知道哪些写春天美景和童年快乐时光的诗篇? 分享给大家啊!

设计意图：这一环节凸显"1+X"拓展阅读的理念与方法，在学生言语材料积累上下功夫，引导学生尝试并学会迁移和运用，创建丰富的言语资源库。库存丰盈，运用才能游刃有余。

第四环节：留白结课

设计意图：以色彩鲜明的绿色呈现春天的魅力，从色彩的视角引导孩子跟随画面走进春天。无论是如茵的草地，还是卡通的蘑菇，都与孩子们的生活息息相关，以此精准落实"语文的外延与生活的外延相等"这一理念。

【教学反思】

这是针对二年级下册古诗教学前置性学习的一节指导性微课，旨在为学生渗透古诗类文本自我学习的基本技能，本课学习优势在于：

1. 用科学的方法培养朗读能力，渗透《新课标》要求。精准落实"学习用普通话，正确、流利、有感情朗读"的要求，在指导学生"读一读"的过程中，学会用神奇的想象处理文字，唤醒文字的灵性。朗读技巧的渗透，是为今后有感情地朗读文本做好渗透和铺垫。

2. 前置性学习方法路径清晰明了，引领学生在自主学习中打开一条通道。这是一种简单实用的阅读方法，引导学生在古诗文学习过程中，循序渐进，反复操练，落到实处，最终形成好的学习习惯。

3. 重视语言经验的积累。在前置性学习路径的第五步，设计"补一补"这一环节，借助现代化信息技术手段，在家长的帮助下，引导学生通过多种渠道获取学习资源。通过资源共享、集思广益，搜集一些贴近儿童阅读最近区域的古诗，如关于春天、关于儿童嬉戏的古诗。在类比阅读中，丰富学生语言材料的积累；在学会独立阅读的基础上，丰富语感，增强语言运用能力。

【微课提取二维码】

［附录］

拓展阅读：

鸟鸣涧

唐·王维

人闲桂花落，夜静春山空。

月出惊山鸟，时鸣春涧中。

咏柳

宋·曾巩

乱条犹未变初黄，倚得东风势便狂。

解把飞花蒙日月，不知天地有清霜。

回乡偶书二首·其一

唐·贺知章

少小离家老大回，乡音无改鬓毛衰。

儿童相见不相识，笑问客从何处来。

小儿垂钓

唐·胡令能

蓬头稚子学垂纶，侧坐莓苔草映身。

路人借问遥招手，怕得鱼惊不应人。

三、以《找春天》为例，谈散文的前置性学习微课设计

【知识点描述】

前置性学习的策略方法指导

【教材分析】

这篇文章是部编版教材二年级下册第一单元的一篇讲读课文，课文语言优美，充满儿童情趣和文学色彩。课文讲述了春天到来时，孩子们寻找春天时的兴奋情景。作者是儿童文学作家经绍珍。作者把春天比作一个小姑娘，她害羞，所以遮遮掩掩，躲躲藏藏；她美丽，有着嫩绿的秀眉和色

彩斑斓的眼睛；她活泼，娴熟地弹奏着动人的音符，快乐地荡着秋千，兴奋地叫着、笑着……

【设计思路】

阅读散文，读者应该尊重作者的主观感受：我们解读文本的时候，不要把散文中的景物描写当成现实中的环境来分析解说；也不能用自己的情感体验去占据作者的心灵空间。散文中的人、事、景对我们而言，实在是太熟悉了，散文关注的，就是我们身边细小、琐碎的情景，熟悉的场景会让我们很容易就把作者情感从文本中挤出去，我们要做的，是细读文本，找到作者对生活中人、事、景的独特感受，并分享作者的这种特殊的人生感受，从而获得新的人生体验。对于第一学段的学生来说，声情并茂地朗读可以为他们创设情境，让他们将生活中的事物与散文中的意境相互结合，发现并捕捉文本与生活的相似之处，在同理心的引领下，置身于文本的情境之中，享受散文的意境之美。

【学情分析】

二年级学生已经具备了一定的自主学习能力，已经掌握了多种独立识字和理解词语的方法，他们能够通过查字典、查词典、联系上下文理解词语的意思，具备独立阅读简单文本的能力，并且能够发现文本中的基本元素：人物、时间、地点、起因、经过、结果，并且能够抓住关键词进行复述，详细复述的能力逐渐形成。基于学情，在前置性学习设计时，抓住扫清字词、夯实双基、开心阅读、探索发现、积累运用等环节，让学生拥有多样的阅读体验，将学习成果科学呈现。为语文阅读素养的形成提供科学的抓手。

【学习目标】

1. 学习并逐步掌握前置性学习的方法。

2. 创设语境，正确、流利、有感情地朗读，培养语感。

3. 通过自主学习，提升学生的阅读素养，学习简单地做批注。

【学习重点】

培养良好的阅读素养，逐步养成读书思考的好习惯。

【学习难点】

掌握一定的阅读方法，逐步培养学生自我探究的意识。

【教学过程】

第一环节：激情导入

同学们！今天，我们以《找春天》为例，跟大家谈一谈散文的前置性学习。请跟着老师的步伐一起去看看吧！怎么能够"入诗入画"读出来呢？

第二环节：理清步骤，明确目标

同学们！散文的前置性学习可以尝试从这五个步骤入手，你一定能够享受到不一样的阅读体验。

设计意图：开课伊始，就将学习要求清晰呈现，便于学生明白本节微课的学习路径，思路清晰，按照目标引领，尝试完成自主学习的内容。

第三环节：分步讲解，掌握技巧

1. 夯实双基，开心阅读。

（1）扫除阅读障碍：有不认识的字吗？问问字典啊！

（2）积累优美词语：文章中有许多优美的词语，画出来，读一读，想一想，写一写。

　　（3）回顾自学方法，朗读积累词语。

害羞　嫩芽　音符　解冻　风筝　喜鹊　杜鹃　遮遮掩掩　躲躲藏藏

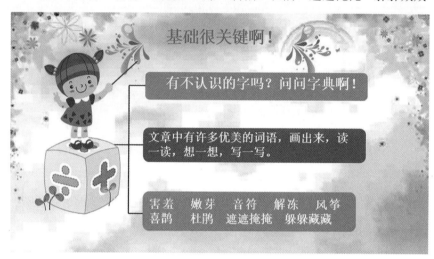

　　设计意图：采用简单批注的方法，画出优美词句，借助工具书，查出不认识的字词，并自学解决，积累优美词句。这样的学习是在为学生丰盈资源库做最基本的词语储备，为语言运用打下坚实的基础。

　　2. 正确流利，读出美感。

（1）确定基调：在扫清字词障碍的基础上，想一想这篇文章用什么样的语气、语调朗读更优美。期盼的、欢乐的、高兴的、惊喜的？……并且试着读一读。提出朗读要求：声音洪亮、清楚，不丢字、不回读，语气连贯。

（2）读好句子：读好长句子，学会巧妙断句。同学们：你们能把"春天像个害羞的小姑娘，遮遮掩掩，躲躲藏藏"这句话读得更好听吗？想一想：怎么读才能把"春天"这个小姑娘"害羞"的样子读出来呢？

"春天／像个害羞的小姑娘，遮遮掩掩，躲躲藏藏"这句话中需要特别强调"春天"是个小姑娘，"害羞""遮遮掩掩""躲躲藏藏"需要重读，同学们试一试啊！

同学们试着按照老师的指点，读一读这一句吧："小草／从地下探出头来，那／是春天的眉毛吧？""小草""那"后面需要停顿，表示强调"那"指的是"小草"，"探""眉毛"重读，这时候句子就好听了，小草生长的动态也就被你读出来了。

按照老师的指导，自己尝试琢磨一下其他长句子的朗读方法吧。

（3）读出情感：字正腔圆，让声音饱满。

找春天

原文呈现

春天来了！春天来了！

我们几个孩子，脱掉棉袄，冲出家门，奔向田野，去寻找春天。

春天像个害羞的小姑娘，遮遮掩掩，躲躲藏藏。我们仔细地找哇，找哇。

小草从地下探出头来，那是春天的眉毛吧？

早开的野花一朵两朵，那是春天的眼睛吧？

树木吐出点点嫩芽，那是春天的音符吧？

解冻的小溪叮叮咚咚，那是春天的琴声吧？

春天来了！我们看到了她，我们听到了她，我们闻到了她，我们触到了她。她在柳枝上荡秋千，在风筝尾巴上摇哇摇；她在喜鹊、杜鹃嘴里叫，在桃花、杏花枝头笑……

设计意图：语文的学习，朗读能力的培养是关键。本环节从朗读技巧入手，安排了"确定基调""读好长句子""读出情感"三个层面的朗读指导，为培养语感提供了丰厚的技术支撑。

《找春天》语言优美，具有韵律美，朗读指导时，重点是指导学生在确定基调的基础上，读准字音，读好长句子，抓住重音和停顿，读出早春的生机与活力，读出早春带来的希望。

3. 赏读积累，学会表达

（1）抓住语言表达特点：本文在写"找春天"时，都抓住了哪些事物？请找出来，读一读，体会事物的特点。如：小草、野花……

（2）巧用修辞手法：文中有一些比喻句、拟人句，你能找到吗？请用"＿＿＿＿"画出来。如："小草从地下探出头来，那是春天的眉毛吧？"……

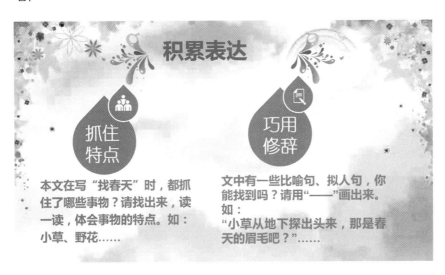

设计意图：这一环节设计了两个步骤："抓住特点""巧用修辞"。问题的设置，是将学生引向思维的纵深，在赏读的基础上，抓住本文的语文要素，练习准确用词，巧妙表达。让学生用找一找、读一读、画一画的方式，进行自主阅读，将批注式阅读的雏形渗透在阅读过程中，为深度阅读、开放性思维打下坚实的基础。

4．理清思路，学会观察

（1）激发学生丰富的联想和想象，再现文章画面的美。请同学们有感情地朗读课文，闭上眼睛想一想：跟着文字去旅行，你都发现了什么？你找到了春天哪些奇妙的事物？你最喜欢谁？

（2）构建科学的思维方式，让思维可视化：同学们！你能把你捕捉到的春天最美的事物，用思维导图的形式表现出来吗？试试看吧！

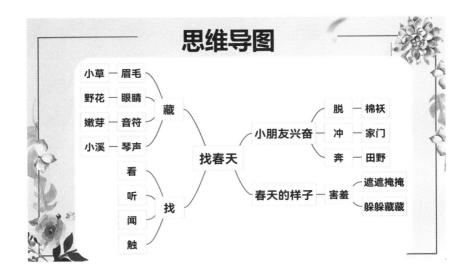

（3）体会与感悟：请同学们再次赏读课文，想一想：学完这篇文章，你最想说的一句赞美春天的话是什么？可以写在书上，也可以用图画的形式呈现出来，在画面旁边，写上一句赞美的话啊！

设计意图： 科学有效的思维，让学生的阅读思维立体呈现，即"思维可视化"，这是为使学生逻辑清楚、条理分明、思维有序较为常见的一种训练方法，是培养学生语文思维能力的必经之路。本环节渗透思维方法，从文字入手展开联想和想象，引导学生根据文字想象画面，并引导学生尝试浅谈阅读感受。这是训练有效阅读，引导阅读走向纵深，让阅读真实发生的有效手段之一。

5. 走进生活，探索发现

同学们，找一找春天里还有什么事物。你会学着书上的课文，试着说一说吗？

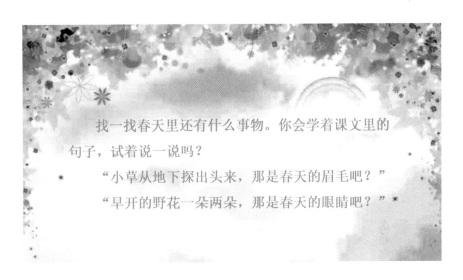

找一找春天里还有什么事物。你会学着课文里的句子，试着说一说吗？

"小草从地下探出头来，那是春天的眉毛吧？"

"早开的野花一朵两朵，那是春天的眼睛吧？"

设计意图：这一环节的设计是在《新课标》理念引领下，依据课标对第一学段综合实践能力的要求"结合语文学习，观察大自然，用口头或图文等方式表达自己的观察所得"精心设计问题："找一找春天里还有什么事物。你会学着书上的课文，试着说一说吗？"培养学生的观察能力、语言组织能力、语言表达能力，提升学生热爱大自然、关注自然变化的基本素养。

第四环节：精彩结课

同学们，时间过得真快啊！转眼间我们这节课的内容就讲完了。请大家认真观察画面的色彩和构图，想一想：大自然还有哪些你最喜欢的事物和色彩呢？

设计意图： 结课。以中国水彩画为背景，设计结课语言，启发引导学生通过色彩阅读自然，在细节处彰显设计的匠心独具。

【教学反思】

这是针对二年级下册散文教学前置性学习的一节指导性微课，旨在为学生渗透散文类文本自我学习的基本技能。本课学习优势在于：

1. 渗透《新课标》"学习用普通话，正确、流利、有感情地朗读"的要求，在指导学生"读一读"的过程中，学会确定朗读基调，在读好长句子的过程中，渗透朗读技巧，力求达到培养语感、提升朗读能力的目的。

2. 培养学生观察能力、语言表达能力，方法科学得当，效果显著。

如"走进生活，探索发现"这一环节的设计是在《新课标》理念引领下，依据课标对第一学段综合实践能力的要求"结合语文学习，观察大自然，用口头或图文等方式表达自己的观察所得"，精心设计问题："找一找春天里还有什么事物。你会学着书上的课文，试着说一说吗？"培养学生的观察能力、语言组织能力、语言表达能力，提升学生热爱大自然、关注自然变化的基本素养。

3．有目的地训练了学生的语文思维能力。如"理清思路，学会观察"科学有效的思维，让学生的阅读思维立体呈现，即"思维可视化"，这是使学生逻辑清楚、条理分明、思维有序的一种常见的训练方法，是培养学生语文思维能力的必经之路。

【微课提取二维码】

四、以《羿射九日》为例，谈神话故事的前置性学习微课设计

【系列名称】

小学语文前置性学习系列

【知识点描述】

前置性学习的策略方法指导

【教材分析】

本课内容选自二年级下册第八单元《羿射九日》。本单元围绕"世界之初"，面对所处世界的好奇发问和自由想象编排了《祖先的摇篮》《当世界年纪还小的时候》《羿射九日》三篇课文。《羿射九日》内容精练，结构紧凑，讲述羿射九日的经过，语言简单生动，易于理解，多处充满了

神奇的想象，用生动准确的语言塑造了羿高大英勇的形象，赞美了他为人民除害的大无畏精神。

教学中，既要引领学生体会羿的形象，感受羿敢于和看起来难以战胜的力量做斗争的高贵品质；又要训练学生的语文能力，即学习默读，不指读，能按照故事的起因、经过、结果，有条理地讲述故事，重点把羿射日的经过讲清楚，感受我国古代人民丰富神奇的想象力，进一步激发学生产生阅读神话故事的兴趣和愿望，亲近神话英雄人物，领会传统文化精髓。

【设计思路】

《新课标》要求，二年级学生应学会默读，因此，本课程"读一读"要求学生在学会、正确、流利、有感情朗读的基础上，学会默读，尝试静下来，用心阅读。"画一画"将批注式阅读教学的雏形——符号式批注引入其中，让"不动笔墨不读书"落到实处，让读书的"五到"——眼到、口到、手到、心到、脑到协调并进，为深度学习做好铺垫。《语文新课程标准》指出："诵读儿歌、童谣和浅近的古诗，展开想象，获得初步的情感体验，感受语言的优美。"本文的文本题材是神话故事，让学生在情感朗读中展开丰富的联想和想象；运用符号批注，画出神奇的地方，并理清故事的起因、经过、结果，渗透深度阅读的基本方法。

复述是语言二次创作的有效训练路径之一，课文复述在小学语文学习中有着极其重要的作用，它是学生对语言材料吸收存储、判断整理、内化表达的过程，有利于理解课文内容，有利于发展思维，有利于内化积累和理解运用语言文字，有利于口头言语的发展。课标在第二学段首次提出复述要求："能复述叙事性作品的大意，初步感受作品中生动的形象和优美的语言，关心作品中人物的命运和喜怒哀乐，与他人交流自己的阅读感受。"本文课后思考练习题"根据表格里的内容，讲一讲这个故事"就是复述的基本训练方式，也是详细复述，利用表格形式（复述提纲），讲清楚故事发展的起因、经过、结果，为高学段创造性复述、简单复述做好渗透和铺垫。

【学情分析】

依据本学段学生的认知特点，抓住他们好奇心强、敢于对未知世界展开丰富的联想和想象、拥有强烈探究欲望等特征，设计"读一读、画一画、想一想、说一说、写一写"的"五读法阅读模式"，引导孩子走进文本，了解神话故事神奇在哪里。抓住"神奇"这一线索，从后羿为什么射日、怎么做的、结果怎么样等事情发展的顺序，学习默读，学会静心思考，体会后羿的伟大和神奇。

二年级学生已经能够独立阅读一些神话故事，将经典的中外神话故事推介给学生，在丰富阅读内容的前提下，做穿越式思考，为复述做好充分的内容储备。

【学习目标】

1．自学字词，落实朗读的基本要求：正确、流利。

2．创设情境，有感情地朗读，体会神话故事的语言丰富性和趣味性。

3．练习巩固：联系生活，自主创编，合理运用语言积累。

【学习重点】

前置性学习中阅读方法的指导。

【学习难点】

前置性学习中阅读方法的训练。

【教学过程】

第一环节：片头导入

系列微课片头及本节微课内容简介，推出例谈神话故事的前置性学习——以《羿射九日》为例。

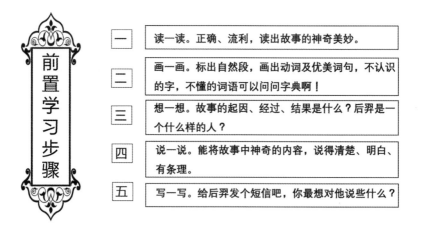

前置学习步骤

一　读一读。正确、流利，读出故事的神奇美妙。

二　画一画。标出自然段，画出动词及优美词句，不认识的字，不懂的词语可以问问字典啊！

三　想一想。故事的起因、经过、结果是什么？后羿是一个什么样的人？

四　说一说。能将故事中神奇的内容，说得清楚、明白、有条理。

五　写一写。给后羿发个短信吧，你最想对他说些什么？

设计意图：片头充分运用音乐、画面、文字等元素调动学生的感官情绪，创设情境，直奔主题。

第二环节：正文讲解

前置性学习方法呈现：神话故事前置性学习的五个基本步骤。

（1）读一读。读出故事的神奇、美妙。

羿射九日

很久很久以前,在世界最东边的海上,生长着一棵大树叫扶桑。扶桑的枝头站着一个太阳,底下还有九个太阳。每天天快亮时,扶桑枝头的太阳就坐上两轮车,开始从东往西穿过天空。十个太阳每天轮换,给大地万物带来光明和温暖。

神箭手羿决心帮助人们脱离苦海。他翻过了九十九座高山,蹚过了九十九条大河,来到了东海边。他登上了一座大山,搭上神箭,拉开神弓,对准天上的一个太阳,嗖地就是一箭。那个太阳一下子爆裂开,一团火球到处乱窜。接着,噗噗地掉在地上。

羿一口气射下了九个太阳,炎热渐渐退去。羿又伸手拔箭,准备射下最后一个太阳。这个太阳害怕极了,慌慌张张地躲进了大海里。天上没有了太阳,整个世界一片黑暗。羿想没有了太阳,就没有了光明和温暖,庄稼不能生长,人类和动物也没法活下去。于是,羿留下了最后一个太阳。

从此,太阳每天从东方升起,到西方落下。土地渐渐滋润起来,花草树木渐渐繁茂起来,江河奔腾欢唱,大地上重新现出了勃勃生机。

设计意图： 科学的朗读技巧指导，能够为学生体验语感、丰富联想、创设情景提供有力的抓手。正确、流利、有感情地朗读，也是激活文字潜能、对文章进行二次创作、培养审美体验的良好学习方式之一。

（2）画一画。标出自然段，画出优美的词句。不认识的字、不懂意思的词语可以问问字典。

（画一画。标出自然段，画出动词及优美词句。）

羿射九日

1.很久很久以前,在世界最东边的海上,生长着一棵大树叫扶桑。扶桑的枝头站着一个太阳,底下还有九个太阳。每天天快亮时,扶桑枝头的太阳就坐上两轮车,开始从东往西穿过天空。十个太阳每天轮换,给大地万物带来光明和温暖。

……

4.神箭手羿决心帮助人们脱离苦海。他翻过了九十九座高山,蹚过了九十九条大河,来到了东海边。他登上了一座大山,搭上神箭,拉开神弓,对准天上的一个太阳,嗖地就是一箭。那个太阳一下子爆裂开,一团团火球到处乱窜。接着,噗噗地掉在地上。

……

7.从此,太阳每天从东方升起,到西方落下。土地渐渐滋润起来,花草树木渐渐繁茂起来,江河奔腾欢唱,大地上重新现出了勃勃生机。

（寻求帮助路径：字典、词典、百度、大人、学习小伙伴……）

设计意图：此环节是批注式阅读的雏形——符号式批注，引导学生学会基本的圈点画注规范方法，为深度学习奠定基础。

（3）想一想。故事的起因、经过、结果是什么？后羿是一个什么样的人？

1.这个故事哪些内容很神奇？请画出来，多读几遍，讲给爸爸妈妈听啊！

2.后羿是一个什么样的人？你认识他了吗？你从故事中哪些地方发现的？做个标记啊！

设计意图：此环节的设计，目的在于引导学生在多种阅读方式相互融合、相互渗透的情况下，形成开放式思维，目的在于渗透课标中提出的阅读要求：阅读是学生的个性化行为，应引导学生钻研文本，在主动积极的思维和情感活动中，加深理解和体验、感悟和思考，以受到情感熏陶，获得思想启迪，享受审美乐趣。

（4）说一说。能将故事中神奇的内容说得清清楚楚，还有条理。

设计意图：部编版教科书从二年级开始安排复述能力训练，借助图片、表格等讲故事，为第二学段详细复述做铺垫。本环节设计利用表格，抓住关键词语，将故事的起因、经过、结果讲清楚，语言简洁明快，这也是语言表达能力培养的基本要求。

（5）写一写。给后羿发条短信吧，你最想跟他说些什么？

设计意图：此环节是前置性学习效果自我检验的一个有效策略，引导学生在自读、自悟的情境中静心思考，充分发挥学生的想象能力，借助自媒体在学生生活中的地位，以发短信与人沟通、交流的方式，调动学生表达的积极性，落实语言表达运用的技巧。

第三环节：结课

以中国水墨画为背景，设计结课语言。

设计意图：此环节设计旨在于细微处创设情境，传递信息，增强中国古代文化艺术的认同感，渗透学科育人理念，增强文化自信。

【教学反思】

这是针对二年级下册神话故事教学前置性学习的一节指导性微课，旨在为学生渗透神话类文本自我学习的基本技能，本课学习优势在于：

1. 方法指导科学有序。前置性学习的方法指导是建立在尊重儿童生理特点、知识结构认知的基础上，让"听、说、读、写"的基本技能循序渐进，落实到位。批注式阅读的雏形逐渐形成，让"不动笔墨不读书"落到实处，使学生学会圈点画注，达到阅读有痕、思维有度。

2. 语言思维能力得以提升。复述环节的设计，旨在突出学生的语言创造能力，在积累语言的基础上，尝试创造性地运用语言，达到学以致用的目的。课文复述在小学语文学习中有着极其重要的作用，它是学生对语言材料吸收存储、判断整理、内化表达的过程，有利于理解课文内容，有利于发展思维，有利于内化积累和理解运用语言文字，有利于口头言语的发展。利用抓住关键词，利用表格式复述方略，有梯度、有方法、有难度地让不同程度的学生都能够跳一跳就够着桃子，增强语言表达的自信心。同时，让学生对列提纲详细复述故事的起因、经过、结果这种复述方式有一个初步认知，并勇于尝试。

3. 启发学生丰富的联想和想象。有了前面教学的铺垫，在情境教学环境下，启发学生展开丰富的联想和想象，以穿越式的思维，结合自媒体以及学生对电子产品无师自通的学习能力，以"给后羿发短信，说说你最想说的话"为题，引发学生从多个视角开启思维新模式，让"我手写我心"成为能落地的语文能力之一。

【微课提取二维码】

五、以《祖先的摇篮》为例，谈诗歌的前置性学习微课设计

【系列名称】

小学语文前置性学习系列

【知识点描述】

前置性学习的策略方法指导

【教材分析】

《祖先的摇篮》是第八单元的一首儿童诗，语言生动活泼，充满童趣，共分四小节。第一节由爷爷的话引出"原始森林是祖先的摇篮"的说法，这引起了"我"的极大兴趣。由此，"我"产生了许多想象，以儿童的眼光去追寻那古老的原始森林。"真有意思，这该是多大的摇篮哪！""我们的祖先可曾在这些大树上摘野果，掏鹊蛋？""那时候，孩子们也在这里逗小松鼠，采野蔷薇吗？也曾在这里捉红蜻蜓，逮绿蝈蝈吗？"这些充满童趣的幻想、优美的语言，把我们的思绪引向了遥远而神秘的远古时代，去探寻人类祖先生活过的地方。课文最后，树叶的响声使"我"的思绪回到现实中来，也对古老的原始森林——人类祖先的摇篮发出了深深的慨叹，并与诗歌的开头彼此照应，将情感充分地表达出来。

课文配有色彩明丽、内容丰富的插图。远眺群山，苍茫起伏，森林茂密；画面近处，树木参天，绿草如茵，松鼠、喜鹊、野兔、蘑菇、蔷薇等形象突出，整幅画面生机盎然，有助于学生形象地理解课文，并为学生提供了无限的想象空间。

【设计思路】

二年级学生对语言的感知路径丰富，而韵味十足、语言优美、朗朗上口的诗歌、童谣、儿歌依然是他们喜闻乐见、容易掌握的一种阅读文体。儿童诗歌的前置性学习应充分关注儿童的生理和心理特点，掌握其阅

读认知规律，以情趣为先导，将批注式阅读教学的雏形——符号式批注引入其中，让"不动笔墨不读书"落到实处，使眼到、口到、手到、心到、脑到协调并进，为深度学习做好铺垫。《语文新课程标准》指出："诵读儿歌、童谣和浅近的古诗，展开想象，获得初步的情感体验，感受语言的优美。"同时要求学生能够"学习用普通话正确、流利、有感情地朗读课文"。因此，本课设计重点在于通过朗读技巧的指导，使学生能够正确、流利地朗读文本，努力做到不丢字、不添字、不无故停顿、不拖音、不拉调子，能够依据文本的韵律特点，有感情地朗读文本，提升语言感知能力。

【学情分析】

依据本年龄段学生的认知特点，抓住他们好奇心强、敢于对未知世界展开丰富的联想和想象、拥有强烈探究欲望等特征，设计"读一读、画一画、想一想、说一说、写一写"的"五读法阅读模式"，引导孩子走进文本，了解先民们淳朴、自然的生活特点，引发学生丰富的想象，走出文本，走进绘本、动画片、故事书，结合文本想象："我们的祖先、那时候的孩子们还有可能做些什么事情？这些词语还可以换成什么词？""说一说你还知道的关于原始森林的秘密有哪些。说一说你都看到了什么，听到了什么。"然后再次带领学生走进文本，让学生仿照本诗的语言表达方式，尝试仿写。因此带领学生在文本中走一个来回，是培养学生创造性思维、诱发高阶思维的有效路径。

【学习目标】

1. 自学字词，落实朗读的基本要求：正确、流利。

2. 创设情境，有感情地朗读，体会诗歌的语言美、韵律美。

3. 练习巩固：合理运用语言积累，联系生活自主创编儿童诗。

【学习重点】

生字新词前置性学习方法的指导。

【学习难点】

尝试学习诗歌仿写创编的基本技法。

第一环节：谈话导入

同学们，大家好！今天我们一起走进诗歌《祖先的摇篮》，老师将教会大家儿童诗的阅读技巧。

安瑛老师的语文微课堂

例谈诗歌的前置性学习
——以《祖先的摇篮》为例

安瑛老师语文名师工作室
策划、录制：安瑛　设计：安瑛、郭婷
编辑、合成：宋红强
2018年10月

设计意图：片头直接出示本节微课学习内容。丰富的画面能够一下子就吸引孩子们的注意力，画面的带入感是学习微课的前提。

第二环节：正文讲解

本课的学习方法采用"五读法"，引导学生按照老师的指导，完成儿童诗前置性学习由浅入深的过程。

读一读

读通顺、有感情、
有味道、有节奏。

说一说

说一说你还知道关于原始
森林的秘密有哪些？说一
说你都看到了些什么，听
到了什么？

画一画

标识出诗的小节、画出
优美的词语、句子、画
出你觉得最美的小节。

想一想

我们的祖先、那时候的孩子们
还有可能做些什么事情？这些
词语还可以换成什么词？

写一写

仿照2、3小节写一写吧！

1. 读一读

（1）读通顺、有感情、有味道、有节奏。

　　　　爷爷说：

　　　那／原始森林

　　　是我们／祖先的摇篮。

　　　真／有意思，

　　　这是多大／的摇篮啊！

　　　那浓绿的／树荫

　　　　一望无边，

　　　遮住了／蓝天。

　　请同学们根据老师划分的朗读节奏，将诗歌读通顺，并且尝试着给其他小节划分节奏，读给爸爸妈妈听一听，是不是很好听。

　　（2）"啊"的读法指导：

　　　　"这是多大的摇篮啊！"

　　　　　"啊！

　　　苍苍茫茫的原始森林，

我们祖先的摇篮！"

第一句在句末，表示惊叹，读轻声，但读音变为"nɑ"。

第二句"啊"在句首，表示赞叹，音较长，读第四声"à"。

读一读

"啊"的读法
─────

"这是多大的摇篮啊！"

"啊！
苍苍茫茫的原始森林，
我们祖先的摇篮！"

第一句在句末，表示惊叹，读轻声，但读音变为"nɑ"。

第二句"啊"在句首，表示赞叹，音较长，读第四声"à"。

设计意图：将朗读技巧精准地教授给学生，引导学生在反复朗读的过程中，习得发音方法，能够正确、流利地朗读，并体会我们祖先丰富多样的生产、劳作、游戏、生活，激发学生联想和想象的热情。

2．画一画

（1）标识出诗的小节。

（2）画出优美的词语和句子。例如：

那时候，

孩子们也在这里

逗小松鼠，

采野蔷薇吗？

也在这里

捉红蜻蜓，

逮绿蝈蝈吗？

要求：用红颜色笔，借助尺子，找到自己喜欢的词句，在下面画上横线；并找出动词，反复诵读，读出趣味。

（3）画出你觉得最美的小节。

最美的小节根据同学们个人的感悟、理解程度自由选择，要引导学生说出最美的理由，并且用上"我喜欢……是因为……"的句式，练习说话。

设计意图：这一环节是批注式阅读的雏形——符号式批注，引导学生学会基本的圈点画注规范方法，为深度学习奠定基础。

3. 想一想

我们的祖先、那时候的孩子们还有可能做些什么事情？这些词语还可以换成什么词？

"摘野果""掏鹊蛋""逗小松鼠""采野蔷薇""捉红蜻蜓""逮绿蝈蝈"

想一想

01	02	03
摘野果 采蘑菇 挖野菜 ……	逗松鼠 捉蜻蜓 逮蝈蝈 ……	看夕阳 赏明月 数星星 ……

设计意图：二年级正是学习积累词句方法的关键时期，词语替换的练习，旨在培养学生词语的理解能力。训练学生能够熟练而准确地用同义词或者近义词将句子或者短语中的词语替换，且不改变原句的意境和句子意思。这是语言精准表达训练的第一步。

4. 说一说

（1）词串训练。将本课的两个形近字"蓝""赛"挑出来，找出它们的词串，让学生读一读，说一说，看其都知道哪些词语的意思。

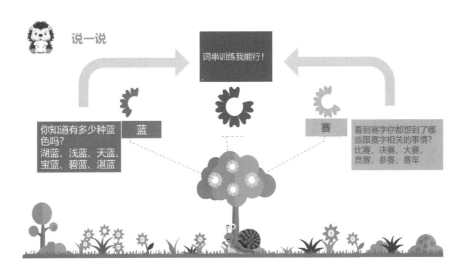

（2）说话练习。借助图画提示，用上"一望无边"说一句话，同时想象远古时候的小孩子们会做些什么。

设计意图：本环节从词串识字法练习入手，引导学生从一个字想到一个词，由一个词联想到生活中的特定场景，在情景渲染中认字识词。在这样的识字教学中，学生自主探究事物的能力得到提升，有助于学生养成良

好的识字习惯，促使其感受到汉字背后的文化魅力，既可以增加学生的识字量，又能够提高学生的语文综合素养。

5. 写一写

仿照课文中诗歌小节的特定格式，结合生活实际，请学生展开丰富的联想和想象，尝试动笔写一写：我们的祖先那时候还可能做些什么？

我想——

我们的祖先，

可曾在＿＿＿＿＿＿＿＿＿＿＿，

＿＿＿＿＿＿＿＿＿＿＿，

＿＿＿＿＿＿＿＿＿＿＿？

可曾在＿＿＿＿＿＿＿＿＿＿＿，

＿＿＿＿＿＿＿＿＿＿＿，

＿＿＿＿＿＿＿＿＿＿＿？

写一写

我想——
我们的祖先，
可曾在 ＿＿＿＿＿＿＿
➊
＿＿＿＿＿＿＿？
可曾在 ＿＿＿＿＿＿＿
＿＿＿＿＿＿＿？

那时候，
孩子们也在这里
＿＿＿＿＿＿＿？
也在这里
＿＿＿＿＿＿＿？
➋

设计意图：仿写是前置性学习效果自我检验的一个有效策略，引导学生在自读、自悟的情境中能够静心思考，仿写诗句，凸显联想和想象能力，落实语言表达运用的技巧。

第三环节：结课拓展

设计意图：以动物乐园为背景，设计结课语言，增强课程的趣味性。旨在唤醒学生走进生活、用心观察生活的意识，落实"语文的外延与生活的外延相等"的大语文观理念。生活即语文，生活处处是语文学习的内容；语文即生活，语文学习就是生活本身，学习做人、学习做事就是学习语文。

【教学反思】

这是针对二年级下册诗歌教学前置性学习的一节指导性微课，旨在为学生渗透诗歌类文本自我学习的基本技能，本课学习优势在于：

1. 渗透《新课标》"学习用普通话，正确、流利、有感情地朗读"的要求，在指导学生"读一读"的过程中，学会"啊"的变调读法。朗读技巧的渗透，是为今后有感情地朗读文本做好渗透和铺垫。

2. 图片引导，词串训练效果明显。运用图片，让学生学会运用"一望无边"想象说话，运用词串训练，丰富学生的语言积累，为下一环节的

"想一想""写一写"做好铺垫。

3.启发学生丰富的联想和想象。有了前面教学的铺垫，在情境教学环境下，引导学生展开丰富的联想和想象，进行穿越式的思考。结合孩子们今天的认知程度，提出设想：远古时期的小朋友们还会做些什么？这是一个开放式问题，易于学生从多个视角展开想象，提升课堂思维的张力。

【微课提取二维码】

第二节　要素落地

紧扣语文要素，提升语文能力

　　语文课究竟教什么、怎么教、为什么教、教师如何解读教材等诸多问题，长期以来一直都困扰着教学一线的老师，经过多年的教学研讨，越来越多的老师渐渐从传统的教语文就是教课文内容的误区中走了出来，清楚地认识到课文就是一个例子，教师就是通过借助于课堂，运用课文这个例子，激发和鼓励、培育中小学生对于祖国语文的热爱，引导中小学生丰富语言积累，培养语感，发展思维，初步掌握学习语文的基础手段和方法，培养良好的语文学习习惯，并应具备适应我们日常生活实际所需的写字技巧、阅读能力、写作技巧、口语交际能力，正确地运用汉语文字。语文课程当然也承担着学科育人的重要任务，肩负着人的思想、情绪、态度、认知、审美等各种素质教育的责任，而这些元素应该始终都渗透在对语文知识、语文技能训练的整个过程之中，在听说读写的训练中"润物无声"地滋养和培育学生的各种情感态度，在优秀传统文化的滋养中，促进学生的和谐全面发展，使他们在思想道德修养与审美情趣上得到提高，逐步形成良好的品质与健全的人格。如果将这些任务和语文知识与能力的训练割裂开来，过分强调，就会弱化语文学科的学科属性。

统编小学语文专业教材的编排遵循了小学语文专业课程的基本学科属性，教材采用了双线形式组织的单元教学内容，强化了语文课程学习的整体综合性与实践性。双线式组元的整体结构设计，每一个单元都有"宽泛的人文主题"和"语文要素"这样的两条线，均衡递进。将"语文素养"的各种基本"因素"（其中包括基本的语文知识、必备的语文技术、适当的语文学习策略和良好的学习习惯，以及语文写作、口语技巧的训练）划分为若干个"点"，由浅入深，由易及难，分布在各个单元的课文导引或习题的设计之中。其目的是培养小学生对于语言文字的运用技巧和实际操作能力，提升语文素养。

基于此，教师可从目标导航、对比感悟、创作实践角度，立足语文要素的引领作用，使语言运用落到实处。

（一）精准目标导航，探寻语言训练要点

课程是实现教学目标的载体和基本保证，其本质在于实现教学内容。教学内容的正确选取直接决定了我们如何制定教学目标，而且对教学目标的制定是否正确、恰当，又直接关系着我们的教学效率和质量。课标明确指出："课程目标必须从知识与基本技能、过程与方法、情感态度价值观三个方面来制定。三者交织在一起，融为一体。"目标设计着眼于我国语文素养的总体性提升。"教学目标既是所有课堂教学活动的核心和出发点，也是最终的落脚点，一切课堂教学活动都将紧紧围绕着实现教学目标来组织和开展，它将直接预期学生所需要掌握的内容、流程、手段和方式以及所达到的水平和标准，在教育方向上给予正确的评价和指导，并为实现教和学目标的最终结果提供了依据。我们的课堂教学无论如何改，不断地提高课堂教学的质量和实际效益，促进学生全面、主动的发展这个教学的方向永远都是不会转变的。然而，在实际的教学中，有些老师缺乏目标意识，解读教材能力欠缺，完全依赖教学参考书中别人的目标设定，不能因地制宜、因生制宜，目标不聚焦，缺乏针对性和逻辑性，导致在课堂教学的实践中、目标落实上，工作不到位，随意性较大，或出现培训越位等问题。所以，只有我们要求教师进一步增强自己的目标意识，以教学目标为引领和导航，探寻到语言培养的训练点，制定切实可行的、与教学实际紧密结合的教学目标，才能促进课堂教学真正地发生，做到有的放矢，提高语文能力。

1. 明确本册语文要素。

部编版教材在内容的选择上，从六个方面体现了国家意志，坚持"文道统一"的原则，重点关注优秀文化传统和革命传统教育；形式上采用循序渐进、螺旋式上升的编排模式，语文要素凸显语文知识和语文能力的培养。上册的学习是下册的基础，每一册教材会根据课程标准的学段特点，设立本册书的总目标，且各册书的目标都是相互关联的。很多教师忽略了整本书的总目标，没有仔细分析、研读单元目标，教学的随意性强，使得语文要素无法在每一课的教学中有效落实，教学效果大打折扣。

如部编版教材一年级上册阅读的核心素养主要有两点：流畅地朗读和学会阅读。基于这两点，设定本学年段的教学目标：①让孩子们学会用普通话正确、流利、有感情地朗读课文，学会默读。②结合上下文及生活实际，理清课文中每个词句的含义，并在阅读中不断地积累，借助于读物中的图画进行阅读。在解读本学期教材的整个过程中，以年段的总目标为指导，制定本学期语言培养的目标：①让学生读准拼音，读好每个句子之间的停顿，引导学生分角色朗读课文。②读好感叹句，读好长句子。读出疑问句、感叹句和祈使句的表达语气。③捕捉课文内容中的关键信息。按照课文资料进行简单推断，借助于图画来理解课文。联系上下文及生活实际理清这些词语的含义。目标具体而又细致，对于落实语文基本要素具有很大的引领作用。

2. 紧扣单元语文要素。

在这样的部编版教材中，每一个单元的语文基础要素都会突出一两个关于小学语文知识、语文技能以及学习语言综合运用等各个方面的内容，在教学时，将其始终贯穿于每一节课的教学过程中，强化知识的积淀与能力的提升。

如五年级下册第七单元的语文要素是"体会静态描写和动态描写的表达效果"，它是在五年级上册第七单元语文要素"初步体会静态描写和动态描写"的基础上逐步衍生出来的，旨在培养和提高小学生初步的现代文学作品鉴赏能力。教学时我们认为应该在明确本教学单元语文要素的基本前提下，合理地组织设计本单元的语言训练点。如：《威尼斯的小艇》是第七单元的第一篇课文，它承担着语文要素落实、学习方法指导的重要任务，因此教学时可以从以下几个方面落实语文要素：①创设情境，想象场景。引导学生抓住作者所描写的事物的特点，结合生活实际，展开丰富的联想和想象，体会威尼斯的静态美和动态美。②比较阅读，体会静态美和动态美。通过抓住主要场景"小艇停泊""船夫驾艇"有感情地朗读，分享感悟。③主题阅读，初步培养文学鉴赏能力。结合课后问题"想象在描写威尼斯时，三位作家在表达上有什么相似之处"，在赏读中，体会威尼斯独特的异域风情。而《牧场之国》的要素重点则是课后第一题"有感情地朗读课文"，结合课文气泡中提到的"我体会到了文中描绘的荷兰牧场的宁静之美"，用情感朗读这一学习路径，引导学生边读边想象，走进场景，感受牲畜在牧场中轻松自在的状态，在情境交融中体会作者反复强调的"这就是真正的荷兰"的深刻含义。

因此，教师只有明确单元语文要素，综合分析整单元选文特点，研读交流平台的阅读提示，结合每一课的课后问题等诸多元素之后，才能够精准探寻语言训练点，真正提升学生的语文素养。

3. 聚焦课时语文要素。

每一篇课文都牵扯很多的语文要素，比如关于朗读，因为学段不同、单元主题不同，朗读要素落实到每一课时呈现形式、分量轻重也有所不同。比如关于阅读策略与方法，关于修辞手法的作用，关于思维方式与习惯，等等。各种语文知识与能力都将分散到每一篇课文中，因此，教读任何一篇课文时，都需要有针对性地、科学合理地设定教学目标，选定语言训练点。只有在这种更为科学、有序的教学训练中，才有机会最终达到真正的知行合一，让学生真正具有独立自主探索、独立学习、独立思维的能力，发现实际问题、解决实际生活问题的能力，语言表达的能力，个性化思维能力等，在潜移默化中内化成一种习惯。

因此，教师在长期的教学实践中，还需要修炼挖掘教材核心价值的能力。只有这样，才能更为精准地挖掘出最适合学生特点的语言训练点、思维训练点。部编版教材中，虽然每一单元的课文都应该严格地遵循本单元对于语文要素的规定和落实要求，但每节课的语文要素落实的重点却各不相同，编者把这些语文要素都分解成若干个训练点，分散到课后的习题、语文园地中，目的在于通过多角度、多层次的训练，使得语文要素的落实形成一个完整思维链，即"单元导读—语文园地—课后问题—语文课文"。因此，教师在无法精准把控课时目标时，要学会分析课后问题中所蕴含的语文要素。

如五年级下册第七单元的人文主题是"思维的火花跨越时空，照亮昨天、今天和明天"，教材紧紧围绕这个主题，编排了《自相矛盾》《田忌赛马》《跳水》这三篇课文，三篇课文都指向了一个语文要素，即"了解人物的思维过程，加深对课文内容的理解"。思维，是指在表象、概念的基础上进行分析、综合、判断、理解、推理等认识活动的过程。本单元的思维过程都是通过人物的语言、动作、神态、心理等外显因素表达的，因此，如何分解"加深对课文内容的理解"这一语文要素呢？每一课都是根据文体特点，借助课后问题选择各自不同的切入点。《自相矛盾》要求"用联系上下文和组词的方法，理解难懂字的意思，并能用自己的话讲讲这个故事"。《田忌赛马》要求"默读课文，用自己的话讲讲田忌赛马的故事"。《跳水》要求"了解故事内容，并根据起因、经过和结果讲讲这个故事"。三篇课文从三个不同角度，设计语言训练点，层次分明，有序推进内容理解与语言重组。稳步落实语言要素，促进语言表达能力的形成。

（二）有效策略支撑，落实语言实践要素

1. 课堂教学语言是语文教学的核心力。教师的教学语言应该自然亲切、清晰准确、生动活泼、风趣幽默、通俗易懂、具备启发引导性、富有极强的教化性和感染力。如果教师语言本身就充满激情，无论是润物无声滋润心田，还是电闪雷鸣荡涤心灵，都是爱的不同表达方式。从我们教学的实际工作经历中也可以深刻地体会和认识到，最好的课堂教学语言就是一种口语式的教学。口语生动自如、亲切易懂，学生很容易产生亲近心理，教师也很方便操作。

2. "积累语言"是小学生掌握语文的重要基础。而语言技术能力的培养首先依靠大量语言的输入，而这些语言的输入既是一个学习人员进行学习的蓝本，又是整个学习过程的出发点。如果没有了语言的输入，根本就无法进行语言的学习。语言所需要输入的内容、体量和方法，往往会直接决定他们所学习知识的质量与速度。因此，应建立语言积累资源库，运用多重手段，引导学生丰富自己的词语资源库和语言资源库。通过丰富词汇，培养习惯，规范学生的语言习惯，使学生学会运用语言精准表达。如，抓住小学一到三年级强输入的黄金时间，引导学生在摘抄、背诵、默写上下功夫，积累大量的经典诗文，夯实语言积累的基础，为四到六年级强输出时段打下坚实的语言基础，使得学生的表达能够做到言之有物、言之有情、言之有法。

3. 赏析词句是语言训练的关键。课堂上，要求教师能够根据文本内容，采用多种方式朗读，引导学生剖词析句，玩味关键词所蕴含的深刻内涵，在流畅的朗读中，积累语言，为语言表达夯实基础。借助于引导学生对自己课堂已有教学经验和新的认识，与实际教学生活中的情境活动相结合，创设生动情景，揣摩整篇文章中遣词造句的表达手法和运用技巧，体会文章中词语使用的精妙。如讲《荷叶圆圆》一节课时，我们首先要求学生要在任课教师指导下捕捉到小荷和水珠、小蜻蜓、小鱼、青蛙的形象特点，采用拟声朗读法，营造朗读氛围，抓住这些小动物在荷叶上的不同姿态，体会作者是如何把荷叶与小动物之间的关系写得那么和谐、自在、优美的。小鸟和水珠"躺"在绿色的荷叶上；两只小蜻蜓"立"在绿色的荷叶上；小鱼和青蛙"蹲"着端坐在绿色荷叶上；还有小鱼尽情地在绿色的荷叶下"游来游去"，这些表示小动物姿态的词，用得好吗？如果让你来写，你会用哪些词呢？这时候，教师用风趣幽默的语言，引导同学们进行思考：顽皮的小水珠们姿态各异，同学们都找找看，它们都在荷叶上干什么呢？小蜻蜓呢？于是小水珠们有的在荷叶上"滚来滚去"，有的"睡"在荷叶上，有的"卧"在荷叶上，还有的"趴"在荷叶上，用语言彻底打开了学生思维和想象的闸门，引导学生说出与这些动词相关联或者意思相近的词语。运用词串训练的方法，体会动词的灵活运用，可以让句子更加生动有趣，这是一种常见的语言表达方法。

这样的设计，既丰富了语言，又积累了词语，还关注到了朗读技巧的习练，提供了语境识词的学习方法，便于丰富积累，拓展思维，提升解读赏析的能力。

4. 迁移运用是语言实践的目的。

"语言是思维的外壳。"语言表达与逻辑思维的知识培养和能力训练往往应该是相互推动和共同促进、相辅相成的。教师在引导学生积累语言的同时，还需要掌握运用语言表达技巧准确表情达意的能力，即借助语言表达，提升学生的语文能力，学法的迁移运用是提升学生语言实践能力的基本路径。

如五年级下册第七单元为语文习作单元，本单元的语文要素有以下几种：一、掌握了描写生活中人物形象的基础和方法；二、初步采取了描写人物形象的基础性手段，尝试将人物的性格特征描述出来。教学本单元时重在引导学生学习人物描写的基本方法，通过"交流平台"的讨论、交流，整理归纳出写好人物的肖像、语言、动作、心理等多种描写方法，具体表现人物特点；借助《刷子李》一文的人物表现手法，通过周围人的反应，间接描写人物特点，凸显"精读分析，读写结合"的理念，水到渠成地促成了"学习描写人物的基本方法"这一语文要素的落地。

教师借助两篇习作例文《我的朋友容容》和《小守门员和他的观众们》，引导学生默读全文，分析小作者的语言表达方式，领悟要素落实路径，分析小作者表达人物的基本方法。最后，在单元习作《把一个人的特点写具体》的写作实践中，引导学生对本单元的语文表达方式进行综合运用，实现能力的转换和提升。

语文要素为语文能力的培养提供了有力的抓手。如果教师能够树立"要素意识"，每堂课都能精心设计，让语文要素在语文学习中根植于课堂，融汇于每一个教学环节，使每一个语言生长点都得以挖掘和实践提升，长此以往，学生的语文素养、语文能力都将得到长足的发展。

一、《童漫创意习作——神奇的蛋》教学设计

【学情分析】

学生阅读文本的能力相对较强，尤其对于漫画的认识和解读，更是有

自己不同的看法，个性化的阅读体验常常让我们在课堂上收获意想不到的见解。

我们学生的语言组织能力、表达能力都较同龄孩子稍强，语言训练起点高，漫画作文课为具有丰富想象力的孩子们搭建了一个彰显个性的舞台。无拘无束的联想和想象，把漫画的内容演绎得奇幻无比。

但是，毕竟是第二学段的孩子，要想挖掘出漫画背后的真正内涵，尚需老师的引导和帮助。

【教材分析】

《神奇的蛋》是为第二学段的学生量身定制的漫画作文教学文本，画面简单明快，内容显而易见，是训练学生观察能力和语言表达能力的优秀素材，尤其是依画补画，更是拓展了学生的思维空间，无限的想象和联想为故事设计了无数个结果，这是这篇漫画素材最为成功的一点。

《新课标》对第二学段学生的习作要求是："减少对学生写作的束缚，鼓励自由表达和有创意的表达。鼓励写想象中的事物。""能不拘形式地写下自己的见闻、感受和想象，注意把自己觉得新奇有趣或印象最深、最受感动的内容写清楚。"而童漫作文恰恰弥补了命题作文的不足。

《新课标》激励学生"愿意与他人分享习作的快乐"。此篇漫画作文的依画补画环节的分享，可以拓宽潜质学生的思维，做到资源共享，鼓励他们大胆想象。创作分享又是相互学习、共同提高的最佳手段。

【设计理念】

《新课标》特别提出第二学段的习作："重在培养学生的写作兴趣和自信心。"而童漫作文正是培养训练学生学会作文的绿色通道。

抓住童漫作文的特点，设计适合学生年龄特点、心理特点、审美情趣的教学过程，是引导学生向童漫作文更深处漫溯的重要途径。

"童趣开启学生想象的闸门。"儿童与生俱来就有着丰富的联想和想象能力，而风趣幽默正是儿童漫画的基本特点，画面的内容大多来源于生活，为孩子的读图解图开启了想象的闸门，欢喜之情溢于言表，强烈的表现欲望，让学生不由自主融入图画之中，整堂课在妙趣横生、欢声笑语中完成对文本画面的解读。

"真情充盈学生心灵的空间。"《新课标》指出："鼓励表达真情实感，鼓励有创意的表达，引导学生热爱生活，亲近自然，关注社会。"童漫作文的画面在写实与虚幻之间，对于第二学段的学生，读懂画面已经不是困难的事情，透过现象看本质，才是教师应该着力引导学生表达真情实感的重心所在。引导学生通过一个简单真实的小故事，阐明一个发人深省的大道理，是第二学段学生区别于第一学段看懂画面内容即可的关键。儿童漫画作文"真实"的价值就在于引导学生向上的精神、健康的人格，以及学生观察社会、了解生活的敏锐洞察力。

"灵活贯穿学生创作的过程。"漫画作文的图画，不是固定不变的，画面上有的可以描写出来，透过画面所想象出来的画面或内容也可以叙述清楚，既可以依画补画，也可以在原来的基础上添一笔、描两笔，画面的内容会在孩子们灵动的思维中得以升华。童漫作文可以随意地组合画面，想象的空间很广阔，没有过多的局限和约束，贴近儿童的认知水平。学生可以对"漫画图片"进行重新组合、拆分、添加、删减，漫画作文是符合书面语言表达规律的创意习作教学。在习作练习的时候，不必就图写图，"漫画"只是思维发散的"原点"，要让思维发散开来，有什么感想、联想、看法、领悟都可以自由地写上去。可以自己命题，写成记叙文、议论文、散文、日记、小小说、诗歌等。

【教学目标】

1. 读懂画面的内容，能抓住画面的主要元素，提炼核心词语，大胆猜想。

2. 能根据单个画面内容，结合主要元素及核心词语，准确描述画面内容。

3．看得懂这是特殊语境下发生的故事，不同的人物在特殊的语境下，有不同的心理状态，揣摩人物的心理变化。

【教学重点】

1．注重人物对话，明白不同语境下，不同身份，语言表达的不同。

2．抓住人物的表情神态，揣摩心理变化。

【教学难点】

解读画面，用准确的语言，恰当地描述画面内容，大胆猜想。

【教学时间】

两课时

【教学媒体】

漫画材料PPT

【教学过程】

第一板块：回顾观察方法，"神蛋出场"猜猜猜

1．激情导入，回顾以往的观察方法。

师：同学们，这两年多的时间，老师教给了你们好多的观察方法。谁能跟大家分享一下，你都知道哪些观察方法？

学生交流。

师：是的。大家都掌握了基本的观察方法，并且学会了运用，非常好!

2．实战检验，实物展示猜猜猜。

师：我们都是创客宝贝，创客宝贝跟别人的思维是不一样的。请大家运用刚才说到的观察方法猜猜看：老师手里是什么？

学生交流。

设计意图：本环节从回顾观察方法入手，研判学生对已有观察方法的掌握情况，便于了解学情，为下一环节的观察图画做好了铺垫。实物导课符合儿童漫画与生活实际相结合的原则，便于激发学生的热情。

第二板块：观察图画，"神蛋生病"想想想

1. 创设情境，实物联想。

请大家侧耳倾听，这枚神奇的蛋究竟怎么了？

这枚神奇的蛋病了，它的小主人要把它送到医院去看医生。猜猜看：接下来会发生什么事？

2. 图片展示，依图想象。

（1）出示观察方法

观察场景：你都捕捉到了哪些有价值的信息？发现人物——图上都有哪些人？根据他们的衣着你能判断他们的职业、身份吗？

（2）根据观察推测人物心理状态

从人物的动作、神态推测他们之间的语言对话。他们会说些什么？心里会想些什么？

（3）组织语言，精准表达

学生交流：将捕捉到的有价值信息，有效组织，准确表达，注意揣摩人物的内心。

设计意图：本环节的设计，在于引导学生连续观察，合理表达。依据本年段学生思维特点，抓住他们具有强烈探究欲望的心理特点，有效引导，捕捉有效信息，并尝试有效整合获得的碎片化信息资源。

第三板块：连续观察，"神蛋手术"，情节反转

1. 连续观察，抓住关键点。

观察：抓住场景、人物身份、人物的语言、动作、神态。

推测：人物的心理状态。

2. 提供方法，准确表达。

引导学生按照事情发展的顺序，习练表达：首先……接着（然后）……最后……

学生交流。

设计意图：本环节的设计，旨在让学生具备一定的观察表达方法之后，能够做到有序观察、有序表达、准确表达。

第四板块：故事高潮，"神蛋出生"，完整表达

1. 依图补图，想象升华。

根据图片内容，观察思考：手术结束了，奇迹发生了，蛋宝宝出生了，它究竟是谁的宝宝呢？

2. 结合想象，精准表达。

表达指导：

（1）人称不限，凸显"有趣、神秘"。

（2）用上恰当的修饰词语，丰富细节描写。如：动词的准确使用。

（3）用上简单的环境描写。

（4）突出第一次来到这个世界的好奇。

（5）语句通顺、流畅。

设计意图：本环节的设计，旨在引领学生依据图画组图的提示，自由想象，丰富联想，将口语表达有效转化为书面表达，落实课标提出的"倡导儿童能够自由表达"。我手写我心，让儿童表达真实发生。

第五板块：完成习作，确定"神蛋身份"，分享、修改

1. 独立思考，完成习作。

选择这组系列图片中的一幅，按照要求，完整表达。

2. 分享交流，优势互补。

全班分享交流。

3. 自评、互评，完善习作。

设计意图：新的课程标准要求学生不仅能够完成一篇文质兼美的文章，而且能够学习自我评价，尝试同伴互评，在反复修改的过程中，不断完善和修正语言。

【课后反思】

1. 激发了学生创作的激情。简单明快的画面，恰如其分的音乐，为学生营造了一个且看且思的开放空间。因为没了传统作文的种种要求和束缚，学生可以根据画面的内容，任思维在想象的空间驰骋，在联想的世界周游，畅所欲言，让学生的语言组织能力、表达能力在欢声笑语间得以提高。

2. 尊重了学生的个性体验。传统的看图作文教学，要求学生必须恪守图画的内容，不可随意添加与画面主题不相干的元素，否则就视为跑题。而童漫作文的丰富想象、大胆创新，题材的无拘无束，暗合《新课标》"尊重学生的个性化阅读体验"的建议。学生可以从不同的视角解读图画，想怎么添加补充都是正确的，尊重了学生的心理感受，凸显了课堂教学的人性化、民主化。

二、《猫》教学设计

【学情分析】

第二学段的学生，已经积累了一定的独立阅读方法。本班学生一年级就开始做深度阅读训练，海量的阅读打通了他们的言语表达渠道，丰富了他们的语言积淀。他们能够尝试运用学过的阅读方法，独立完成一篇文本的剖析，能够运用提问、质疑、批注等多种阅读方法，科学合理地精读文本，使阅读深度发生。能将"抓住特点，细致观察，把一件事物写具体、写清楚"的语言表达方法落实到习作创作中，并收到不错的效果。具备了一定的梳理、筛选有价值信息资源的能力。

【教材分析】

部编版教材四年级下册第四单元精选的文章，旨在引导学生学习作家如何将日常所见的普通小事，用朴素平实的语言简单勾勒；如何抓住这些小精灵的特点，精准表达自己对小动物的喜爱和赞美之情。猫，是我们日常生活中常见的动物。猫或是乖巧的，或是温顺的，或是机灵的，或是优雅的……一百位作家眼中，就一定会有一百种特别的猫，而古今中外作家笔下的猫，大多是他们用真情、用心灵写出的带有作家人格烙印的有灵性的、独具特色的"猫"。

《猫》是第四单元的第一篇精读课文，这是著名的语言大师老舍先生的一篇状物抒情散文，作者通过描写猫的神态、叫声、动作，细致、生动地展现了猫古怪的性格以及刚满月的小猫们淘气、天真可爱的样子，真切地表达了作者对猫的喜爱和赞美之情，体现了人与动物之间温情和谐的亲密关系——人爱猫，猫亲人。

这篇文章写法简单，语言平实，情感真挚，全文围绕总起句"猫的性格实在有些古怪"入手，采用先总后分的段落结构，分别抓住了猫的性格矛盾而又统一的古怪特性，将猫的顽皮、淘气、可爱表现得淋漓尽致，讨人喜欢。猫是孩子们生活中司空见惯的小动物，跟人的亲近感很强，作者具有亲和力、风趣幽默的语言描述，为孩子联系实际、破解文本提供了源头活水。

【设计理念】

《新课标》中要求："阅读应尊重学生个性化的阅读体验，不应以教师的讲解，代替学生的独立阅读。"鉴于此，本课教学中，第一，采用前置性主题探究的学习方式，为学生量身打造个性化的前置学习提纲，引导学生用思维导图式笔记阅读方法，抓住"写什么？怎么写？为什么这么写？怎么学？"等四个方面，在自我探究中将前置学习做一个前测，为课堂深层探究做好内容、知识、方法等方面的储备，为分层教学、深度学习做好铺垫。

第二，核心素养中提到，培养学生提出问题、发现问题、解决问题的能力是提升学生核心素养的关键。四年级上册对学生阅读的提问、批注、观察方法等均有科学策略的训练，学生已经掌握了关于阅读策略的相关技能。引导学生结合课后问题、气泡提示来设计问题，并采用批注式阅读方式解决问题；引导学生在有趣处、感动处、细致描写处写下自己的阅读体会，这样的批注式阅读是第二学段学生必须掌握的一种阅读技能，也是古人"不动笔墨不读书"的现实写照。

第三，教学设计应抓住本文语言表达的特点：用平实朴素的语言，真切表达情感。通过细致观察，抓住事物的特点以及生动、准确描写动物的方法。在细节描写中凸显小动物的特点，表达真挚的喜爱之情。切实将核心素养与语文课程的融合落到实处，将学习语文的重点落实到语言文字的表达上来。

第四，凸显语文教学"读"的强大功能，正确、流利、有感情地朗读课文，体会作者对小猫的赞美和喜爱之情。这里的读，应凸显朗读指导在前置性学习以及课堂教学中的核心地位，"授之以渔"——将朗读技巧和基本方法融进教学之中，让学生通过情感朗读激活文字，让字里行间流淌的喜爱之情跃然纸上、根植心中。

第五，重视"1+X"拓展阅读，合理利用阅读链接的资源，学习作家从不同的观察角度入手，抓住猫的不同特点，表达喜爱之情的表现手法。周而复笔下的《猫》乖巧可爱、憨态可掬，通过外貌和神态凸显惹人爱怜的情感；夏丏尊笔下的《猫》活泼可爱、样貌可人，人见人爱，通过外貌和人们对小猫的态度来表达喜爱之情。同时，夏目漱石《我是猫》中针砭时弊的猫、爱伦·坡《黑猫》中阴郁神秘的猫、胡适笔下的狮子猫、季羡林的虎子猫等，都可以在学完课文以后，引导学生用自己掌握的文本语言表达手法，去详细阅读众多作家笔下性格迥异、特征鲜明的猫。从而体会不同作者同样的爱猫之情，以及不同作者的不同表达方法。

【教学目标】

1. 学会基本的朗读技巧，正确、流利、有感情地朗读课文，体会作者对小动物的喜爱之情，激发热爱生活的情趣。

2. 学会作者抓住动物的特点、运用细节描写、通过具体事例刻画小动物形象、表达情感的方法。

【教学重点】

学会作者抓住动物的特点、运用细节描写、通过具体事例刻画小动物形象、表达情感的方法。

【教学难点】

学会作者综合运用多种修辞方法，通过细节描写写清楚具体事例的表达方法。

【前置学习】

前置性探究学习单：

1. 朗读课文，完成课文生字词语的自我学习，抄写在积累本上。

2. 自读自悟，创建思维导图，提炼阅读信息。

按照"写什么""怎么写""为什么这样写""怎么学"的思路，用思维导图将文本阅读中的有价值信息梳理出来，建立阅读立体框架结构。

3. 上网搜集查阅资料，了解名家笔下的猫，从关注内容到关注表达方式。建议关注作家：夏目漱石、爱伦·坡、胡适、季羡林、丰子恺、苏轼等。

4. 围绕"人爱猫，猫亲人"这一主题，分别写了哪些方面的内容？请做出简单的批注。可以从以下几方面进行批注：举例说明可以从哪些地方看出作者喜欢猫？猫的性格特点是什么？作者是怎么组织材料的？作者的语言表达特点是什么？

5. 根据主题探究式阅读，提出有价值的问题，存疑、质疑。

【多媒体设计】

多媒体课件PPT、小猫活动微视频

【教学过程】

第一板块：初读感知，了解内容，简述阅读体验

1. 解读图片，释题激趣。

（1）以作家与猫的图片导入，了解课文的表达意图。

（2）结合图片以及前置性学习的收获，分别用一句话说说：丰子恺、夏丏尊、周而复、夏目漱石、胡适、季羡林笔下的猫都有什么特点？

2. 简述阅读体验。

（1）作者简介。说说你对老舍的认识。

（2）本文写了什么内容？老舍笔下的猫有什么特点？用思维导图梳理。

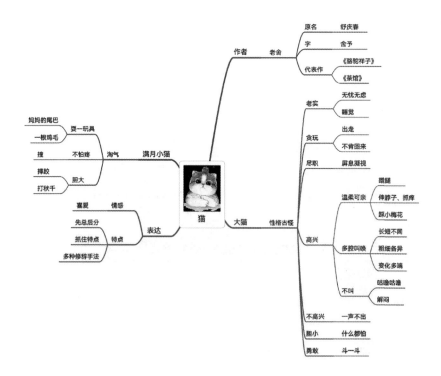

要点：在本文中，老舍写了长大的猫和刚满月的小奶猫的顽皮可爱。长大的猫性格有些古怪，小奶猫淘气可爱，但无论是哪种猫，都是老舍先生笔下的精灵，都是他的最爱。

设计意图：这一环节的设计是将"1+X"拓展阅读前置的阅读策略之一，也是采用主题式阅读探究，让阅读真实发生的有效路径。图片引入，激发学生的阅读兴趣，同时也是检测前置性学习过程中，"上网搜集查阅资料，了解名家笔下的猫，从关注内容到关注表达方式。了解本文作者的创作特点"这一学习任务的完成效果，是下一环节教学目标设定的依据。

第二板块：精读文本，学习积累，体会表达方式

1. 研读主题，抓住特点，体验表达方法。

研读内容：长大的猫。

研读方法：默读梳理前置学习笔记，其他同学交流分享时，认真倾听，取人之长，完善阅读笔记。

（1）有感情地朗读，体会情感。

朗读指导：朗读课文第1至3自然段，读出感情，且正确、流利。这一部分内容朗读时用高兴、愉悦、怜爱的语气比较合适，能够读出小猫的可爱、令人难以捉摸的个性特征。

（2）长大的猫性格有什么特点？

要点："猫的性格实在有些古怪。"结合阅读词语摘录笔记，理解"古怪"就是难以捉摸、稀奇、跟一般情况很不相同，使人觉得诧异的、稀奇罕见的意思。

（3）围绕"古怪"这一关键词，作者描述猫的性格古怪主要表现在哪几个方面？

要点：三个方面：性格——难以捉摸　性情——矫情多变　胆量——耐人寻味。

设计意图：朗读、倾听是落实学生课堂基本素养的关键。本环节的设计旨在落实文本研读时，学生朗读能力的检测。四年级学生在朗读方面应该达到正确、流利、有感情地朗读，并且掌握一定的朗读技巧。要求专注倾听其他同学的表达。将前置性学习的词语摘录笔记巧妙穿插，有利于夯实学生的语言积累基础，抓关键词，理解段落的主要内容，为下文采用摘句法概括文章内容——找出中心句做好了铺垫。

（4）探究猫难以捉摸的性格：老实、贪玩、尽职。

学习方法：采用"五读法"——读一读、理一理、听一听、写一写、说一说，结合批注式阅读笔记，完成这一环节的学习内容。

品读老实："说它老实吧，它的确有时候很乖。它会找个暖和的地方，成天睡大觉，无忧无虑，什么事也不过问。"

要点："乖"是听话、顺从的意思，也可以说：说它老实吧，它的确很听话。这段话中，作者运用拟人的修辞手法，如"很乖""无忧无虑""什么事也不过问"写出了猫的老实，语言简单、朴实，读起来感觉小猫就好像是一个乖巧听话的孩子，安静、不吵闹。

体会贪玩："可是，它决定要出去玩玩，就会出走一天一夜，任凭谁怎么呼唤，它也不肯回来。说它贪玩吧，的确是呀，要不怎么会一天一夜不回家呢？"

要点：这段话，连用三个语气词，用反问的语气，说明猫的任性，就像个顽皮的孩子。

感悟尽职："可是，它听到老鼠的一点响动，又是多么尽职。它屏息凝视，一连就是几个钟头，非把老鼠等出来不可！"

词串训练：

屏息凝视——（　　）心

一连几个钟头——（　　）心

非把老鼠等出来不可——（　　）心

要点：作者用"屏息凝视"凸显小猫的专心致志，"一连几个钟头"

说明小猫做事有耐心，运用了"非……不可"这样双重否定的语气，突出做事的决心。

（5）同样的方法探究猫娇情多变的性情：高兴——温柔可亲；不高兴——一声不吭。

品读"高兴""温柔可亲"，探究：作者在写猫高兴时温柔可亲是从哪几个方面写的？有什么特点？

要点：这段话作者运用细节描写，分别从撒娇、淘气、叫声等三个方面列举事例，描写猫高兴时惹人喜爱的样子。

分别抓住"蹭""抓痒""跳""踩印""丰富多腔地叫唤"等动作、声音的细节，活灵活现地刻画了调皮、善变、难以捉摸的小猫的形象。

品读用词精妙："蹭"字在这里的使用，带有强烈的感情色彩，有撒娇、耍赖的意思。这个词的使用把猫的可爱，以及猫跟人的亲近关系表现得一目了然。

对叫声的描写，用词同样绝妙。"丰富多腔"本来就是变化多端、各不相同的意思，而作者通过细致的观察，抓住了叫声的特点：不同、各异、多端，从中可体会作者的用词之妙。它们都是不一样的意思，但作者却选用了丰富的词，将"丰富多腔"的叫声描写得与众不同。

（6）同法探究猫耐人寻味的胆量。

要点：这段话一方面写它什么都怕，"总想藏起来"；一方面又写它很勇猛，什么都敢斗。胆小与勇猛是一对矛盾的统一体，充分体现了猫性格的古怪。

设计意图：本环节主要是让批注式阅读与课堂教学紧密结合，依据学生对文本的深层次解读样态，教师适时加以引导，使得自主探究、合作学习真实发生。本环节有利于培养学生独立阅读、独立思考的阅读素养，为学生的个性化阅读提供和谐、适恰的氛围，让学生在充分自由、民主、和谐的氛围中，赏读文本，领略语言文字的美。

2. 研读语言表达方法，体会作者表达感情的方法。

方法：朗读课文，体会情感，关注表达。

（1）赏读课文第1至3自然段，回顾：作者是用什么方法描写猫的特点的？是如何表达作者的喜爱之情的？

（2）指导朗读：猫的性格特点需要重读，通篇情绪轻松愉悦，语气温柔，语调柔和。

（3）结合前置性学习以及课堂分享互动，体会表达方式。

要点：表达方式。首先通过细致的观察，抓住猫性格古怪的特点，依次分别描写了猫的性格老实、贪玩、尽职、温柔可亲、胆小、勇猛的特点。其次，采用先总述后分述的构段方式组织材料。最后综合运用多种修辞手法，巧妙运用表示动作的词语，让细节描写为猫的形象塑造锦上添花。

（4）结合前置性学习以及课堂分享互动，小结学习方法。

要点：学习方法。采用摘句法概括段落大意；学会围绕一个事物，选取具体事例，抓住特点，把事物描写清楚的表达手法。

设计理念： 良好的阅读素养的培养，需要循序渐进、科学有序。因此，此环节是在学生理解了课文"写了什么"的基础上，通过单元导读语文人文要素的引领，尝试分析作者是"怎么写的"、我是"怎么学的"，引导学生在自学主题探究、课堂分享交流的基础上，静思、精思，梳理出作者的表达特点和自己学习探究的方法，为下文学习方法的迁移运用做好了铺垫。

第三板块：阅读链接，迁移运用，学习表达技巧

1. 学法迁移，自学刚满月小奶猫的特点。

学习方法：采用"五读法"——读一读、理一理、听一听、写一写、说一说，结合批注式阅读笔记，完成这一环节的学习内容。

品读刚满月小奶猫的特点。

默读思考：本段的中心句是什么？作者围绕中心句分别写了哪几方面的内容？

要点：理解内容。刚满月的小奶猫淘气可爱。本段围绕中心句"小猫满月的时候更可爱，腿脚还不稳，可是已经学会淘气"列举了几个具体的事例，来说明小奶猫淘气顽皮但惹人喜爱——贪玩：无论什么都是它的玩具，鸡毛、线团耍个没完没了；呆萌：撞疼了也不哭；放肆：胆子越来越大。

体会用词的妙处。

要点："耍、撞、抱、摔跤、打秋千"这些词语都是动词，这里用小孩子游戏的动作、活动场景，来描写刚刚满月、颤颤巍巍、站都站不稳的小猫，把小猫淘气可爱的样子描写得鲜活可见。

体会细节描写的好处。

要点：抓住表示动作的词语，用连贯的动作来表现小奶猫呆萌、顽皮、淘气的样子，着实可爱，精确地表达了作者对小猫的喜爱之情。

设计理念： 本着学习语文就是学会阅读、学会表达的教学理念，本环节设计学法迁移，重在检测学生前置性学习、课堂交流学习的程度，为学会表达打下坚实的基础。

2. 学法迁移，赏读阅读链接。

默读阅读链接里的片段描写，思考：老舍、夏丏尊、周而复三位作家，在描写手法上有何异同？

要点：三位作家都从不同的视角，描写了一个相同的事物——猫，虽然观察点不同，但都抓住了猫的不同特点，从多个侧面，表达了自己对猫的喜爱之情。

不同之处：老舍没有细致描写猫的外貌特点，开篇就从猫的性格入手："猫的性格确实有些古怪。"以此总领全文，然后分别举出具体的事例说明"古怪"的性格分别表现在哪些方面。

同样是表达对猫的喜爱之情，夏丏尊先生却选取了正面描写与侧面描写相结合的手法，抓住猫的外貌特点：毛色漂亮好看；旁人对猫的态度：人见人爱，直夸"好猫"以及猫跟孩子们玩耍时的情形，勾勒出一只人见人爱的小花猫形象。

周而复先生对猫的喜爱之情洋溢于笔端，他的猫"貌美如花""机灵过人"，他抓住猫的外貌和神态，用恰当的比喻，把一只机灵可爱、漂亮可人的猫呈现在我们面前。

3. 写法迁移，体验表达。

要求：抓住事物的特点，围绕一个特点，举出具体的事例，以表达对事物的喜爱之情。用上表示动作的词语，恰当地使用修辞手法。可以用"说它……可是……"，用表示转折的关系来完成创作。也可用先总后分的写法来写一下你喜欢的小动物。

范例："说它老实吧，它的确有时候很乖。它会找个暖和的地方，成天睡大觉，无忧无虑，什么事也不过问。可是，它决定要出去玩玩，就会出走一天一夜，任凭谁怎么呼唤，它也不肯回来。"

"松鼠是一种漂亮的小动物，乖巧，驯（xùn）良，很讨人喜欢。它们虽然有时也捕捉鸟雀，却不是肉食动物，常吃的是杏仁、榛（zhēn）子、榉（jǔ）实和橡栗（lì）。它们面容清秀，眼睛闪闪发光，身体矫（jiǎo）健，四肢轻快，非常敏捷，非常机警。玲珑（lóng）的小面孔，衬上一条帽缨（yīng）形的美丽尾巴，显得格外漂亮。尾巴老是翘起来，一直翘到头上，自己就躲在尾巴底下歇凉。它们常常直竖着身子坐着，像人们用手一样，用前爪往嘴里送东西吃。可以说，松鼠最不像四足兽了。"

设计意图：落实语文学习人文性与工具性相统一的原则，通过学法迁移，引导学生尝试运用已有的阅读技能，读懂一个文本，并运用本文学习中习得的表达方法，将语言文字的运用发挥到极致，即学会表达。范例的引入，给予了学生更大的选择空间，两种表达方式都是本课应该掌握的主要表达技巧。

4. 自评互评，分享交流。

作文评价正负量化表格

评价内容	评论员 1	评论员 2	评论员 3
标题有意思	+	+	−
能抓住事物的特点写自己喜欢的事物	+	+	+
能将这个特点写清楚	+	+	+
能围绕特点列举具体的事例	+	+	+
能运用平时积累的词语	−	−	+
能恰当运用修辞手法	+	+	+
作文书写整洁、工整	+	+	−
有感情地朗读	+	+	+
能够虚心听取他人的意见或建议	+	+	+

设计意图： 完成习作只是第一步，课标在教学建议中明确指出："重视引导学生在自我修改和相互修改的过程中提高写作能力。"第二学段的学生，在习作修改方面，已经掌握了一定的技巧，如用词的准确，标点符号的合理使用，句子是否流利通顺，等等。这里运用作文评价量表来优化学生的习作评价，有利于提高写作能力和评价能力。

第四板块： 情感升华，拓展阅读，深度学习真实发生

1. 情感升华，习练表达。

如果老师想送你一只小猫，你最希望领养一只什么样的猫？为什么？

2. 拓展阅读，提升素养。

爱伦·坡：《黑猫》

夏目漱石：《我是猫》

陆游：《得猫于近村以雪儿名之戏为作诗》

冰心：《漫谈赏花和玩猫》

丰子恺：《白象》

叶圣陶：《小黄猫的恋爱故事》

设计意图：语文学习亦是一个语文思维能力的训练过程，口语表达能力在语文学习中至关重要，大语文观就曾解读"语文"两字为：站起来能说，坐下来能写。因此，依据文本内容，为学生设置一个开放性的问题，在思考与组织语言的过程中，提升语言思维与口语表达能力。

【教学反思】

让深度学习真实发生

全面提升学生的语文素养，是当前语文教学的重中之重。提升语文素养的核心就是提升学生的语言文字运用能力，这是一项综合能力的提升与训练，仅仅停留在语言文字的积累上，停留在知识获得的浅层次学习上，是不可取的。鉴于此，本节课的设计者从前置性主题探究入手，通过自主探究、分享交流等手段，让深度学习真实发生。

1. 关注学生的语文思维能力训练。语文思维能力的训练是从学会提问、敢于质疑入手的。四年级上册策略单元专门训练学生有效提问，教会学生学会从不同角度设置问题，以网格式的问题解读文本，体会作者表达情感的方法；批注式阅读笔记与课堂教学的无缝连接，打开了学生独立思维的闸门，课堂上，学生敢于就某一个方面，发表自己独立的见解，拥有独立话语权；在倾听中反思、提炼，思维的深度与语言表达的深度在相互依存中共同成长，使得思维与表达和谐同轨。

2. 在积累与表达中构建独立的语言特色。语文课程突出一个中心，以学习语言为中心，这是区别于其他课程的重要标志。我们学习语文主要侧重理解、运用语言文字的能力，特别是运用语言文字的能力。本文教学过程中，充分运用"摘录式阅读笔记"方法，将本课生字词语的理解，安排在前置学习中，引导学生运用固有的独立学习方法，学会积累本课的相关词语；在分析本课语言表达特点时，抓住作者遣词造句的巧妙，来体会作者抓住事物的特点表情达意的方法。从"古怪"一词延伸开去，抓住"老实、贪玩、尽职、胆小、勇猛、温柔可亲、一声不吭、淘气、可爱"这些矛盾的统一体，完成"生气勃勃、天真可爱"的小猫形象的塑造。学生在理解、积累、模仿、表达、运用中尝试构建自己的语言表达体系，在探究中发现，在发现中提升，在提升中不断创新，完善语言的个性化表达。

3. 尊重学生的阅读情感体验，完成了文本意义的重构。阅读体验的过程首先完成了读者与文本对话，本课的对话是多维度、立体呈现的。前置性学习中对文本情感朗读的体验，是对语言、情感的初步解读，是一个用有声语言将简单、朴素的语言文字激活的过程，走心、专业的朗读，完成了文本的二次创作。在阅读古今中外作家与猫、老舍与猫、老舍其人等跟文本相关的资料时，学生的感情已经从单纯的内容表达，触及创作背景、表达方式，能结合自身的生活积累、阅读经验创造性地解读文本，体会作者情感表达的巧妙，与作者的情感产生共鸣，从而完成从内容、结构、表达方式到内涵体验的完整轮回。

4. 在情感迁移中，让本单元的人文要素悄然根植于学生的心灵体验中。单元导读中提到"奔跑，飞舞；驻足、凝望。这些可爱的动物，是我们的好朋友"，彰显了人与自然和谐共处的关系。文本阅读对话的情感共鸣同样存在于情感的迁移中，让作者的情感与学生的情感体验在"感同身受"中得以升华。本课言语表达体验环节设计："如果让你领养一只猫，你会领养文中的哪一只猫？"将学生的阅读情感体验置身于三位作家的创作氛围之中，无论是猫的性格还是猫的外貌，每一次深层次的解读，学生的情感都是伴随着作者的情感变化而变化的，每一次的情感朗读、默读、赏读都是一次与作者、小猫情感交流的过程，这也正是一次激情、热情、真情相碰撞的过程。

核心素养视域下的深度学习，就是在《新课标》"语文是工具性和人文性的统一"的精神指导下，聚焦学生语言文字运用能力的培养，依据教材内容，引导学生学会深入理解、积累语言，建立丰富的语言资源库，丰富自己的阅读体验，在独特的阅读体验中，提升自己的语文思维能力、表达能力，进而全面提升语文素养。

三、《"诺曼底号"遇难记》教学设计

【学情分析】

本单元的语文要素"从人物的语言、动作等描写中感受人物的品质"是四年级上册"通过人物动作、语言、神态，体会人物的心情"的语言表达方法的一个延伸和提升。本课通过抓住船长与海员简短有力的对话，以及船长不容置疑的语言、指挥若定的动作描写来揣摩人物的心情，从而感悟船长的英雄品质，还借助了文中的插图，通过船长的衣着、纹丝不动犹如铁铸一般的神情、阴惨惨的浓雾等外貌、神态、环境描写来表现人物心情，丰满人物形象。

三、四年级上册的语文要素"带着问题默读，理解课文的意思""阅读时，尝试从不同角度去思考，提出自己的问题"都为本课的学习做好了铺垫。"抓住关键词句，初步体会课文表达的思想感情"也为学生学习本课提供了方法和策略的指导。

【教材分析】

本课是本单元的第一篇精读课文，它对落实本单元语文要素、人文要素起着重要的示范、引领作用。结合本单元的语文要素"从人物的语言、动作等描写中感受人物的品质",充分利用笔记式阅读策略创建阅读支架,以"前置性学习单"为引导,借助批注、思维导图等手段,运用"前置学习—课中分享、交流、合作探究—课后拓展延伸"的教学模式,使学生初步了解:情节、人物、环境是小说类文本的三大要素,也是阅读此类文本的抓手。利用板块式教学,将初读感知、了解大意、细读精思、创设情境、有效质疑、品悟语言与情感朗读紧密结合,在情感朗读中激活语言文字,创建对话情景;在赏读关键词句中,感悟船长的英雄形象。

【教学目标】

1. 朗读课文,感受哈尔威船长伟大的人格魅力和高尚的职业情操。

2. 学习抓住人物的语言、动作描写,体会人物品质的语言表达方式,并尝试运用。

【教学流程】

第一板块:落实前置性学习要求,理清文本脉络

1. 初读感知,梳理前置性学习收获,理清文本脉络。

(1)布置任务:请大家按照前置性学习单的要求,认真梳理自己的前置性学习步骤,将自己的收获及困惑分享给大家。

(2)分享提示:

完成小说阅读"要问五个W"阅读单,搞清楚文章"写了什么"——什么人?什么时间?什么地点?发生了什么事?为什么会发生?

借助思维导图理清作者的行文脉络。

(3)方法路径:自主梳理,同桌交流,全班分享交流。

2. 分享交流,查漏补缺,调整教学目标。

预设:生1:我积累了关于作者的信息(略)。

生2:我认真完成了小说阅读"要问五个W"阅读单,搞清楚文章"写了什么"。

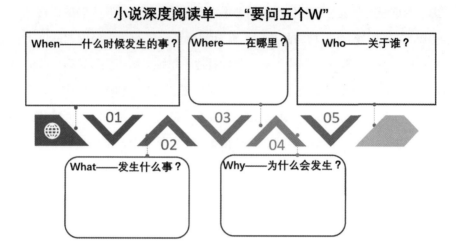

生3：我是借助思维导图理清了文章脉络。

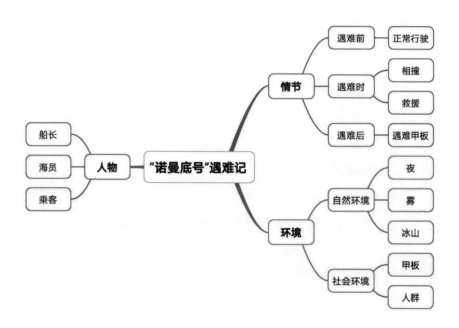

点评：笔记式阅读形式多样，操作灵活，根据本文题材的性质，在前置性学习时，为学生创建了小说类文本阅读的导引：小说类文本阅读"要

问五个W"深度阅读单；借助思维导图，帮助学生进一步理清文脉，明白文本是"怎么写的"。

第二板块：关注故事情节发展，精读体悟场景

1. 认真梳理前置性学习内容，分析故事情节的发展。

（1）同桌讨论，完善前置性学习中情节思维导图的梳理。

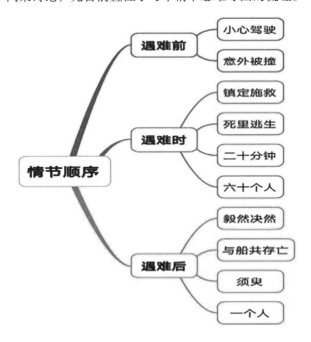

（2）梳理摘录笔记，整理关键词语。

失魂落魄、惊慌失措、惊恐万状；镇定自若、井然有序；相提并论、忠于职守。

（3）分享交流。请从积累的词语中，选择一个你认为最能触动你情感的词语，说说：你透过这个词语看到了什么场景？认识了什么人？有什么感受？

点评：本环节旨在即时检测前置性学习中，学生自主学习的程度，便于及时掌握学情，调整教学内容。

2. 精读品味，借助关键词句，捕捉感人画面。

精读品味感人画面：①混乱的场面；②庄严的指挥；③悲壮的沉没。

（1）自主、合作学习"混乱的场面"。

默读、批注，同桌交流：抓住"震荡可怕极了"，想象海难发生时人群、物品、机械等遭受的撞击究竟有多可怕。透过"惊恐万状"体会当时船上人们害怕到了极点时，所表现出来的形形色色的样子和状态。

（2）课文补白：作者描写船上"一片混乱"，当时是怎样混乱的场面？动笔写出来，与同学们交流。

（3）合作学习"庄严的指挥"片段。小组讨论：当人们惊恐万状、乱作一团时，船长是如何扭转乾坤，使大家转危为安的？

课件出示：哈尔威船长，站在指挥台上，大声吼道："全体安静，注意听命令！把救生艇放下去。妇女先走，其他乘客跟上，船员断后。必须把六十人救出去！"

预设：

生1："全体安静，注意听命令！"是在组织安排救援工作，安抚人心；"把救生艇放下去。"指出了逃生办法。

生2："妇女先走，其他乘客跟上，船员断后。"是在安排逃生顺序，坚持首先保护弱者的文明观念。

生3："必须把六十人救出去！"表明了他的决心，也是给船员的命令。

（4）讨论："必须把六十人救出去！"文中指出"实际上一共有六十一人，但是他把自己给忘了"。船长真的把自己给忘了吗？

（5）默读、批注主要情节"悲壮的沉没"。抓住关键词"阴惨惨的薄雾""黑色的雕像"等，理解船长为什么"一个手势也没有做，一句话也没有说"。当时船长的心里会想些什么？你的感受是什么？

点评：借助情节思维导图，将课文按照事情发展的顺序："遇难前——

遇难时—遇难后"做了简单梳理,理清了文脉;借助摘录笔记中分类积累的词语,抓住关键词句,理解灾难来临时船长的指挥若定,深刻体会船长的英雄壮举。思维导图和批注感悟等笔记式阅读的运用,有效落实了本单元的语文要素。

第三板块:聚焦人物语言描写,感悟人物形象

1. 观看视频,创设情境。

观看轮船"遇难时"的视频,体会船长的语言,说说:你认识了一位怎样的船长?认识了一个怎样的团队?

点评:教学视频是拓展阅读资源的一种,当学生通过观看与教学内容相切合的视频内容时,入情入境的情境渲染,形象生动的音视频画面,鲜活真实的人物语言、动作、神态,都为学生带来了直观的视听感受。抓住人物的语言、动作、肖像塑造人物形象,是本单元语言表达方式的一种。

2. 再读文本,诵读对话,体会语言中的英雄气概。

学习内容:赏析品读语言描写。

方法:采用自学批注、合作讨论的方式学习。

(1)品读语言,体会船长"庄严指挥"的沉着、淡定与临危不乱。

课件出示:哈尔威船长,站在指挥台上,大声吼道:"全体安静,注意听命令!把救生艇放下去。妇女先走,其他乘客跟上,船员断后。必须把六十人救出去!"

(2)抓住"大声吼道""先走""跟上""断后""必须""救出去"等关键词,体会船长下命令时的心理活动。

(3)指导朗读,师生互评:语调高昂,语速较快;"吼道""妇女""必须""六十人"可重读;"船——员——断——后"也可一字一顿地读,尝试读出船长的英雄气概。

(4)默读文中对话部分的内容,理解体会船长冷静、沉着,指挥若定,置个人生死于度外的高大形象。出示第15至29自然段对话。

（5）指导朗读：配乐创设情境，用坚定的语气，语速逐渐加快，简短有力。

（6）合作学习："哪个男人胆敢抢在女人的前面，你就开枪打死他。"四人小组朗读、讨论：哈尔威船长为什么要发出这道命令？他该不该下达这道命令？这么无情的命令，收到效果了吗？从文中找找，用笔画出来。

点评："言为心声"，通过自读、互读、分角色读、小组合作朗读等丰富多样的朗读体验，旨在丰富学生的言语积累和言语实践能力，促使学生用声音触摸语言文字的温度，提升学生的语言感知能力，落实本单元的语文要素之一：通过人物的语言描写，品味人物的品质特点。借助对重点词句的详细批注，体会文字背后所蕴含的情感。在读与思中，体会作者所要表达的情感。

3. 完成"人物的性格特征分析"阅读单。

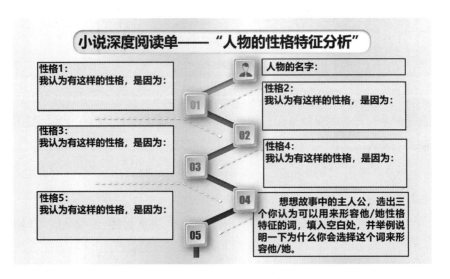

根据感情朗读、分享交流以及观看视频，完成阅读单，用心感悟船长的英雄品质。

点评： 这一环节，是深度学习最常用的阅读方法之一。采用深度学习阅读单，分析小说类文本中的人物形象，通过阅读表格清晰呈现，在初读的基础上简单概括；通过情感朗读、批注式阅读等策略，将文本阅读引向纵深；在全方位、多角度的阅读体验之后，完善人物性格特点。借助深度阅读单，通过"我认为船长有这样的性格，是因为……"的句式，让学生能够深度思考，知其然，还要知其所以然。

第四板块：探究文本环境描写，品读领悟意义

1. 细读文本，品味环境描写的语句。

（1）默读、批注。课文中有多处描写雾的语句，找出来，说一说作者为什么反复写雾。

（2）同桌讨论，全班分享交流。

（3）师生共同小结：本文中四处环境描写的作用。

预设："烟雾弥漫"目的是交代事情发生的背景，增加了故事的真实性；"雾越来越浓"的作用则是推动情节的发展，为下文做铺垫；"沉沉夜雾中冒出一个小黑点"的目的是暗示海难即将发生；"阴惨惨的雾气"作用在于寄托人物的思想感情。

点评： 环境描写是构成小说的三要素之一，在阅读教学中，引导学生理解本文作者安排的四处环境描写，作用各不相同。但最终的目的旨在让学生对环境描写的作用和意义有一个大致的了解，并能够在今后的阅读中尝试判断和分析。

2. 拓展延伸，深度阅读。

拓展阅读，体会文章通过人物语言、动作、神态、环境等多种方法相结合，塑造人物形象的语言表达方式：

（1）课外选择阅读《生死攸关的烛光》《穷人》《跳水》。

（2）观看影片《巴黎圣母院》。

点评： 继续深化"1+X"拓展阅读，以一篇带多篇的形式，学会学法迁移，用本课所学到的阅读方法，浏览阅读同类型的小说文本。

【教学反思】

本课依据小说类文本的阅读策略精心设计教学过程，在品味语言、积累语言的过程中，有效地落实了本单元语文要素，提高了课堂教学效率，在细微处培养学生的阅读素养。

1. 依体而教，品味语言。本文篇幅较长，内容丰富，教学设计过程中，遵循"长文短教"的原则，抓住了小说类文本的阅读策略，借助思维导图和精准批注，从"情节的变化、人物的语言、环境渲染"等细节描写入手，体会人物的语言、动作描写对人物形象塑造的好处，从而体会"在英伦海峡上，没有一个人能与他相提并论"的真正含义；从插叙部分入手，体会插叙在文本创作中的作用；抓住文本的环境线索，从雾的变化描写入手，体会小说文本教学中环境描写在人物形象塑造方面的作用，让船长的高尚品质与海难的惨烈形成了强烈的对比，凸显只要"这个伟大的灵魂"在场，一切灾难都能够化险为夷。学生通过抓阅读要素、品读语言等阅读方式，初步掌握了小说类文本的阅读方法。

2. 前置学习，习得能力。前置性学习是我们长期以来采用的一种培养学生自主探究能力的学习方式。在长期的训练中，学生已经能够借助工具书，完成生字新词的学习，能够借助多种阅读手段，独立剖析文本，理清脉络，探究语言表达方式。质疑问难，带着问题进入课堂，在合作交流中学会独立思考，提出自己的观点和主张。本课的前置性学习是以"前置性学习单"为引导，在"读"字上下功夫：一、读通，自学字词，文从字顺；二、读懂，借助笔记式阅读策略，学会分析、批注，读懂文本内容；三、读透，围绕单元语文要素的落实，分析文本的语言表达方式，学习作者运用多种方式表达人物特点的创作方法，使学生在文本中走一个来回。在自读、自悟之中，提升了学生的语言素养，培养学生自学能力。

【专家点评】

安老师本课采用"前置性学习—课内交流—深度探究—课外拓展"的课堂教学方式，有效落实本单元的语文要素；运用思维导图、圈画批注等笔记式阅读突出了学生用心思考、用笔表达、深度学习、深度思考的学习过程。

1. 灵活运用阅读策略，使笔记式阅读的综合运用成为学生阅读走向纵深的媒介和桥梁。安老师在本课设计中，能综合运用笔记式阅读策略创建阅读支架，引领学生体会人物品格特点，习得语言表达方式。首先借助"小说类文本深度阅读单——要问五个W"理清文本故事梗概，简单、清晰地将故事发生的时间、地点、人物、事件以及起因梳理清楚；再运用"思维导图"按照"遇难前—遇难时—遇难后"的表达顺序，理清文脉；进而将"摘录笔记"中的词语有针对性地分类，将精彩情节、关键场景一一呈现；"关键词句详细批注"为学生品味文本语言、分析人物形象、习得语言表达方式，并能够尝试运用做好了铺垫。

2. 正确指导有感情地朗读，用丰富的语感解读文字背后的真情，落实单元语文要素。人物的语言对话是这篇文章语言表达的一大特色。课堂上，安老师引导学生调动自己已有的朗读技能，在停顿、重音、语气、语调的处理上，充分考虑文本的语言情景，融情于景，激活对话语言。将"朗读课文，读好人物对话"的要求落到了实处。学生通过声情并茂的朗读，与船长产生情感的共鸣，在共情之中，心灵对话体系自然建立。课后思考问题"哈尔威船长的英雄壮举，让你对生命有了怎样的认识"便在润物无声之中得以解决。

（咸阳实验小学马晓霞　全国名师领航专家、陕西省特级教师、陕西省教学名师）

四、《麻雀》教学设计

【学情分析】

四年级的学生已经具备了正确、流利、有感情地朗读文本的能力，具备了初步读懂一篇文章，并对文本精彩句段做出简单批注的能力。学生能够通过前置性学习的训练，用简单的思维导图的方式，准确梳理课文内容，并提取语文要素。科学策略的专题式前置性学习，不仅使学生掌握了自主阅读的基本技能，而且使学生搜集整理、筛选有价值信息的能力也不断提升，学生能够通过自媒体、图书、杂志等多种渠道，搜集整理、筛选资料，了解作者的创作背景、编者的编排意图，为语言文字的积累、运用奠定了坚实的基础。

【设计理念】

本课型的设计，主要依据是《新课标》和核心素养。根据本单元的语文要素："写清楚"，有效设计教学过程，通过抓住事物的主要特点，从事物的动作、外形、声音、心理等特点，写清楚事物特点，体会语言表达的特点。核心素养对学习语文的要求是"能读懂一篇文质兼美的文章并能创作一篇文质兼美的文章"，根据言语智能表达的需要，针对第二学段学生习作创作的基本要求，充分利用现有资源，重新整合，有机排列，训练学生提取有效语言，精练整合内容，独立创编无字绘本，将文本三个经典画面："猎狗逼近小麻雀""老麻雀拯救小麻雀""老麻雀逼迫猎狗"再次呈现，并将文本结尾设置为开放式结尾，引导学生开启语文思维技巧。在尊重学生个性化阅读的基础上，引导学生完成无字绘本创作。

【教学目标】

1. 正确、流利、有感情地朗读文本，并体会文本内容。

2. 抓住经典片段，掌握并学习"写清楚"语言表达技巧。

3. 学习借助文本内容，凝练语言，再创作。

【教学重点】

抓住经典片段，学习并掌握"写清楚"语言表达技巧。

【教学难点】

抓住经典片段，初步掌握"写清楚"语言表达技巧。

【教学过程】

1. 图片导入，激发创作热情。（7分钟）

（1）出示猎狗、麻雀图片，引导学生观察，并用三两句话描写出这两个动物的外形特点。

设计意图：引导学生仔细观察，尝试抓住事物的特点来描写一个事物。

学生小结：学会把一个事物写清楚、写具体的方法。

设计意图：依照学情，学生已经具备了一定的观察能力，且掌握了抓住事物的特点描写事物的方法。这里引导学生梳理观察描写方法，旨在突破本单元语文要素："写清楚"。

（2）猜想：当麻雀遭遇猎狗，它们之间会发生怎样的故事？

设计意图：此环节是"猜想"阅读方法的延伸和拓展，目的是开启学生独特的语文思维模式。三年级上学期，学生已经在"猜想"主题单元中，学会了如何猜想，依据什么猜想，猜想的路径在哪里，有哪些。

2. 初读文本，赏读深思。（3分钟）

（1）挑读：在文本中找到描写猎狗、小麻雀的句段，朗读、体会作者屠格涅夫笔下的猎狗、小麻雀有什么特点。

设计意图：通过"正确、流利、有感情地"朗读文本，培植、尊重学生的个性化阅读体验，使学生体会事情发展的起因、经过、结果，引导学生在品读经典时，从多角度阅读思考，体会语言表达的独特方式以及布局谋篇的巧妙艺术。

（2）请用关键词概括猎狗、小麻雀的特点。

设计意图：四年级学生在独立阅读中，需习得"批注式阅读"，能够依据独立阅读，在课文的重难点、语言、结构、遣词造句、布局谋篇等方面，表达自己独特的阅读体会。

3．细读经典，体会表达。（15分钟）

（1）初读全文，理清内容。

（2）用思维导图理清文本人物，并梳理清楚人物之间的关系。

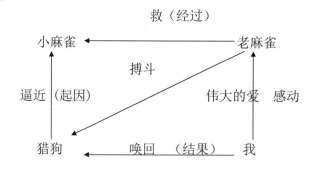

（3）梳理起因、经过、结果是什么。

自学提示：

①"找一找、画一画、读一读、想一想、写一写、说一说"。

②文本中，哪些画面给你留下了深刻的印象？请用"＿＿＿"画出来。

③赏读感悟，体会语言表达方式。

④做出简单的批注。

⑤分享交流。

⑥小结提炼。

设计意图：本环节的设计旨在凸显教师的主导地位、学生的主体地位。将自主学习、深度学习落到实处，引导学生与作者、主人公、编者进行对话，让学生绕到文字的背后，用简洁的语言发表自己个性化的感悟。

4. 运用表达，激发思维。（15分钟）

（1）创编无字绘本，关注开放式结尾。

设计意图： 语文教学应该走出教语文就是教课文内容的误区，明白教语文就是教会学生阅读和写作，培养终身阅读的良好习惯。在赏读文本的过程中，培养学生的语文思维能力，无须另起炉灶，用简洁、凝练的语言，重新整合文本内容。无字绘本的创编，正是为了凸显"学语文就是学习语言文字表达运用的技巧"的理念。

（2）绘本分享，各抒己见。

设计意图： 分享是一种美德。在学生相互分享的过程中，学生可资源共享，取长补短。

5. 拓展阅读，提升素养。（1分钟）

推荐名家同题经典美文。

设计意图： 语文教学"1+X"的拓展阅读，是将学生的阅读思维向纵深拓展的路径之一。赏读名家的同题创作，在纵横交错中，实现比较阅读，学习名家的语言表达方式，为阅读积累及运用奠定了坚实的基础。

【教学反思】

这是一堂关注言语表达的语文课。

挖掘教材的核心素养，提升学生语文学习的张力，是提升课堂教学效率的有效路径，也是提升学生的语文素养、形成师生平等对话的生命场。

1. 前置学习扎实有效。前置性学习扎实有效，课前引导学生了解文本作者屠格涅夫的作品《猎人日记》，了解屠格涅夫的生活背景，明白正是因为他从小生活在农村，有着丰富的生活经验，观察仔细，所以描写细致，语言表达精准。将老舍的《小麻雀》、高尔基的《小麻雀》、林清玄的《麻雀的心》做对比阅读，为学生的无字绘本创作提供了可借鉴的思路。

2. 朗读训练情真意切。"正确、流利、有感情地阅读文本"是本学段学生的朗读必备技能，学生通过课前预习、课中赏读、课后延伸阅读，将"共鸣与对话"向纵深拓展；有感情地朗读、各类角色的拟声朗读，将庞大、凶猛的猎狗，柔弱、可怜的小麻雀，不顾个人安危、誓死保护小麻雀的老麻雀，心地善良的猎人等形象，清晰明白地呈现在读者面前。重音、停顿、连读等朗读技巧的运用，为学生完成文本对话打通了路径。

3. 批注阅读初具特色。"批注式阅读"是传统读书方法"不动笔墨不读书"的直接体现，与古之所谓"评点"一脉相承。落实在阅读教学中，就是在阅读教学之前引导学生通过一边阅读一边圈点批注，自学字词，潜心默读，调动自己的知识经验和生活体验解读文本。前置学习时，引导学生抓住关键词对文中描写"猎狗""麻雀"特点的句段做批注，体会猎狗和麻雀的特点，为理解猎狗与麻雀的搏斗铺平了道路；本文描写老麻雀无所畏惧地与猎狗搏斗、猎狗的攻击与退缩等感人画面，可以引导学生抓住精彩场面、动作、声音、形象等元素，进行感受性批注。这样在教学中放手让学生自己去感悟、理解，学会欣赏与评价的批注方式，提高了学生主体的参与度，可培养学生深度学习素养。

4. 思维训练有章可循。思维可视化融入学生学习的全过程，从前置性学习到课堂教学，通过有序、有智、有质的思维训练，学生已经掌握了许多阅读的技巧，具备了设计思维导图达到深度阅读的能力。如抓住关键词理清课文思路，并将语文要素科学呈现；紧扣文本语文要素，抓住线索，理清层次，文本内容有序呈现；理清表达顺序，语文思维达到了多元呈现。

5. 积累运用促进表达。无论是课堂口语表达还是书面语言的表达，都是在语言积累的基础上习得表达技巧。如，借助文本内容，学会依关键事件提炼有价值信息，原始文本语言的重新组合为学生的书面表达提供了科学的参考。前置性学习时，对同题经典文本的阅读，也为语言的重组提供了可依据的素材。学生固有资源库的充实，实现了"问渠那得清如许，为有源头活水来"的能量储备。

6. 准确表达特色鲜明。无字绘本创编，挖掘语言表达魅力。依据基础教育语文学科的改革需要，教师需要走出教语文就是在教课文内容的误区，引领学生学习语文重在学习作者的表达方式并学会运用，基于此种理念，就本单元的语文要素而言，需要关注某一事物究竟如何写清楚，该从哪几个方面写清楚。在教学过程中学生均能够通过前置性学习、思维可视化鉴赏等路径，有了较为精准的理解和体会。于是本课设计了从原文提取语言要素，通过无字绘本创作的习作模式，训练了学生的语言凝练能力，开启了学生多元的语文思维能力。

7. 语文要素落地有声。本单元的语文要素是"抓住特点，写清楚一个事物"。落实到本课，在老师的引导下，在学生精读的基础上，在探究研读中，学生发现了本课"写清楚"的写作密码——抓住事物的特点，如抓住猎狗的外形、动作写清楚猎狗的特点：庞大、凶猛、老练、有经验；抓住小麻雀的外形、动作写清楚小麻雀的特点：柔弱、无助、可怜；抓住老麻雀的动作、形态、声音，写清楚老麻雀奋不顾身、勇敢无畏的特点。这为后续无字绘本创编提供了有力的抓手。

五、《四季之美》教学设计

【教学目标】

1. 正确、流利、有感情地朗读课文，体会四季之美的独特韵味。

2. 初步体会描写景物的静态之美和动态之美，并尝试运用。

【教学重点】

掌握学法迁移，能读懂本文动静结合的语言表达方式。

一路跋涉 一路芬芳

【教学难点】

学会运用本文抓住事物的特点，动静结合，展开充满想象的语言表达方式，能创作简单的片段。

【教学方法】

前置性学习 先学后教，以学定教

【设计理念】

本课教学环节的设计遵循"前置学习、自主探究、合作交流"的原则，尊重学生独特的阅读体验，引导学生与生活实际相结合，借助已有的生活认知经验，阅读本单元课文，在落实语文要素的基础上，感受自然之美，培养学生热爱生活的思想情感。本单元的人文要素是"四时景物皆成趣"，旨在引领学生以探索发现的眼光，走进大自然，欣赏大自然中万事万物的发展与变化，培养学生发现自然、热爱大自然的美好情感。"初步体会景物的静态美和动态美"是本单元语文要素中的阅读要素，旨在引导学生在有感情地朗读中，体会文本语言的韵律美和节奏美，无论是古诗名篇还是外国作家的散文著作，都是从朗读走向语言结构特点，体会以静衬动、动静结合的表现手法。写作要素则要求学生在充分理解体会作者所要表达的思想感情的前提下，能够发现事物的变化规律，抓住变化特点，写出事物的动态美和静态美。

【教学过程】

1．激情导课，激发创作兴趣。

（1）如果让你描写秋天，你最想抓住秋天的什么来写？

五分钟创作。

（2）分享，互评，自评（口头评价）。

设计意图：开篇即动笔，旨在摸清学情，掌握学生已有的习作基础，在会写的基础上，尝试渗透本单元的语言表达方式，关注动态和静态描写。

2．初读感知，检测前置学习。

（1）采用"五读七步法"来梳理自己的预习收获。

（2）了解作家及其作品。

点拨：作者清少纳言，清是姓，少纳言是她在宫中的官职。日本平安时期著名的女作家，中古三十六歌仙之一，与紫式部、和泉式部并称平安时期的三大才女，曾任一条天皇皇后藤原定子的女官。代表作为《枕草子》。

（3）用思维导图理清文脉，了解课文内容。

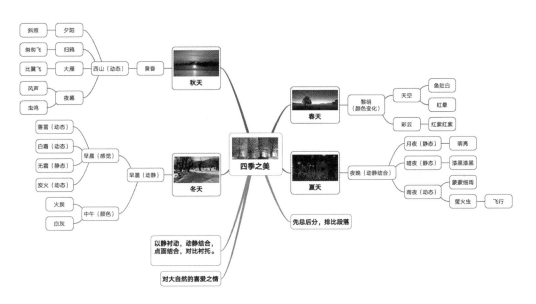

（4）分享阅读感受。

（5）完成深度阅读单——"向作者提问"。

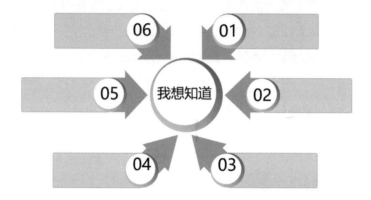

设计意图：遵循"自主探究，独立思考"的原则，给予学生前置性学习支架，借助思维导图、批注式阅读、深度阅读单等丰富多样的阅读方式，自主学习，完成前置性学习。

3. 指导朗读，学习抓住关键词背诵。

点拨：（1）这是一篇优美的写景散文，朗读时要把握语速的急缓、语调的高低、声音的强弱，用赞美、欣赏的语气读出四季之美的独特韵味。（2）本文是按照时间顺序来写的，而且每段的第一句都是该段的中心句，背诵时可以抓住这一特点，以时间为序，按照"中心句+景物特点"的格式来背诵。

设计意图：这是一篇散文，遵循诗文美教的原则，引导学生借助科学的朗读技巧，正确、流利、有感情地朗读课文，体会文章的韵味，并尝试借助关键句与关键词相结合的背诵方法指导背诵。

4. 精读文本，体会语言表达。

（1）默读课文，体会文本结构特点及写作顺序。

PPT课件出示：

春天最美是黎明。夏天最美是夜晚。

秋天最美是黄昏。冬天最美是早晨。

点拨：课文是按照时间顺序，以季节变化为线索，用排比段，先总后分的方法结构文章的。

（2）精读第一段提问：作者在写春天的时候，是抓住了春天的什么事物去写的？抓住了事物的什么特点，如何描写的？

PPT课件出示：春天最美是黎明。东方一点儿一点儿泛着鱼肚色的天空，染上微微的红晕，飘着红紫红紫的彩云。

点拨：抓住事物的特点，按照黎明前天空云彩颜色的变化，动静结合，把黎明时分的天空写得生动、精彩。

（3）学法小结：

①有感情地朗读文段，画出关键词（事物及其特点的词语）；

②对关键词做出详细批注，写出阅读感受；

③欣赏重点句子，体会其中的动态描写；

④默读文段，分析本段的结构特点和语言表达方式；

⑤同桌交流，全班分享阅读收获及困惑。

（4）学法迁移，根据第一自然段的学习方法，独立学习其余三个自然段。

（5）四人小组合作交流，互通有无，推荐优秀学习代表，全班交流分享。

点拨：PPT课件出示关于动态描写的重点句子。

"即使是蒙蒙细雨的夜晚，也有一只两只萤火虫，闪着朦胧的微光在飞行，这情景着实迷人。"

"夕阳斜照西山时，动人的是点点归鸦急急匆匆地朝窠里飞去。"

"成群结队的大雁，在高空中比翼而飞，更是叫人感动。"

作者按照季节顺序分别写了夏天的明月、萤火虫、细雨，秋天的夕阳、归鸦、大雁、风声、虫鸣，冬天的雪、霜、火盆。采用拟人的手法，在一动一静之间，动静结合，有声有色，流露出自己对大自然美景的喜爱和赞美之情，容易使人产生丰富的联想和想象。

设计意图：由于这篇文章结构相似，语言表现手法相近，本环节采用"教—放"的教学手段：通过精讲分析、师生共同总结学法，然后直接放手，让学生采取"自学探究，合作交流"的学习方式，完成夏、秋、冬三部分内容的学习，体会文中萤火虫、大雁、归鸦、微风的灵动，明月、夕阳、冬雪、炉火的静谧，在动与静之间，感受自然的和谐与美好。

5. 课内拓展，实践学法迁移。

（1）内容：陶渊明《四时》。

（2）内容：陈淼《桂林山水》节选或者方纪《三峡之秋》节选。

（3）学习方法：运用"找准事物—抓住特点—批注分析—学习表达"的阅读方式，欣赏这两个文本的语言表达方式。

点拨：借助课后注释，自读理解《四时》，体会春水、夏云、秋月、冬岭的特点，在动静之间感受自然之美。《桂林山水》则采用与文本相似的段落结构形式"中心句+主要景物特点"，在船桨荡起的微波中，感受漓江水的纯静之美。

设计意图：语言的积累与运用是学习语文的关键。本环节利用学法迁移，借助拓展阅读文本，达到阅读教学"1+X"的阅读体验，夯实本单元语文要素"初步体会文章动态美和静态美"，以期达到一篇带多篇，从一篇文章走向一位作家、走进一部作品的效果，为培养学生的阅读习惯做好技术铺垫。

6. 习练表达，落实习作要素。

（1）根据本课"中心句+景物特点"的构段模式，抓住景物动态美和静态美的语言表达方式，对比阅读，修改自己的片段，突出景物的变化。

（2）分享交流，生生评价。

（3）将陶渊明的《四时》改写成现代诗歌，突出四季美景的变化特点。

设计意图：本环节旨在落实语文要素之习作要素"学习描写景物的变化"。语文学习中，语言的积累、表达与运用是提升学生能力的有效路径之一。

【教学反思】

捕捉课堂生成，拓展学生思维
——《四季之美》教学反思

日本著名作家清少纳言的作品《四季之美》，曾被国内许多作家翻译过，其中周树人就是对清少纳言作品极为欣赏的一位。因为她的作品视角独特，常常捕捉生活中不经意的小点，聚焦微小，但别有洞天，小视角里有大乾坤。她用独特的思维，将目光聚焦四季之中的某一个时辰，通过细致入微的观察，抓住这个时辰中稍纵即逝的景致特点，将动与静、诗与画、景与情完美地融合；借景抒情，情景交融，将语言文字独特的韵律美、节奏美、韵味美完美地诠释，为人们呈现出了一幅幅美轮美奂的人间奇景。

本文结构简单，语言优美，段落结构特点明晰，为学生了解并体会本单元的语文要素，并且在阅读理解中有较为精准的解读，提供了抓手。

本班学生学情较好，有一定的阅读积淀，对于分析解读文本内容、做好认知性阅读没有障碍，因此，课内分享、学法迁移都不是问题，语言运用表达更是他们的看家本事。唯一不足的是由于时间关系，他们不能够将自己的观点和看法酣畅淋漓地表达。

本节课的教学目标基本达成，重难点也在学生的分享中自然突破。反

一路跋涉　一路芬芳

观本节课的整个教学过程及设计意图，需要从以下方面去解读：

1. 从教师的角度而言，教师想通过完成的环节展示，为听课教师传递一种信息。语文课的学习，功夫在课外，前置性学习是提升语文素养、培养学生思维能力的有力抓手；课中分享交流重心在于倾听、引领、点拨，将跑偏的思维拨正到揣摩语言文字的场域中来；方法迁移、表达运用是长期训练的结果，也是每一个文本教学都需要的扎实且保底、保量的训练。

2. 从学生的角度来说，课堂展示，就是思维的碰撞，是及时修正自己的前置性学习，取长补短、查漏补缺的过程。无论是交流、展示还是倾听，学生都训练有素，安静倾听，及时做课堂笔记，这是他们长期以来养成的习惯，本节课的呈现是符合他们生理、心理特点的。

3. 梯度检测，保底提升。本节课虽然是一节公开课，但是，我还是放弃了对优秀学生的提问，将视线转移到中等偏下学生的身上，当他们能够完成阅读第一层级认知性思维的运用，即读懂、读通、读透彻，能够体会作者文字所要表达的思想感情的时候，优秀学生就已经完成了文本解读的"七步法"，对文本的理解走向了纵深，如此，深度学习在课堂真实发生。

4. 学法迁移，表达运用。提供深度阅读单，将古诗的理解与现代的片段理解相互结合，既考量学生文言文学习的技能，也考查学生现代文的独立学习能力。检测方式依旧是从学困生入手，能保底，使中等偏上的学生跳一跳就能够摘到桃子。本课古诗的解读，仅仅提供了创作背景，旨在引领学生体会作者创作本诗的文化语境，学生理解到位。关于语言运用，学生对散文类题材的创作，已经能够驾轻就熟，三五分钟内完成100字的作文，且按照本课写法进行架构，显得较为熟练。

但是，世间没有完美的事情，课程更是如此，每一次的缺憾都将是修正自己教育教学思维、改进课堂教学的镜子。

1. 本课第一个课后题，要求体会文本独特的韵味。"独特的韵味"

需要学生通过各种类型的读，来唤醒文字背后的奥秘，用语言的情感，触摸语言文字的温度，在希望、生机、凄美、惬意之中交替出现，通过声情并茂的朗读一一呈现。本节课没有一次完整的朗读，实属遗憾。虽然正确、流利、有感情地朗读，本班学生在第一次前置性学习中就能够完成，但毕竟是公开课，朗读展示还是需要呈现的。

2. 缺乏课堂智慧——果断调控。基于公开课，学生的交流分享应在可控范围内，但是，由于想尊重学生的个性化表达，尤其是学困生的公众展示，不忍心打断，导致学法迁移和语言表达运用时间紧张，程序不能夯实，这两个环节有蜻蜓点水的意思，不能将语文思维引向纵深，创造性思维、思辨性思维未能精彩呈现。但是，如果学生不能够酣畅淋漓地表达自己的观点，久而久之，学生的学习积极性将会受到挫伤，不利于自信心的培养。两害相权取其轻，这将是教师课堂智慧充分展示的时刻。

3. 继续探究公开课与家常课的呈现方式。明确家常课需要务实，而公开课有展示、表演的成分，两者是相辅相成，利害相互渗透、相互交融的，两者的关系是你中有我、我中有你相互补充又相互依存。

研读课堂教学的新思路，与时俱进，最好的课永远是下一节。

附：拓展阅读材料

1. 古诗文阅读

四时

魏晋·陶渊明

春水满四泽，夏云多奇峰。

秋月扬明晖，冬岭秀孤松。

[注]孤松：一作"寒松"。

诗人借助景物赞美自然，渲染气氛，抒发个人情怀，揭露社会黑暗，充分展示了诗歌言志、言情的功能，运用自然质朴的语言创造出自然美好、社会动荡、命运多舛等不同的意境。

2．现代文选读

（1）陈淼《桂林山水》节选

我看见过波澜壮阔的大海，玩赏过水平如镜的西湖，却从没看见过漓江这样的水。漓江的水真静啊，静得让你感觉不到它在流动；漓江的水真清啊，清得可以看见江底的沙石；漓江的水真绿啊，绿得仿佛那是一块无瑕的翡翠。船桨激起的微波扩散出一道道水纹，才让你感觉到船在前进，岸在后移。

（2）方纪《三峡之秋》节选

早晨，透明的露水闪耀着，峡风有些凉意，仿佛满山的橘树和柚树上洒下一层洁白的霜，清新而明净；太阳出来，露水消逝了，橘树柚树闪烁着阳光，绿叶金实，三峡中又是一片秋天的明丽。

第三节　汉语教学（说课稿）

文化传播，母语担当

一次偶然的机会，我与对外汉语结缘。因为有着三十多年的一线语文教学经历，当对外汉语教学作为一种全新的教学方式，与我的教学有越来越多的交集时，我开始关注在中国之外的汉语教学策略。通过对大量的案例进行分析发现，由于缺少良好的语言环境，对外汉语教学跟中国孩子学习外语是一样的，甚至有点类似在中国的方言区推广普通话，难度可想而知。对外汉语教学中，力求趣味性、科学性、技巧性等，使得大量的学习者能够比较准确地掌握普通话的标准发音，避免洋腔洋味的汉语表达。这就需要汉语教师以及国际汉语教师们，在多学科有机配合的前提下，将语言与艺术、语言与传统文化、语言与生活体验合理组合。在同伴互助的情况下，创设一定的语言交际环境，结合自身的生活体验，将多媒体教学技术和互联网技术作为学习的媒介和桥梁，缩短普通话教学和对外汉语教学两者之间的距离，为国外汉语爱好者提供无障碍学习空间。

对外汉语教学可采用实景课程，将课文内容可视化、现场化、具象化，通过互联网，采用现场直播的形式，将中国的传统文化、民族艺术、历史人物等承载中华文脉的知识内容，通过孩子们喜闻乐见的形式呈现在他们面前。孩子们以及他们的家人们亦可以通过视频连线的形式，参与问答互动。实景课主持人在答疑解惑中，渗透爱国主义教育，根植华人的思乡念国之情。

对外汉语教学和中国小学识字教学的互通有无，提高了识字效率。随着教学改革的不断深入，中国儿童的识字技能培养端口在不断前移，例如：充分利用汉字的构成和演变规律，实施字理识字法、联想识字法、字族识字法、生活识字法、媒体识字法等丰富多样的识字方法，将它们与孩子们的生活相互融合，在举一反三，不断重复、强化中，掌握汉字识记的基本规律；遵循"多识少写"原则，短时间内扫除阅读障碍，为学生的独立阅读做好铺垫。同样的方法，完全可以迁移至对外汉语教学中，学生充分运用生活剪贴识字、影视媒体识字、家庭生活识字方法，且家庭主动为孩子营造丰富、和谐的识字环境，引导孩子在生活实践中主动认字、识字，为汉语学习提供强有力的抓手。

本章节是我为对外汉语教学教师说课提供的几篇课例，大都是在识字教学的基础上，训练学生的倾听能力，使学生掌握一定的朗读技巧，提高朗读水平；训练语言表达能力，为语言运用与表达创设一定的语言环境，在表达与运用中，激发国外汉语学习者对中华文化的喜爱之情。

一、《李时珍》说课稿

【说教材】

《李时珍》是中文教材第五册第四单元第十二课的一篇讲读课文。这是一篇简单的人物传记，课文具体叙述了李时珍立志当医生，以及他刻苦努力上山采药，并亲自检验药性，最后完成著名的医药学专著《本草纲目》一书的事迹。全文可以分成两大部分：第一部分写李时珍立志当医生，给病人看病。虽然他的父亲不同意，但他的决心不改变，并悄悄向父亲学习，最后得到了父亲的同意。第二部分写李时珍当医生后，历尽千辛万苦，用了二十七年时间，编写出《本草纲目》这部药物书，为人类做出杰出贡献的事迹。文章所写内容虽然离学生的生活遥远，但语言浅显易懂，表达清晰自然，有较强的故事性，特别是通过列数字的方法来表现人物特点，较容易引起学生的情感共鸣。

教学目标

1. 会读会写本课的16个生字。

2. 会认读下列字：李、珍、纲，但不要求会写。

3. 本课学习一个部首"父"，要求会认会写。

4. 掌握本课词语，能理解，会运用。

5. 学习重点句子，体会因果关系复句的用法。

（1）因为那时人们看不起当医生的，所以，父亲不同意。

（2）父亲不同意他当医生，但是，李时珍的决心一直没有改变。

6. 能正确、流利、有感情地朗读课文，体会李时珍为病人解除痛苦、立志学医、不怕艰辛编写《本草纲目》的顽强意志及刻苦钻研、勤于实践、严谨的科学态度和忘我的精神。

教学重点

通过理解重点句子，体会因果关系复句的用法。

教学难点

通过具体事例，体会表现李时珍严谨的科学态度和忘我的精神的语言表达方式。

教学准备

查阅资料，了解李时珍其人，简单了解中药的相关知识。

推荐软件

中医堂。引导学生自行学习，激发学习兴趣。

教学时间

2课时

【说学情】

学生尚处在汉语学习的起步阶段，对语言的感知能力较强，能够认知简单的汉字以及偏旁部首，并且能够用简单的单音字组词，并尝试造句，也能够根据一定的语言环境，理解词语的简单意思。但独立学习生字、词语的能力尚在训练培养中，由于生活、学习所处的语言环境相对复杂，汉语的普通话朗读能力受到了一定的制约。

【说设计理念】

1. 依据本套教材的编写意图，课程设计应遵循"通过学习和训练，使学生具备听说读写的基本能力，了解中华文化常识，为进一步学习中国语言文化打下良好基础"的理念，训练学生的听读能力和朗读能力，在充分读懂文本的基础上，培养学生的复述能力。

2. 培养学生的审美情趣。通过有感情地朗读体会语言文字的魅力，提升学生对中华文化的文化自信和文化自觉，为学生营造良好的文化生态。

3. 培养学生的阅读力。珍视学生独特的感受、个性化的阅读体验，从字词句的学习、理解、运用入手，开展多种形式的阅读实践活动，为学生营造不同的文化背景下个性化的阅读空间，感受中华民族博大精深的文化魅力。

【说教学法】

低年级学生的教学依然以字词教学为主，教会学生自主学习生字词语的方法，是为终身阅读奠定基础。

1. 字根识字法。又称为"联想识字法"，以"汉字花"的游戏为主要表现形式，引导学生以看到独体字或者单音字的偏旁为主体，运用添加偏旁部首的方式，认识更多的汉字。

2．随文识字、识词法。联系上下文理解词语的意思，根据一定的语言环境理解词语的多种意思。

3．朗读教学法。通过情感朗读的示范、指导，培养学生正确、流利地读懂、读通顺一篇文章，能做到不吃字、不丢字、不添字即可。

学生充分运用生活剪贴识字、影视媒体识字、家庭生活识字等方法，且家庭主动为孩子营造浓厚、和谐的识字环境，引导孩子在生活实践中主动认字、识字，为独立阅读做好铺垫。

【说教学过程】

板块一：激情导入，简介中医药知识

1．简介中医药知识。

要点：中医药也叫汉族医药，它是中华民族的宝贵财富，为中华民族的繁衍昌盛做出了巨大贡献。传统医学受到国际社会越来越多的关注，传统医学的治疗理念正逐渐为世界所接受，世界范围内对中医药的需求日益增长，这为中医药的发展提供了广阔的空间。

中国医药学是一个珍贵的医学宝库，是中华文明的一块瑰宝，凝聚着中国人民和中华民族的博大智慧。

2．简介李时珍，引出课题、板题。

张仲景、扁鹊、华佗、孙思邈等都是中医药宝库中名医、药神的代表，今天我们要认识我国著名的中医药学家、中国古代十大名医之一的李时珍。

板块二：初读课文，整体感知

1．教师配乐范读课文，学生倾听，思考：

（1）李时珍是什么人？

（2）他干了一件什么事？结果怎么样？

（3）你喜欢他吗？能简单说出理由吗？

2．自主学习，合作交流：

出示自学要求：

（1）学生默读课文，画出不认识的生字、词语。

（2）借助工具书，自学生字、词语，会读。

（3）与同桌交流你的识字、识词方法，扫清阅读障碍。

（4）朗读课文，了解课文的主要内容。

板块三：汉字开花，随文识字

1．认识独体字"父"字，并了解"父"字的演变过程。

"父"是会意字。《说文解字》："父，矩也。家长率教者。从又举杖。"《说文解字》认为"父"是以手举杖的形象，表示行使责打教育权力的家长。

2. 汉字开花。

（1）运用字根识字法，认识更多与"父"字相关的字，能组词并运用所学词语进行说话训练。

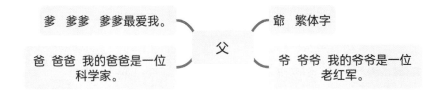

（2）运用字根识字法，认识更多与"因"字相关的字，并组词。

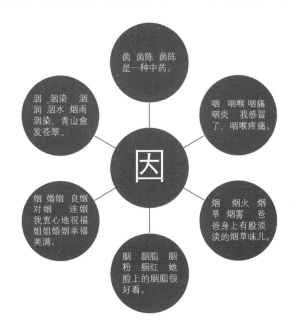

（3）拓展训练，同法学习"合""亻""木"字旁的字，并学会运用。

（4）听写词语，并将词语的意思与课文内容联系在一起，想一想，有什么发现。

因为 父亲 病人 感谢 看不起 医生 不同意 改变 发现 错误 上去 亲自 刻苦 伟大 文字

（5）指导书写。

①独体字："父"共四画，撇捺要写舒展。

②"检"左右结构，左窄右宽，木字旁的捺变成点。

③"适"半包围结构，先写"舌"，再写"辶"，可巧记为：先上人，后开车。

板块四：精读课文，讲练结合

1. 朗读课文，找出课文的中心句。

要点：李时珍是中国明代著名的医学家和药物学家。

2. 学习提示：

（1）朗读课文，思考下列问题，并在课文中找到答案；

（2）请尝试用"因为……所以……"的句式来回答。

①李时珍为什么要学医？

②父亲为什么不愿意让他当医生？

③他为什么要重新编写一部新的医药书？

④李时珍为了编写这部书都做了哪些准备？

3. 赏析句子，体会语言表达方法。

①父亲为什么不愿意让他当医生？

"因为那时人们看不起当医生的，所以父亲不同意。"

要点：表示因果关系的关联词语"因为……所以……"，前一分句表示原因，后一分句表示结果。

你能说出几个表示因果关系复句的句子吗？

例：因为今天下雨了，春游活动取消了。

因为他每天坚持阅读，所以他的作文写得非常好。

讲解：在因果关系复句里，"因为"可以单独使用在前一个分句里，后一个分句里的"所以"可以省略；有时"所以"也可以单独使用在后一个分句里，前一个分句中的"因为"可以省略。

例：因为天黑了，所以小鸟睡觉了。

这支钢笔是老师送我的，所以，我不能给你。

要点：表示因果关系复句的用法，在日常口语中常常用到，反复练习，才能做到准确表达。

② "父亲不同意他当医生，但是，李时珍的决心一直没有改变。"

要点："但是"是一个连词，用在后半句话里表示转折，往往与"虽然""尽管"等呼应。

例：他想去踢足球，但是忽然下起了大雨。

虽然打针很疼，但是她一声都没吭。

板块五：赏读课文，回归整体

1. 朗读课文，思考：李时珍编写的《本草纲目》有什么作用？

2. 总结升华：如果让你跟李时珍说一句话，你最想说什么？

3. 通过游戏"药物知识知多少"解读《本草纲目》。

（1）出示游戏卡：中草药名称、疗效等图片资料；

（2）通过找朋友的游戏，找到相对应的中草药及疗效。

板块六：课外拓展，阅读体验

1. 选择性播放中医堂软件中儿童针灸、推拿、拔罐等中医治疗视频，激发学生对祖国中医药文化的保护和传承。

2. 参观中医堂（馆）。

3. 外景拍摄：李时珍纪念馆。（黄冈市蕲春县时珍路）

4. 查阅资料，了解中国古代十大名医对人类医药历史的巨大贡献。

【说板书】

板书设计是一堂课的灵魂和脉络，本课主板书采用思维导图勾勒文本内容，副板书为字根识字，汉字开花示范。旨在理解内容，学会拓展识字，为独立阅读提供最基本的帮助。

【说反思】

本课是课前说课，对于学情的分析，有利于把控教学目标的落地。但是由于各个国家学生母语是汉语的学生，家庭环境、生活环境层次不一，年轻父母汉语表达水平程度不详，因此，对于课堂生成有更多的期待，应根据课堂生成，相机调整教学目标，整合教学思路。

二、《落花生》说课稿

【说教材】

教材分析

《落花生》是中文第十二册第一单元第三课的一篇阅读课文，本文是已故中国现代著名作家许地山的一篇叙事散文，以"花生"为线索，用白描的手法，围绕"种花生—收花生—尝花生—议花生"的段落结构方式，记述了一家人围坐在茅亭，品尝自己亲手种植的花生的时候，父亲就"花生的好处"引导三个孩子分别从不同的视角，发表了自己的见解。父亲在平淡无奇的拉家常式的聊天中，引导孩子们思考"人要做有用的人，不要做只讲体面，而对别人没有好处的人"的深刻含义，揭示了花生不求外表华丽美观，只求对人类有用的高尚品格，表达了作者只愿淡泊名利、默默无闻、无私奉献的崇高人生理想。

教学目标

依据编者意图、单元目标、文本在本单元的地位，我将本课的教学目标设定为：

1. 会读会写本课的生字新词，并学会运用。

2．能用普通话，正确、流利、有感情地朗读文本，理解文中含义深刻的句子，学习花生不求虚名、默默奉献的品格，体会父亲对孩子的殷殷深情。

3．初步了解课文借助具体事物抒发感情的方式，并能通过写一种事物表达自己的感情。

4．理清文本脉络，能用自己的语言复述文本内容。

为了让教学目标落地，充分提升学生语言学习的技能，充分体现教师的主导地位，凸显学生的主体地位，让三维目标与教学过程有机融合，我将本课的教学重难点设定为：

教学重点

理解文中含义深刻的句子，学习花生不求虚名、默默奉献的品格，体会父亲对孩子的殷殷深情。

教学难点

初步了解课文借助具体事物抒发感情的方式，并能通过写一种事物表达自己的感情。

教学时间

2课时

【说学情】

1．学生的知识储备。

经过本套教材的学习，学生对文本题材的研判能力有所提升，对于抒情散文、叙事散文、哲理散文的表达方式已有所了解。但是，如何与作者、编者建立起有效的对话，学生的思维尚不能有效抵达这个高度，需要在教学中进一步引导、渗透。

2．学生的技能储备。

（1）学生已经具备了正确、流利地读通顺一个文本的能力，具备一定的自学能力，可以借助工具书、自媒体等有效媒介，自学生字词语。

（2）学生已经具备了一定的捕捉信息的能力，有能力在朗读文本时，对文本核心词、关键句子进行提炼、分析、理解、体会；能够在有感情朗读的基础上，抓住关键的词句，体会作者的思想感情，领悟文本具有哲理性的语句的内涵。

（3）具备了一定的阅读素养。

《落花生》是第一单元第三课的一篇阅读课文，学习这篇课文之前，学生已经学习了五篇不同题材的课文，对神话故事、民间传说、童话故事等不同体裁的文本，在思维素养、阅读方法、阅读技巧、阅读鉴赏等方面都积累了一定的阅读技能和思维方式。《落花生》是检验学生本单元阅读方法落实情况的一篇课文，学习本课是一个阅读技能迁移与运用的过程。

通过几年的语言学习，学生已经具备了独立阅读文本，独立识字、学词的技能，亦能够用普通话正确、流利地朗读文本，体会语感。

3. 学生心理储备。

学习完本套教材的学生，已经具备了一定的汉语听说读写能力，汉语学习兴趣浓厚，汉语交际能力也在逐渐提升，汉语表达热情高涨，传承与弘扬中华文化的使命感、责任感与日俱增。

【说设计理念】

1. 依据本套教材的编写意图，课程设计应遵循"通过学习和训练，使学生具备听说读写的基本能力，了解中华文化常识，为进一步学习中国语言文化打下良好基础"的理念，训练学生的听读能力和朗读能力，在充分读懂文本的基础上，培养学生的复述能力。

2. 中小学生核心素养中明确指出，应在语言活动中不断提高思维能力。基于这一理念，在解读本文"借物喻人"语言表达方式这一环节中，依据学情进行拓展延伸，使学生能准确理解并学习运用课文借助具体事物抒发感情的方式，并能通过写一种事物表达自己的感情。

3. 培养学生的审美情趣。通过朗读、复述、领悟人生道理、感受文字魅力等学习方式的渗透，提升学生的文化自信和文化自觉，为学生营造良好的文化生态。

4．培养学生的阅读力。珍视学生独特的感受、个性化的阅读体验，从字词句的学习、理解运用入手，开展多种形式的阅读实践活动，使学生通过不同角色的体验与课文展开零距离对话，体现在自读、自疑、自悟、自评、互评、合作、探索的阅读实践学习过程中。为学生营造不同的文化背景下个性化的阅读空间，感受中华民族博大精深的文化魅力。

【说教学法】

中国现行的《小学语文新课程标准》中明确提出，语文课，要让学生认识中华文化的丰厚博大，吸收民族文化智慧。关心当代文化生活，尊重多样文化，吸取人类优秀文化的营养，提高文化品位。

在教学过程中我采用丰富多样的教学方法，因材施教，将中小学核心素养与语文阅读教学密切融合，抓住语文课人文性和工具性相统一的原则，以"普通话朗读"为抓手，运用分析文本、确定朗读基调、分角色读好对话等朗读技巧，培养学生的语感，让学生能在用普通话正确流利地朗读文本的基础上，体悟父亲在聊天过程中，引导孩子从不同的视角分析花生的生长特点和好处，体会人生的哲理。

通过随文识字、识词的方式，培养学生的自学能力，能够借助工具书、网络媒体等，独立完成本课生字词语的识记，扫清阅读障碍。

本课我侧重对阅读方法的指导，让学生逐步学会精读、略读和浏览。在教学活动中主要让学生通过自读来学习课文，以读代讲，利用微课，将花生的生长过程用动画的形式展现出来，让学生从科普的视角，明白花生是地上开花、地下结果的一种植物；抓住重点词语感悟法，放手让学生进行自读、批注、合作、探究、感悟、质疑、展示，从而培养他们独立阅读文本的能力，提高他们的语文学习质量。

【说教学过程】

第一环节：检查预习，巩固字词

1. 齐读课题，导入新课。

（1）课题为什么叫作《落花生》？呈现微课《花生的生长过程》。

设计意图：花生的生长过程晦涩难懂，利用微课将花生地上开花、地下结果的烦琐过程，简单明了地呈现出来，科普知识迎刃而解。"它把果实埋在地里""你们看它矮矮地长在地上，等到成熟了，也不能立刻分辨出它有没有果实，必须挖出来才知道"。这样就自然而然地完成了从内容到品格的延伸，为"借物喻人"的语言表达方式做了深层次的铺垫。

（2）了解作者。

分享并交流前置性学习时查阅的作者的相关资料。

许地山（1893年2月出生于台湾，1941年8月病逝），笔名落华生，中国现代作家。1917年考入燕京大学文学院。1921年与茅盾等人发起成立文学研究会。1923年先后在美国哥伦比亚大学、英国牛津大学研究宗教学。1927年回到中国后先后在燕京大学、北京大学、清华大学、香港大学执教。主要作品有短篇小说集《缀网劳蛛》《解放者》，散文集《空山灵雨》等。

（3）引导学生发现作者笔名与课文题目的联系。

设计意图：培养学生能够借助工具书、互联网系统查阅相关资料，并能对资源信息进行筛选、整合，获取有价值信息的能力。

2. 检查预习效果，听写词语：开辟　居然　石榴　爱慕　分辨　茅亭　榨油　桃子。

3. 分享字词学习收获。

要求：同桌互相订正，看仔细，读正确，讲清楚识记技巧。

读准字音："榨"读准翘舌音；"吩咐"的"吩"读准前鼻音；"播种"的"种"在这里读第三声"zhǒng"，它还有一个读音，大家知道

吗？（提示："zhòng"种田）

结合生活经验理解词义：

结合生活经验理解"榨"的字义；

"便"是一个多音字，在文中读"pián"，结合生活实际理解"便宜"的意思；

"榴"的读音是"liú"，但在文中"石榴"一词中读轻声"liu"，结合生活经验进行理解。

设计意图：本环节检查学生自学生字词语。采用"自学—交流—分享"的前置性学习检测流程，旨在检测学生独立认读、掌握字词的方法，为自主学习、探究式学习、读懂文本打好基础，为终身阅读夯实基础。

第二环节：自主探究，阅读分享

1. 回顾前置性学习要求：

（1）课文围绕"落花生"写了哪些内容？请给每一部分内容加上小标题。（板书：种花生—收花生—尝花生—议花生）

（2）课文最后具有哲理性的句子有哪些？请找出来，在旁边写上批注。

（3）读完这篇课文，你最大的收获是什么？

2. 分享阅读收获。

小结：课文围绕"落花生"写了四个方面的内容："种花生—收花生—尝花生—议花生"，重点写了"议花生"。

设计意图：前置性学习是培养学生阅读能力，提升语言感知能力的有效途径，以核心问题为阅读线索，引导学生整体把握文本内容，为从整体走向局部做好铺垫。

3. 略读课文，思考：从"种花生"到"收花生"一般要经过几个月的时间，作者在这里只用了"买种，翻地，播种，浇水"四个词语，就把这个漫长的过程涵盖了。这样安排有什么意图？

点拨："种花生"不是重点，全文的重点在于"议花生"，因此这种详略得当的表达方式，是值得大家学习的。

4. 这四个词语之间用的是逗号。为什么？可以改为顿号吗？

点拨：不能。逗号用在这里，表示在完成每件事情的时候，都需要间隔一段时间，且操作顺序不能调整，这是四个独立的事件，并非并列关系。这是作者语言表达的巧妙之处。

设计意图：整体把握文本脉络，从熟悉内容入手，检测学生略读水平，了解学生对文本内容、结构、重难点的学习程度，为下一环节的目标设定打下基础。

第三环节：直奔中心，自主探究

1. 直奔中心，自主探究。

（1）默读全文，思考：我们应该做什么样的人？（在文中找出富有哲理性的句子，分析、思考，在句子旁边批注，写出自己的体会，小组交流）

（2）桃子、石榴、苹果与花生有什么不同呢？请同学们分角色朗读第3至15自然段。

2. 交流：

（1）花生有什么好处？

（2）在花生这些好处中，最可贵的是什么？

关键词：外表不好看，但对别人有用。

（3）理解"爱慕"的含义。（联系上下文理解词语的意思）

桃子、石榴、苹果为什么使人一见就心生"爱慕"之情？人们"爱慕"它们什么？然而，花生呢？如果有人也"爱慕"花生，你认为人们是"爱慕"它的什么？

点拨：人们"爱慕"挂在枝头的桃子、石榴、苹果，是因为它们外表光鲜亮丽；而花生则深埋地下，只有挖出来才能知道它是否有果实。它是那样默默无闻、朴实无华，人们爱它、赞美它是缘于它的默默奉献的本质

特点。（小结）

（4）那么，父亲只是在赞美花生吗？体会重点句"人要做有用的人，不要做只讲体面，而对别人没有好处的人"的深刻含义。

提示：什么是"体面"？"只讲体面"是什么意思？什么样的人是"只讲体面而对别人没有好处的人"？这些人给你什么样的感觉？"有用的人"是什么样的人？给你的感觉是什么？

学生分享，老师补充。

小结：只追求外表好看，不注重是否对他人有用，这种表面的"体面"是无法长久的。因此，做人应该跟花生一样，踏踏实实、不慕虚荣，实实在在地为他人、为社会贡献自己的力量。

设计意图：采用抓住关键词、中心句、直奔文章中心的学习方式，引导学生学习文本结构特点：全文以"花生"为线索，围绕中心句，合理组织材料，并学会运用。

第四环节：迁移运用，学习表达

1. 再次探究课题、课文内容与作者笔名"落华生"之间的关系。

（1）学生自主分享前置性学习，对作者以及文本创作背景的理解；

（2）教师出示作者笔名的来历，为潜质学生提供支援，帮助其筛选出与文本相关联的信息。

课件出示：许地山是我国现代著名作家、学者，他出生于台湾一个爱国志士家庭。许地山小时候，父亲通过与孩子一起吃花生，教育他们要像花生一样朴实，不把自己的优点刻意摆在他人面前炫耀，而是默默奉献出自己的果实，这件事对他的影响很大。1921年许地山开始创作时，就以"落华生"作为自己的笔名（在古文中，"华"同"花"），勉励自己要做一个具有花生品格的人。

2. 再次研读父亲的话，反复诵读，变换人称，将"你们"换成"我们"，体会父亲话语中对晚辈的殷切期望。

小结：花生不起眼，很不好看，默默无闻，但很有用。

3. 训练思维，课内拓展，主题延伸：我们身边"虽然不好看，可是很有用"的事物还有很多，你们发现了吗？由这些事物，你是否会联想到身边的人？

引导学生交流前置性学习的调查小报告。

小结点拨：生活中竹子、梅花、莲藕、松树、粉笔、路灯、铺路的石子等，它们都像花生一样，外表不好看，默默无闻，却对人类很有贡献。

4. 探究语言表达方式，你能自选一种你最欣赏的事物，学习本文的表达手法写一段话吗？

（1）引导学生将这些具象的事物与身边具有这样品质的人相联系，体会他们崇高而伟大的品格。

（2）赏读文本，体会"借物喻人"能使表情达意更加含蓄，增强语言的表现力和感染力，也能让读者深切地感受到"借此物"是为了说明什么和赞颂具有什么品格的人。

点拨：铺路的石子，任人踩踏，毫无怨言，甘愿为人们的出行提供便利，象征默默无闻的奉献者；青松迎风傲雪，不畏严寒酷暑，依然顽强生长，象征坚忍不拔、坚贞不屈的气节……

设计意图：本环节的设计旨在落实语文学习的目的和意义。语文课程是人文性与工具性相结合的一门学科，学习语文旨在学会阅读和写作，培养学生的语文思维能力、语言表达能力和审美情趣。通过运用学到的语言表达方式，试着写一段话，学以致用，突破重难点。

第五环节：指导书写，识记字词

学以致用，生字词语的学习是为独立阅读开启通道的基础，对于基础语言不是汉语的学生来说，字词的学习是培养终身阅读习惯的重中之重。因此，本环节教学从观察到识记再到书写积累，力求形成循序渐进、闭环式的教学过程。

1. 重点指导学生书写"茅""辨","茅"字不要少写一撇;"辨"字是左中右结构,中间是点、撇。"榨、桃、榴"都是左右结构,书写时注意左窄右宽,凸显汉字书写的结构美。

2. "辨"与"辫、辩、瓣"等为形近字,阅读时应注意区分,并尝试发现形近字区分的规律。

3. 教师示范"茅""桃""辨"字的书写,注意学习上下结构、左右结构、左中右结构的字间架结构。

4. 学生描红。

5. 反馈评价,从美观、规范、认真等角度评价,生生互评、师生互评。

设计意图:中国书法作为世界非物质文化遗产项目,一直是中华民族的骄傲和自豪。学好汉语的第一步就是能写一手漂亮的中国字,它是中华民族的象征,也是中国人文化自信的招牌。因此,指导学生写好每一个中国字至关重要。

【说作业布置】

1. 推荐阅读,"借物喻人"类文本的拓展阅读。

茅盾《白杨礼赞》、高尔基《海燕》、林清玄《桃花心木》、张万舒《黄山松》、杨德伦《山中的老杏树》等。

2. 积累词语,规范抄写。

设计意图:"1+X"的拓展阅读,有利于拓宽学生的阅读视野,丰富阅读素养,为习得语言表达技能打基础。

【说板书】

板书是教学过程中提纲挈领的呈现方式,好的板书既是课文内容的梳理和提炼,又是文章思路和线索的显性演示。因此,本课的板书采用主板书与副板书相结合的形式呈现,主板书用思维导图的样式,与简笔画相结合,抓住"写什么""怎么写""为什么写""怎么学"四个方面,将人文要素和语文要素明晰呈现；副板书采用简笔画的形式，将花生的生长简单呈现，清晰明了，一目了然。

【说反思】

此教学反思为课前反思。教学过程设计指向语言文字的积累运用与表达，由于对学生掌握运用汉语的程度不明晰，教学过程中，将根据学生前置性学习检测的结果，随时调整教学进程，准确把握难易程度，随时调整教学策略，使得教学目标顺利达成，逐步提升学生阅读能力，达到学习、传承、弘扬中华文化的目的。

三、《匆匆》说课稿

【说教材】

教材分析

《匆匆》是语文教材第十二册第十二课的一篇阅读课文，文本紧紧围绕着"匆匆"二字，以问题为线索，用十二个问号贯穿全文，细腻地刻画了时间流逝的踪迹，表达了作者对虚度时光的无奈和惋惜，揭示了旧时代的年轻人已有所觉醒，但又为前途不明感到彷徨的复杂心情。这篇文章很注意修辞。文中第一自然段用长短一致、节奏整齐、对仗工整的排比句描述了显示季节更替的诗意化景物，用一组长短不一、节奏跳跃、口语色彩很浓的设问句，感叹日子的飞逝无痕。整句与散句的结合，叠词与短句的交融，不仅具有一种音乐的美感，还显得既典雅，又朴实。

文章以具象事物开篇，将抽象的时间概念，用诗一样的语言铺陈开来，提出问题："我们的日子为什么一去不复返呢？"看似在问，实际上表达了作者对时光逝去而无法留住的无奈和对已逝去日子的深深留恋。然后通过"洗手时、吃饭时、默默时……"这一系列生活情趣的描写，具体再现日子的来去匆匆和稍纵即逝以及作者对人生的思索。最后抓住"日子为什么一去不复返呢？"一句结尾，照应开头，突出作者关于时光匆匆的感慨，引人深思。

本组课文的学习重点是要引导学生在自我学习生字词语的基础上，能用普通话，正确、流利、有感情地朗读文本，读懂文本内容，通过丰富的联想，将与课文内容有关的人和事、景和物、情和理与自己的生活实际相结合，并且能够与同学交流自己的阅读感受，将已想到的与同学、老师广泛交流，借以活跃思维，激发学生的创造力。

教学目标

根据海外华人的汉语教学目标要求，从教学对象的年龄、生活环境和心理特点出发，以《汉语水平等级标准与语法等级大纲》《汉语水平词汇与汉语等级大纲》《现代汉语常用字表》等为依据，结合本组的训练重点以及本课的表达特点，考虑到本班学生的实际情况，我将教学目标设定为：

（1）自学本课生字词语，并能规范书写及运用。

（2）学会正确、流利、有感情地朗读文本，背会表达作者对时光匆匆、韶华易逝的内心情绪的语句。

（3）感受课文的语言美，背诵自己喜欢的优美段落，领悟并学习运用作者的表达方法。

教学重难点

"学会正确、流利、有感情地朗读文本，体会作者对时光匆匆，韶华易逝的内心情绪"是本文的教学重点。而"感受课文的语言美，背诵自己喜欢的优美段落，领悟并学习运用作者的表达方法"则是本课的教学难点。

课前准备

（1）有关朱自清的资料。

（2）《匆匆》课件。

（3）搜集和时间有关的名言等。

（4）领悟形散神聚、形神并举的语言表达方式。

【说学情】

1. 学生的知识储备。

经过本套教材的学习，学生已经具备识别文体，读懂不同文体文本的能力。但是准确把握文本的表达方式，积累运用语言的能力仍需在大量的阅读实践中不断提升。

2. 学生的技能储备。

（1）学生已经具备了正确、流利地读通顺一个文本的能力，具备一定的自学能力，可以借助工具书、自媒体等有效媒介自学生字词语。

（2）学生已经具备了一定的捕捉信息的能力，有能力在朗读文本时，对文本核心词、关键句子进行提炼、分析、理解、体会。

（3）具备了一定的阅读素养。通过几年的语言学习，学生已经具备了独立阅读文本，独立识字、学词的技能，亦能够用普通话正确、流利地朗读文本，体会语感。

（4）学生也具备了领悟文本情感的能力，能够在有感情朗读的基础上，抓住关键的词句，体会作者的思想感情，领悟文本具有哲理性的语句的内涵。

3. 学生心理储备

学习完本套教材的学生，已经具备了一定的汉语听说读写能力，汉语学习兴趣浓厚，汉语交际能力也在逐渐提升，汉语表达热情高涨，对中华文化传承与弘扬的使命感、责任感与日俱增。

【说设计理念】

课堂是师生共同成长的生命场。在这个场域之中，师生共情的纽带就是文本的语言，促进言语与情感共生的机制就是言语实践活动，引导学生在有感情地朗读、默读、略读、赏读等多种形式的阅读中，体验作者的情绪，体验文本创作的韵律美，通过默读、精读、品读来体会文本的情致美，在积累运用中，享受语言的创作美。在"三美"设计中，凝练诗情、诗性、诗画。

【说教学法】

说教法。本文文辞优美、情感浓郁，为此，只有积极调动学生的情感因素，引起学生同作者情感上的共鸣，才能很好地理解文章的内容并领会中心思想，体会语言的美。因此，本课采取情感教学法，用感情朗读贯穿全课教学，在感悟中学会语言文字的运用，在教学环节中紧扣言语实践的落实。从积累到运用，充分发挥"情感朗读，语感体验"这个媒介和桥梁，将读者与文本的对话立体呈现。通过语感调动文字的灵性，真正实现透过文字揣摩作者内心的真实情绪，达到言为心声，共情于潜移默化中的目的。

情境教学法是这类文本的首选方法之一，通过配乐范读、配乐朗读等，为学生创设情境，将作者描写时光匆匆所选的具象事物，融入音乐情境，为体会作者创作时的心境增添思维的素材。

多媒体教学是本课的一个支撑，精心制作微视频，为学生的语言表达训练创设情境，提供帮助。

说学法。训练学生的听读能力，在教师声情并茂的朗读中，学生能够准确捕捉到有价值的信息，对文章的基本内容有一个整体把控。采用"五读法"，即"读一读、画一画、想一想、写一写、议一议"，进行独立学习，培养学生自主探究式阅读，拓展阅读面，加大阅读量，从一篇到多篇，从一篇走向整本书，提升阅读力，为终身阅读提供给养。

培养学生语文思维能力。文本语言丰富优美，通过抓住关键词句，展开丰富的联想和想象，为言语表达创建丰富的资源库。

思维可视化引入教学，引导学生利用思维导图，将文本内容线状清晰呈现，使得思维可见。

【说教学过程】

教学程序的安排是否科学合理，是教学成败的关键，为了圆满完成教学目标，我设计了以下教学程序：

第一环节：激情导入，了解重点

1. 激情导入，检查前置性学习收获。

本课作者描写时间的词语很有特点，仔细阅读，会发现它们之间有着千丝万缕的内在联系。（空虚　叹息　徘徊　茫茫然　痕迹）

（1）听写第一行词语，同桌互改。思考："空虚"是什么意思？作者为什么"叹息"？为什么"徘徊"？

（2）听写第二行词语，同桌互改。思考：他"茫茫然"不知所措的缘故是什么？你生命中都有哪些"痕迹"让你记忆犹新呢？

2. 了解作者，知晓创作背景。

分享对作者的了解：朱自清是谁？通过查阅资料，你对他有哪些了解？这篇文章是他什么时候写的呢？

设计意图：自学生字、词语是这个学段的学生应该掌握的基本技能，将能够串联起作者思绪的词语，巧妙连接，在会读、会写词语的基础上，学会深层思考，为下文理清文本脉络做好铺垫。积累与运用是言语实践的根本。了解作者就是了解创作背景，同时能检测学生捕捉有效信息、搜集整合资源的能力，也为后续建立对话打基础。

第二环节：朗读课文，畅谈感受，体会韵律美

1. 教师配乐范读，学生听读，并用笔圈点画注，画出自己喜欢的词语、句子，说说听读感受。

2．教师指导朗读，正音，注意关键词的重读、语气的停顿，尤其是要读好文中的12个问句。

3．畅所欲言，谈自己的阅读感受。

4．学生质疑，在答疑解惑中再谈感受，关注感受是否有更深层次的理解。

设计意图：有感情地朗读是学生学习语文的基本功，也是国内新课程标准的刚性要求，能够正确、流利、有感情地朗读文本，将朗读技巧融入其中，体会语感，并能简单说出自己的阅读感受，是培养学生阅读能力的基本路径。听读，即能听懂一篇文质兼美的文章，也是落实核心素养对学生阅读审美要求的有效训练方式之一。各抒己见，畅所欲言，在和平、民主的氛围中使得个性化的阅读体验形成百花齐放之势。

第三环节：默读课文，理清结构，体会结构美

1．默读课文，用思维导图结构文章的主要内容。

2．再次浏览课文，思考：课文结尾（只有一句话，且是疑问句）"你聪明的，告诉我，我们的日子为什么一去不复返呢？"是什么意思？课文中还有一句跟它的结构、意思基本相似的句子，你能找出来，读一读吗？首尾都用了同一种句式，且内容相同，这种写法，叫什么？

要点：这种写法叫首尾呼应，首尾以同一个问题出现，中间重点部分，就是围绕"我们的日子为什么一去不复返呢？"这个问题展开叙述的。

3．文本内容简单，篇幅短小，请再次默读课文，思考：作者想表达怎样的情绪？

设计意图：默读是培养学生深度思考的一种阅读策略，一年级第二学期就需要培养学生的默读能力。这一环节的设计，使得课堂静下来，用可视化思维，将文本内容、行文脉络提炼出来，结合第一环节的词语听写，学习作者将抽象事物具象化描写的手法，对于语文思维能力的培养非常有利。

第四环节：诵读文本，体会语感，体会诗情美

1. PPT呈现课文内容画面，创设情境，反复诵读全文，体会作者语言表达的特点。

2. 朗读指导：充分运用已经掌握的朗读技巧，读好排比句、拟人句、比喻句以及问句，将作者对于时光匆匆的迷茫、彷徨、徘徊、不知所措、一去不复返的担忧、害怕、紧张读出来。

3. 学生配乐再次朗读课文，在自己感受最深或者最喜欢的句段旁边，写出表达自己感受的关键词。

4. 背诵你最喜欢的句子或段落并向大家展示。评价：生生评价、师生评价。

5. 学生的阅读感觉不同，他们所选的句子也会不同，但教师应在点拨、评价中，引领学生体会重点句子的表达技巧。如：

（1）"燕子去了，有再来的时候；杨柳枯了，有再青的时候；桃花谢了，有再开的时候。"

要点：作者运用了一组排比句，抓住自然事物中"去了""再来""枯了""再开"等司空见惯的现象，与时光一去不复返进行对比，强调时光匆匆流逝不复返的遗憾和无奈。

（2）"早上我起来的时候……新来的日子的影儿又开始在叹息里闪过了。"

要点：作者运用了排比句，用描述的方法告诉人们时间怎样流逝，语句通俗易懂，在平淡的叙述中对提出的问题做了回答。

（3）"太阳他有脚啊，轻轻悄悄地挪移了，我也茫茫然跟着旋转。"

要点："太阳有脚""挪移"以拟人的手法写出时间在不经意间悄悄溜走。"我也茫茫然跟着旋转"一句，作者以略自责的口吻表明自己在那些日子里糊涂地虚度着时光。

设计意图："涵泳"在这类文章的教学中，是使用非常广泛、普遍的一种方法。涵泳需要教师引领学生在文本中走一个来回。带领学生徜徉在文辞优美的文章中，咀嚼每一个文字的精妙绝伦，唤醒汉字的灵性，探究文字背后的秘密，品味文本诗情画意般的真情和隽永，让流淌在字里行间的真情，在学生反复诵读中自然流露，以期达到读中悟情，读中共情，与文本、作者、时光、编者产生心灵的共鸣。

第五环节：赏读文本，积淀语言，体会创意美

1. 出示课文第三自然段微视频，请学生浏览感知，体会意境。

2. 请学生尝试给这段微视频配音，可以用课文中的原话，也可以自由创作，节奏和谐即可。

设计意图：语言文字的积累和运用是言语实践的一种表达方式，是学习语文的根本。在反复诵读、阅读体会的基础上，将积累的语言在一定的语境中灵活运用，是口语表达训练的一种教学策略。根据学生的口语表达训练，根据课堂生成，来发现学生语言表达的特点，为下文的书面表达确定明确的方向。

第六环节：课外拓展，积累运用，体验个性美

1. 欣赏古往今来珍惜时间的名言警句，体会时光一去不复返的含义：

（1）一寸光阴一寸金，寸金难买寸光阴。

（2）光阴似箭，日月如梭。

2. 古人对于时光的描述：

（1）盛年不重来，一日难再晨；及时当勉励，岁月不待人。（晋·陶渊明）

（2）山川满目泪沾衣，富贵荣华能几时。不见只今汾水上，唯有年年秋雁飞。（唐·李峤）

（3）明日复明日，明日何其多。我生待明日，万事成蹉跎。世人若

被明日累，春去秋来老将至。朝看水东流，暮看日西坠。百年明日能几何，请君听我明日歌。（明·钱福《明日歌》）

3．个性表达：你会怎样描述一去不复返的时光呢？写一句凡人名言，跟你的小伙伴交换欣赏。

设计意图：走出文本。学生带着对文本内容、表达方式的思考，走出文本，与先贤对话、与先哲交谈，沉淀思考。再次走进文本，结合自己的成长背景、知识积累、生活实践，将自己的语言积累灵活巧妙地运用于笔端，简单明快地表达自己对时间的认知，达到积累为个性化阅读做铺垫的效果，从而提升学生的语文学习素养。

第七环节：拓展延伸，阅读体验，享受

1．推荐朱自清的相关文章：《春》《绿》《荷塘月色》等作品。

2．语文综合实践：摘录朱自清作品中的优美句段，制作成口袋书或者制作成书签，与小伙伴交流。

设计意图：语文学习倡导"1+X"阅读体验，提出从一篇文章走向多篇文章，从一篇文章走向一本书，在海量阅读的基础上，提升语言文字的实践能力。而语文综合实践活动正是海量阅读内化的形式之一。使得学生从言语感知，到感情融入，再到语言实践形成了一个循环往复的渗透融入过程。

【说板书】

本课板书设计采用思维可视化形式呈现，思路清晰，线索明白，将文本内容通过"写什么""怎么写""为什么写"这三个核心问题连贯起来，让学生在明白文章内容的同时，知其然还要知其所以然。

【说反思】

这是一篇阅读课文，是知识与阅读技能迁移运用的文本，教师课堂的主导作用尤为重要，主要在于启发、引导学生在充分朗读课文、体会语感的基础之上，学习作者将抽象事物具象化、生动化的手法。课堂节奏是根据学生的前置性学习来确定的，有很多课堂生成以及不确定因素，因此，本课的设计对于教师调控课堂的能力有很大的挑战，教师是否具备课堂智慧是本课设计成败的关键。

第四节　教学研究

探索发现真问题，沉潜课堂真研究

在三十多年的教学之旅中，我跟所有一线教师一样，也经历过课题研究的苦恼与困惑，从一开始浅薄无知，认为做教育教学研究是大学教授的事情，一线教师只管教好书就可以了；过程中经历了无数次课堂教学、班级管理中的失败、痛苦、挣扎与纠结。在实践与反思中，我渐渐悟出一丝教学研究的真谛：教好书的前提是自己具备丰厚的学养，在教育教学中善于发现问题，并针对问题，进行分门别类的分析、梳理，结合教学实际，提出规范而有价值的问题，而后，在专家学者的引领下，有目的、有方向，科学、有序地进行研究实践，在不断反思与实践中，形成一定的研究成果。这些研究成果应该来源于课堂，反哺于课堂，对广大师生具有一定的指导意义和实际帮助，应该具有可推广、可复制、可运用的理论意义和实践价值。

（一）课题研究从学会提出有价值的问题开始

做教育的有心人，处处留心，树立问题意识，才能够发现教育教学中存在的各种问题。因此，研究问题的确定，是教育科研极为重要的一个环节。我们也深深地懂得，提出一个有价值的问题，比解决一个问题更为重要，而有价值的问题正是打开研究之门的钥匙，每一位一线教师，都应该具备拥有这把钥匙的能力和素养。在学校教育科研中，所有研究问题都应该是校本的，因为校本研修以学校教育教学过程当中存在的问题作为研究对象，所以校本教研的研究内容是有针对性的，是用来解决老师教育教学过程中遇到的问题的，具有极强的目标性和指向性。如，在学校管理层面，学校的决策层要落实教育行政主管部门下发的相关文件，领会文件精神，要将教育教学理念转化为教学实践，将教育教学计划转化为教学行为，将教学目标转化分解为学生发展的目标；在教学层面，教师要有丰厚的学养，做教育教学的有心人，将新的课程理念转化为教育教学理念，将教育教学理念转化为教学行为，在课堂中充分展示教师的教育教学智慧，有效调控课堂，落实全新课程理念对人的发展所提出的目标和要求，唤醒生命的潜能，实现教育的最终目的；在教育层面上，创建自由、和谐、民主的课堂，营造自主、合作、探究的学习氛围，充分体现教师的主导地位、学生的主体地位，将学生置于课堂的正中间，依据生命成长的基本规律，围绕年段特点、教学内容，确立恰当的教学目标，且努力达成。但是在课堂教学、班级管理的实施过程中都存在着形形色色的问题，有些问题甚至是极其尖锐的，而这些问题长期存在的原因，或来自社会方方面面因素对学校工作的干扰，或来自家庭教育的缺失，四面八方的压力，最终集中在了教师的身上，导致问题长期得不到有效的解决，堆积、冗沉势必形成恶性循环，导致课堂教学效率低下、教育效果弱化等。

在研究的过程中，我们教师要积极参与到解决问题的行列里来，而且要明确解决问题就是自身教育教学能力和管理能力的体现，是实现自身价值的有效路径。本着"问题即课题"的研究思路，从大处着眼，从小处入手，善于发现教育教学过程中的个性和共性的问题，经过系统的思维加工，形成教育科研问题；尝试带着问题再次回归课堂，将课题研究引向纵深。

（二）教师的内驱力是课题研究的源泉

俗话说："教而不研则浅，研而不教则空。"教和研是教师专业化成长的两条必由之路，教和研的关系是相辅相成的。

最近几年，在优秀教师团队的引领下，越来越多的教师积极参与到教育教学研究中来，他们思考着教育中存在的问题，并且努力将这些问题与自身的专业成长、职业发展联系在一起。广大青年教师清醒地认识到科学研究是自己专业发展的重要途径甚至是唯一途径，内驱力是激发教研潜能的动力源泉。学校教育教学研究，跟所有的课题研究一样，需要秉承严谨求实的科学态度，立足课堂，关注每一个生命个体的成长，脚踏实地，做好每一项实践研究。教师应深切地感受到，自身发展受到制约，专业成长面临的困境，其根本原因是自己的科研能力受限而造成的；只有通过积极参与到教育科研过程中来，才能提升自己的专业素养，实现专业发展的自我超越，充分彰显教科研的桥梁和媒介作用，实现专业成长的自觉和自悟。让内驱力成为源头活水，润泽心田。

（三）专题研究是教科研深度研究的核心

作为小学课题的专题研究，是指在较长一段时间，科研团队或者教师个体，就师生共同关注的同一个问题，做较为详细、较为深入细致的研究。在研究行动中，认真收集分析实验数据，在对数据分析研判，对教育教学效果进行合理评价之后，将所隐含的问题一一展示出来，提出应对策略，找出解决问题的办法。从根本上转变一个时间段一个课题，甚至一学期一个研究对象，教科研走马观花、浅尝辄止的伪研究现象。

在一线教科研中，常常会有这样的现象：学校或者教师围绕一个问题展开课题研究，从课题开题形式搞得轰轰烈烈，开题之后就停滞不前，课题主持人也不知道该干什么；临近中期汇报了，按照中期汇报所需提交的材料，造假、补充材料；结题报告如法炮制，课题研究也就是在突击造假中，通过了结题成果鉴定验收。每个参与研究者拿到一张课题结题证书，从此，这个课题就算研究结束，告一段落了。课题组全体成员又回到各自以前的教学状态。或者是一个学校，前任校长申报了课题，没有结题就调离了原单位，现任校长就将此课题终结，因为，研究出来的成果是原校长的。还有一线教师，在确定研究主题时，从来不去关注国内外研究成果，也不去关注这样类似的课题有没有人研究过，哪些研究成果是可以拿来就用的，同一个课题还有哪些方面是我们学校需要另辟蹊径进行研究的。多是为了研究而研究，确定课题研究内容随意性较大，更有甚者在一个伪命题下，劳民伤财，走过场，完成任务。

因此，我认为，专题研究是教科研深度研究的核心。关于教育教学中的疑难问题，没有哪一个问题是通过某一团队或者某一个教师的一个课题研究，就全部解决了的。在对课题进行深入研究时，总是解决了一个问题的同时，又会衍生出一系列的其他相关问题。因此，课题研究要求特别关注问题聚焦的方向性，关注课题是不是朝着专题化方向进行研究的，东一榔头、西一棒槌地乱打乱撞，不能形成体系化、序列化研究，不能够解决教育教学中存在的真问题。

倡导课题研究在专题化场域下进行，让课题研究在良性循环的视域下得以顺利进行，教师才能将自己的研究兴趣和观察视野长时间地聚焦在某一个问题上，才能借助多元化的研究方法，用不同的方式记录对这一问题的研究成果。这样持续不断地就一个问题进行专题化、项目式、深层次研究，久而久之，研究者自然就会成为这一方面的行家里手，逐步向"专家型""研究型""学者型"教师的方向迈进。比如：关于前置性学习在小学语文学习中的策略研究这个课题，我进行了长达二十年的实践研究。近十年我将前置性学习与微课相互融合，借助自媒体平台、手机等现代化的教学手段，开启了基于微课的前置性学习策略研究。在二十多年的研究中，我总结提炼出了前置性学习在小学语文学科中的运用策略等一系列成果。微课视域下的语文阅读系列课题研究，均是在专题化理念引领下，就某一方面的问题进行最终调查研究，有针对性地解决了教育教学中师生共同关注的疑难问题，为教师的教和学生的学提供了有力的支持和帮助。

（四）个性化的语言是表达研究成果的法宝

中小学教师，往往经过一段时间的实践与反思，梳理出了一些研究成果，但是在分类整理，描述自己的研究成果时，往往不知道从何下手，明明做了很多的事情，也探索出了有效解决课堂教学问题的方法和路径，就是不知道该选择什么样的语言风格去表述，如果课题研究理论性强，用专业化的词汇、语言去描述自己的研究成果，必定会走入"用自己的嘴巴说别人的话语"的误区；如果将自己的科研成果上升为抽象的理论，供其他教师学习和借鉴，自己的理论学养显然不能够支撑自己的观点。这时候，太多的中小学教师便在理论与实践的夹缝中，探寻到了适合自己研究方式的、通俗易懂的第三种表述语言，我权且称其为属于一线教师的"个性化"表述语言。

众所周知，中小学教师的研究与学院派的研究是不同的。中小学教师的科研是在教育场域中发生的，研究者就是研究活动的组织者、参与者、设计者、实施者，我们就在问题发生的现场，在教育教学活动过程中不断实践、反思，再设计、再实践、再反思。我们在不断地反思与实践中，探寻出适合学生发展的有效教育教学路径，有的放矢地、实实在在地解决问题。而学院派则属于书斋式研究，他们大多通过阅读大量的文献、著作进行高深的理论研究，将别人提供的教学案例通过思维的高级重组、分析研判，完成专业理论研究，借助完成专业著作或者学术论文，对教育教学进行理论性的指导。由于缺乏翔实的一手教学案例和真实的教学实践，在进行案例分析时，难免与实际有一定的距离，有些甚至大相径庭。由于一线教师与学院派专家学者的研究方式不同，研究场景不同，研究过程相差甚远，因此，研究成果的表述方式自然也就千差万别了。

成果表述语言的变化意味着中小学教师对自身科研性质的认知发生

了变化，我们坚信"实践出真知"是亘古不变的真理。当越来越多的一线教师发现，自己的科研形式与大学教授以及教科研单位的专家学者的研究思路有着巨大分歧的时候，我们便不再将思维禁锢在专家学者限定的语言体系框架中没头没脑地东突西撞，而是努力尝试突破专家、学者的科研话语体系，探寻出一条一线教师听得懂、读得明白的语言表达路径。结合自身的研究特点，采用记叙、描写、说明、议论等最得心应手的语言表达方式，陈述事实，提炼观点，表达立场。随着一线教师理论水平的不断积淀，个性化话语体系的不断完备，渐渐就出现了一线教师的实践研究成果与学院派专家学者的观点分庭抗礼的局面，有时候甚至会迫使专家学者反思自己的理论研究成果。因为，尽管研究方式不同，研究成果的表述上也存在分歧，但研究成果所凝结的智慧品质及解决问题的方法在一定程度上却是相同的。在求同存异的过程中，各种话语表现形式的交汇，正是从不同侧面反映了对问题的不同思考和认知，推动的是对同一问题不同维度、不同视角的认知程度，提升的是一线教师解决问题的能力。

因此，珍视一线教师的话语权，充分发挥个性化语言表达方式，是将科研成果精彩呈现的法宝。

（五）整合资源是保证研究质量的根本

一线教师的课题研究，不是一个人的战斗，需要在主持人的带领下，以团队的形式，共同开展实践研究。这时候，课题的主持人就需要有一定的前瞻性，能够通盘考虑本校的资源库，精准盘活库存资源，积极调动隐性资源，巧妙利用显性资源，科学合理地整合有效资源，为保证课题研究质量打好基础、做好铺垫。

首先需要根据自己的课题研究方向，对现有资源进行分类整合。一类是他山之石，可以攻玉。通过阅读文献、通读相关著作，明确国内外研究现状，了解已有的课题研究成果，分析研判哪些课题研究成果是适合本区域抑或是本校运用及推广的；相同的课题，本校还存在哪些问题；如果是前人研究时所没有涉及或者悬而未决的问题，我们需要因地制宜、因生制宜，选择切入点，从解决本校存在的问题入手，开展研究。另一类就是研究者的自身资源了。要对自己有一个准确的定位，清楚地知道自己有什么样的理论基础，科研能力如何，文字表达能力、组织领导能力能否胜任此项研究，等等，进行综合分析，而后才能确定还需要从哪些方面获取外部资源的支持。

充分调动社会资源，也是课题研究质量提升的保证。一是同行的研究思路或者研究模式给自己带来的启发和思考。二是区域内的教研员，他们往往最了解本区域内的研究现状，可以借助区域教育科研机构及教研员对区域现状的了解，采用区域内强强联合的方式，使得研究范围、参研人员更丰富，研究方式更多元，研究成果更具有实效性。三是不可忽视的高校专家教授的资源。一线教师在做科研时，少不了高校专家、学者的指导和引领，应充分发挥高校专家学者的优势，用教育教学理论，指导一线教研。他们能够高屋建瓴地帮助一线教师完成选题方向的把控、实践研究的科学指导、实施策略的精准设计，将课题研究由感性认知上升到理性思考。

另外，资源载体也是一个不容忽视的话题：自己以及团队成员所撰写的与课题相关的论文、著作，都将为课题研究成果的形成、结题报告的撰写，提供丰富的文字资源。媒体资源、影像资料、课堂实录、教学设计等丰富的综合资源，都将是研究过程中不可或缺的高效资源。

课题研究是一个综合性的大工程，需要研究者有全局意识、顶层设计意识。拥有一颗平常心，从容研究，冷静思考，将科研与自身职业生活融为一体，使科研与教学不离不弃，相伴始终，使科研真正能成为教育教学活动的助推器和发动机；永葆好奇心，好奇心是打开科学大门的金钥匙，也是研究的原动力，更是引领教师走向课堂研究纵深的航标灯；激发自信的潜能，自信心是成功者首要的心理素质，一线教师往往都是教学能手、教学名师，一提起自己的专业，自信满满，滔滔不绝，但是，一提起做科研就显得缩手缩脚。实践证明，只要不断积累实践经验，潜心反思自己的教学行为，汲取他人成功的经验和教训，及时调整自己的研究方式，每一位教育的有心人，都能够成为教科研活动的行家里手，成为教学智慧的缔造者、拥有者和传播者。

一、我这样做校本研修小课题

以行动研究为主要研究方法的校本研修小课题课题论证

校本研修小课题研究《教师素养、行为、人格对学生心理健康影响研究》，主要采用行动研究。行动研究是小课题研究中最常使用的研究方法之一，也是一线教师运用的一种研究方法。通常是指行动者（校长或者教师）用科学的方法对自己的行动进行研究（教师研究自己的教学行为，解决教室里的实际问题），行动者为解决自己实践中的问题而进行的研究，行动研究者对自己的实践进行批判性反思的过程。本课题旨在解决在教育教学以及班级管理中，教师的个人素养、心理素质、教学行为、人格特征，对学生人格形成、思维拓展以及情感认知方面的影响。通过认真分析教学实践中存在的外在问题表征，来分析问题的成因，找出存在问题的症结，有的放矢，对症下药，有针对性地探寻解决问题的策略和方法，在不断反思中，提高研究质量。遵循"计划—行动—考察—反思"的研究路径，严格按照研究思路，对研究对象及研究主体的行动进行记录、观察，对行动过程、结果、背景进行考察、分析、论证、比较，对结果进行评价和解释。

附：以行动研究为主的课题论证示例

【课题名称】

教师素养、行为、人格对学生心理健康影响研究

【课题编号】

BWLFSXXKT2018

【课题负责人】

安瑛

【同伴参研人员】

张燕、张亚萍

【选题缘由】

●课题题解：

本课题将致力于探讨和分析教师的素养、人格和行为对学生心理健康产生影响的教育机制，并提出改善和提升教师的素养、人格和行为的策略和方法。

●选题过程：

对已有相关文献进行阅读和整理，主要包括三个方面：

第一，关于教师素养的研究。教师的素养是指一个教师在课堂上的教育、教学活动中所能够表现和体现出来的，决定了其教育和课堂的教学实施效果，对于学生的身心健康发展具有直接而显著作用和影响的各种心理素质的综合总和（林崇德，1998）。"新基础教育"研究中首次提出了新型教师综合素养的定义，认为新型教师综合素养应该包括基础性的素养和教师专业技术素养，前者主要是指教师的社会责任感等内在的追求以及教师本身的宽厚的教育理念和文化底蕴，后者则是指教师的所有学科专业技术素养及教育技术相关专业的综合素养（叶澜，2006）。教师素养是提升教学质量的前提和保证，也直接影响着学生的学习方式（汪辉，2013）。当前，存在大量教师综合能力素养严重缺失的现象，主要以三种形式表现

出来。趋利性表征：生逢其时；职业性表征：自我迷失；人格性表征：看不见的手（郭少英，2014）。提升学校教师素养首先要从以下几个方面着手：首先，追本求源，提高学校教师成长和发展的"生境"，陶冶和激励、关注学校教师的主体意识的培养，激发内在自觉，实现"职业人"向"人"的转变、外在规约，完善教师发展的制度缺失（郭少英，2014）。

第二，对教师个体性格问题的研究。教师的人格通常是由一个教师的专业所决定的，这种人格是一个教师作为职业从事者独特且本质的一种心理素养或者精神特征，它主要包括了作为一个教师的自我意识、他人的意识、责任心、意志品质、情感和思维能力等（隋欣，2007）。教师的人格魅力对促进学生心理健康发展至关重要，具体到学生自我管理中具有示范、激励和熏陶作用（林红，2006）。实证调查研究结果发现，老师的人格高层次水平并没能导致小学生的人格高层次水平，且二者之间的交互作用并非想象中那样密切。要充分激发出一个教师优秀人格的教育力量，需要做到：一个重点就是教师的教育工作要引领着教师们更新教育理念，主动地求索和自我发展；二是对教师的教育必须正确地处理好教与学之间的关系；三是对教师职业道德的培训，教师职业道德决定着为谁培养人、培养什么样的人的核心指向，是关乎民族兴衰的根本问题；四是对教师的教育工作要正确地处理好教师的接受和自我培训的关系；五是完善教师教育制度（刘恩允，2003）。

第三个大的方面则是关于教师行为的研究。教师的行为主要是泛指一个教师在课堂上为了达到其教育课程的目标或者意图所采取的一系列具体行动，教师的思维、情绪、心理以及其教育观点和理念等都应该是通过这些行为表达出来的，学生也都应该根据这些行为来认识和了解教师的具体需求，从而达到实现对知识和技巧的掌握，养成良好素质和品德的一种学习目标。教师的行为始终是促成且保持良性师生关系发展的关键（唐玉霞，2011）。而教师的行为也可以说是直接影响到学生的学业和成就感的重要因素（胡绎茜，2014）。但是，当前仍然存在着一些教师的行为不符合教师的角色作用等有关现象，其外部的原因主要来自教育与社会需求的脱节，内部的原因主要是与教师专业特征有关（周鹏生，2002）。

综上所述，虽然关于教师素养、人格和行为的研究成果已有很多，但是仔细分析后我们会发现，这些成果大多数都属于思辨研究，而缺少基于实地调研基础上的实证研究，特别是采用教育行动研究法实施研究的相关成果几乎没有。因此，本研究将采用教育行动研究法开展研究工作，在一定程度上，这是在已有研究基础上的推进和拓展。

【课题研究目的】

本课题研究具有理论、实践和推广的意义和价值。从理论层面来讲，本课题研究能够深化教师专业发展理论研究。教师在本学科专业中心理素质的提升是一个过程，本研究紧紧围绕着对教师在本学科中心理素养、人格和行为三个方面心理素质如何产生影响，以及学生心理健康成长等问题进行研究，属于促进教师在本学科中心理素质提升的重要内容，能够丰富和扩大教师在本学科中心理素质提升的基础理论依据。从实践层面来讲，本课题研究将有助于教育实践的改善和提升，主要表现为教师对自身素养、人格和行为影响学生心理健康发展的认识和意识的增强，以及提升自身素质的自觉性增强，学生心理健康水平的提升，以及教育教学质量和水平的提升等方面。从推广层面来讲，可以通过讲座、宣传等方式向相关部门和学校广泛宣传本课题研究成果，从而有力地提高研究成果的社会效益。

【研究的具体内容】

本研究总目标是提升和改善教师的素养、人格和行为，从而促进学生心理健康成长和发展。具体目标包括：分析和探讨教师的素养、人格和行为对学生心理健康产生影响的教育机制；引导教师树立和增强自身即是学生的"重要他人"和榜样的意识；提出提升教师素养、人格和行为的策略和方法；等等。

本课题研究内容包括：①分析教师素养、人格和行为的内涵及其具体表现。②分析教师素养、人格和行为对学生心理健康产生影响的教育机制，比如榜样示范、潜移默化影响等。③通过实证调查呈现教师的素养、人格和行为的现实状况，调研对象包括学生、家长和教师，资料搜集方式包括问卷法、访谈法、教育叙事法、教育现象学反思写作法等。④通过实证调查呈现教师对自身即是学生榜样的自觉意识现状，分析这种自觉意识的强弱与自身素养、人格和行为之间的关系。⑤探讨提升教师素养、人格和行为的策略和方法，包括外部教育，如职前职后培训等，以及内部自我教育，如教师自身自觉提升自我修养等。

【研究设想】

●研究的方法

教育行动研究法：教育行动研究法主要是研究人员和实践者共同积极地参与到研究的过程中，在研究过程中促进实践改进和改善的研究方法。

访谈法：（这种访问方法就是研究人员通过跟踪所要研究的对象进行面对面交流的研究文献中相关数据资源的一种手段。）一般而言，访谈方法大致可以划分为三类：结构化的访谈、半结构化的访谈及开放式的访谈。在本项研究中，研究者将通过与教师、家长、学生等访谈的方式获取相关研究资料。

问卷法：问卷法主要是指研究者将自己所有需要收集和获取的研究资源信息都设计为问卷分析的一种形式，让被研究对象进行作答并获取相关研究材料的一种方式。问卷法最重要的一个优势就是样品的数量可以相对较大，利用分析软件能够有效地在很短的时间内就快速地获得所需的数据和量化研究材料。

叙事研究法：叙事研究法是社会科学研究的质的研究方法，是相对于量的研究而言的。它是通过个体对自己的生活体验和感受进行叙述，从而发现和揭示叙事背后所存在的价值和意义的研究方法。

教育现象学反思写作法：教育现象学中的反思写作法是对于人文实证研究的一种方法，不仅可以帮助我们从教育中获取到直接而原始的教育经历，更是教师自我发展与成长的一个重要途径。

●研究的步骤

提出问题（教师素养、人格和行为是影响学生成长和发展的重要因素）→分析问题（分析中小学教师素养、人格和行为的构成，并在问卷调查和访谈的基础上呈现中小学教师现状及存在问题）→解决问题（在理论分析和实证调查的基础上提出改善和提升教师素养、人格和行为的建议和对策）。

●预期成果

课题研究成果的形式主要包括研究报告、论文、教育叙事研究等。

论文《敬畏教育从塑造教师人格开始》

教育叙事研究《我和我的孩子们》

研究报告《教师的素养、人格和行为对学生心理健康影响研究》

●结题鉴定

邀请工作室专家团队指导教师，主要从课题研究的理论价值、实践价值和推广价值三个方面，对本课题的研究成果进行学术鉴定，并对教师素养的培养及形成提出可推广、可复制、可运用的建设性意见和建议。

以行动研究为主的校本研修小课题研究成果（论文）

敬畏教育从塑造教师人格开始

不知从何时开始，教师的职责已经不仅仅是传道、授业、解惑了，人们对教师的要求越来越高，教师的角色也不单纯是教书育人了，教师自身心理健康、人格素养的形成越来越多地受到全社会的关注。教师的角色承担的责任更多了：教师是知识的传播者、智慧的创造者、人格的塑造者、文明的传播者、学生健全人格形成的引领者。良好教师素养的塑造和形成对学生健全人格的形成有着至关重要的作用。教师素养的高低直接关乎未来社会主义建设者和接班人综合素质的高低，它是提升民族素养、弘扬民族精神的关键。

时代在发展，绝大多数教育从业者都一直恪守"德高为师，身正为范"的教育信仰，全身心地教书育人。但是，也有一些不和谐因素的出现，违背师德的现象时有发生，如体罚学生、校园冷暴力、有偿补课、"不完成作业，打手板""违反课堂纪律，罚学生跑圈""考试成绩没达标，拿试卷扇巴掌"等。大量沉痛的案例警示我们，是该认真思考学生心理健康与教师心理素质之间的关系了。

在十多年的教师培训中，我越发感觉到，教师是教育教学改革的核心。中国教育改革的成败，关键在于教师素养的提升。在教育教学实践中关注教师专业技能的提升、根植高尚的职业素养、培植教师的职业成就感，体验职业幸福感，培养造就一支能讲课、爱读书、善教研、敢创新的高素质教师队伍已经成为时代发展所需。时代呼唤德才兼备的复合型人才，基础教育的发展更需要具有良好教师素养的教师，为心智发育尚不成熟的青少年做出科学的指导和引领，使他们能够正确对待成长中的得失成败，关注他们的心理感受，成为孩子们的良师益友，引领他们平稳度过心

一路跋涉　一路芬芳

理动荡期。

对课题《教师素养、行为、人格对学生心理健康影响的研究》的研究，是一个艰辛而漫长的过程，需要对教师的生活角色、社会角色、心理承受能力、自身人格、教学能力等综合素养做出全面而又深入的研究。

笔者通过阅读国内外大量的文献资料，并进行分类研究，对教师应该具备的基本素养与现状调查分析，发现教师心理健康问题的成因，并初步探索出提高教师素养的基本路径。

第一，教师对学生心理健康的影响：

1. 教师心理素质对学生心理健康的影响是明显的。

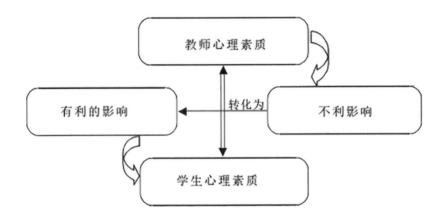

2. 教师人格特征与学生人格特征的影响呈中度相关。（见表一、表二）

表一　教师人格特征分析表											
项目 对象	自信	独立	求知欲	成就感	责任感	合作	诚实	公正	自律	宽容	有恒	总分
教师	3.70	2.70	3.54	4.89	5.90	5.67	5.0	4.05	4.87	4.66	3.20	48.18

表二　学生人格特征分析表											
项目 对象	自信	独立	求知欲	成就感	责任感	合作	诚实	公正	自律	宽容	有恒	总分
学生	2.33	1.20	2.66	3.79	2.60	3.07	3.08	2.12	0.85	2.61	2.86	27.17

经由效标关联效度检测显示：r=0.51即教师人格与学生人格呈中度相关。由于教师人格只是影响学生个性发展的众多因素之一，因此我们可以认为在众多影响学生人格发展的因素中，教师人格的影响作用是相当大的。此外，我们还可以从表一、表二看出：第一，教师人格水平总体来说较高，学生人格水平总体来说较低，学生人格水平低于教师人格水平。第二，教师人格与学生人格特征表现出一些共性的特征，但也有一定的差异性。如在合作意识、责任感等方面均表现出较高的倾向，但在自我意识、意志品质、创造意向方面均表现出较低的倾向。

3. 教师的行为对学生心理健康影响的潜在规律。

（1）教师在教学活动中的偏差影响学生对学校、学习的态度，这种偏差源于社会评价的压力，教师期望通过学生的考试成绩来证实自我能力，实现自我价值。某些教师的某些不良言行，如体罚学生、讽刺、挖苦学习成绩差的学生等，都会对学生的心理健康产生不良的影响。忽略学生心理素质的培养，各种不同的考试加剧学生的学习焦虑感和对考试的恐慌，使为数不少的学生形成自卑、自我评价能力低等心理定式，所以，一小部分在学习上处于劣势状态的学生，比较难以在老师控制的课堂上有成功体验。久而久之，对学习失去信心，进而对老师、对学校、对自己失去信心。

（2）教师的行为影响学生个性品质是否能够健康发展。从调查结果看，学生喜欢的教师特征是：教学能力强（占30%）、认真负责（占19%）、热爱学生（占27%）、性格好（占24%）等，具备这些优良品质的教师能通过课堂教学、个别谈话、课间活动等进行情绪传递，点燃学生积极向上的情感，能促进学生身心全面协调地健康发展。

学生最不喜欢的教师的个性品质是：不讲理打骂学生，不调查乱发脾气，不负责任，惩罚学生过严。以上结果既反映了学生对老师的期望，又反映出教师队伍中或多或少存在着一些问题。另外，教师对不同家庭背景或学习成绩不同的学生不能一视同仁，有偏向或把学生分成三六九等，都可能育出"优越感"或"自卑感"等心理不健康之苗。

（3）教师的管理方式影响学生的人际交往。从调查结果看，最有利于学生成长或最受学生欢迎的教师管理方式是民主型的。民主型的管理方式容易激发学生的积极情绪和行为，学生参与学习活动的积极性和主动性越高，越有利于学生心理素质的健康发展。调查显示，98%的学生希望自己的老师既亲切又严厉，有耐心，有宽广的胸怀，理解、关心、支持、鼓励，善于沟通，包容中有劝导，理解中有启蒙，能设身处地为学生着想，能为学生营造一个民主、团结、和谐的学习环境和生活环境。然而现实的状况是，有一小部分学生认为与教师交往缺少平等、民主、尊重、理解的体验，有时感到压抑、拘束。这显然对学生人格成长不利。教师人格，是指教师作为教育职业活动的主体，在职业劳动中所必须具备的稳固的职业品质特征及其行为倾向的总和。也就是教师为胜任其本职工作所必须具备的良好的性格特征、积极的心理倾向、创造性的认知方式、丰富的情感、顽强的意志、高尚的道德品质、规范的行为方式等人格特征的综合体。

第二，构建培养教师健康的心理、健全的人格，促使教师教育行为转变的策略：

1. 培养教师健康心理的策略体系。

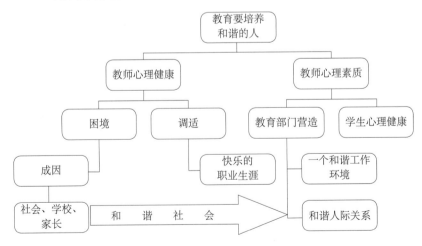

2. 教师心理健康的标准。

怎样才算心理健康？心理健康没有一个绝对适当的评价标准。心理健康与否，没有绝对值可以参照，不像身体健康一样，通过纷繁复杂的检验程序，有一个绝对指标来判定一个人是否身体无恙。如体温、血压、心肺功能等。通过检查即可确定健康与否。本课题研究中，我们暂且使用国内心理学界关于心理健康标准的界定，来衡量小学教师心理是否健康。

（1）正常的智商。智力是中小学教师从事学习工作和生活最基本的心理条件。人的智力发展水平是有个体差异的。通过标准化的智力测验，能够测出人的智力水平。智力测验的结果用智商IQ表示，IQ低于70的为智力低下，IQ高于140的为智力超常。智力低下和智力超常者在人群中是极少数，多数人的智力水平介于二者之间，属于正常智力。中小学教师的智力是由观察力、记忆力、想象力、思维能力以及他们的属性注意力构成的。这五种能力得到和谐发展为心理健康，如果有一种能力有严重缺陷，以致影响正常的工作和生活，则为心理不健康。

（2）稳定的情绪。情绪稳定表明一个人对自己的情绪能进行自我调控，能够消除不良情绪，保持良好的情绪，这样才能心情愉快，热情开朗。中小学教师应有着积极的心境、乐观向上的生活态度，用饱满的热情投入到生活工作中去；否则，整天怨天尤人，郁郁寡欢，消极对抗，自然会影响工作。

（3）健全的意志。意志是人们克服困难去实现既定目标的心理过程，健全的意志品质会使中小学教师对待工作和生活具有明确的目标，并且为实现这个目标而锲而不舍、百折不挠，常常给予自己积极的心理暗示。如果一名教师工作消极懈怠，得过且过，顺水推舟，做一天和尚撞一天钟，漫无目的，完全丧失工作生活的斗志，被消极暗示左右了心境，这就是心理不健康的标志。

（4）完善的人格。人格包括心理过程、心理倾向、心理特征和心理状态。这四种心理成分以独特的方式加以结合，就构成了个体特有的人格结构的模式。中小学教师人格中的多种心理成分和谐发展并构成统一的整体。如果这四种心理成分在稳步调试、矫正、和谐统一融合的前提下，教师能有效控制自己的情绪，在心理人格上朝着正能量的方向迈进，就是心理健康的表现，否则就是心理不健康的表现。

（5）客观的自我意识。自我意识是指个体对自身的意识，它包括三个方面的内容，即对自己的身体及其状态的意识，对自己身体活动状态的意识，以及对自己心理过程的意识。中小学教师对自己身心状态的认识是客观的，能客观地完成自我认知的过程，有职业的成就感和效能感，就是心理健康的反映；反之，对自己身心状态的认识是不客观的，则是心理不健康的反应。

（6）人际关系协调。一个人能与他人建立良好的、协调的人际关系，是心理健康的重要标志。中小学教师能在学校中与领导同事和学生建立良好的人际关系，说明他的心理是健康的；如果不善于与他人交往，性格孤僻，脾气古怪，难以相处，则说明他的心理是不健康的。

（7）反应适度。反应适度是指对周围环境各种刺激强度与个体反应程度相一致。中小学教师若能对各种刺激做出适度的反应，正确面对挫折，就是心理健康的标志；如果对周围的刺激毫无反应或者反应过于强烈，则是心理不健康的标志。

（8）认同的角色定位。教师在选择自己职业的时候，常常对自己的选择有一定的趋向性。有些人所选的职业正是自己所喜欢的，那么他一定能够将这份职业当作终生的事业去做。如果仅仅是作为一种职业选择，那就无法唤起工作的热情。因此，唤醒教师自我悦纳的心理感受，培植工作兴趣，唤起工作体验感和成就感，是激发教师角色认同的基本路径。通过畅谈讨论、专家讲座，让教师们"明确—认同—悦纳"教师角色，提高心理健康水平。

3．维护教师心理健康的策略。

心理健康的维护，是中小学教师预防心理异常最好的方法。

（1）正确地认识自己，接纳自己。中小学教师一定要学会正确地认识自己，对自己的能力、行为和性格等特点能进行正确的自我评价。过分在意别人的评价，常常容易迷失自己，被别人的思想所左右，不能正确认知自己的优点和缺点。因此，教师需要在不断读书学习中，开阔自己的胸襟，正确认知自己的优缺点，接纳自己的不足，并尝试用积极的心态，取长补短，不断完善自己的独立人格，提升自己认识自我、看待事物的格局，增进心理健康。

（2）面对现实，适应环境。能否面对现实是判定心理健康与否的一个客观标准。中小学教师应面对现实，当自己所处的教育教学环境缺乏生机和活力，教育生态世风日下的情况下，教师自身无法改变现状，而又不愿意随波逐流时，痛苦、焦虑、困惑、无奈便会给身心带来极大的伤害。此时，应引导教师，跳出目之所及的工作圈，俯瞰自己的工作环境，当无法改变现状时，那就努力改变自己。改变自己从改变自己的思维认知开始，努力完善自我，提高自己的教育教学水平，精进教学技能，在不断适应中，保持特立独行、冰清玉洁的高尚情操，用高尚的人格去影响学生，努力塑造学生完整、健全的人格。

（3）与真诚善良、品行高洁的人交朋友。英国作家萧伯纳说："如果你有一个苹果，我也有一个苹果，我们彼此交换，那么，每个人仍然只有一个苹果。如果你有一种思想，我也有一种思想，我们彼此交换，我们每个人就有两种思想，甚至多于两种思想。如果几十个人、几百个人相互交换思想，那么每个人就可能获得几十种、几百种思想。"这段话就反映出了广交朋友的重要意义。一些中小学教师由于受到工作环境的局限加之工作压力，思考问题时往往喜欢钻牛角尖。其实，同事之间既是亲密无间的合作伙伴，又是竞争对手。如何在夹缝中求得能够与你共担风雨、共沐阳光的知心朋友？需要有一双慧眼明辨是非，不是每一个人都可以成为志同道合的朋友。当价值观不一时，不必强求，人各有志，道不同不相为谋，在求同存异中调适心理，用健康豁达的心境做同伴最好的陪伴者、倾听者、合作者。

（4）培植兴趣爱好，为紧张的工作保驾护航。中小学教师的工作纷繁复杂，被称为"高危行业""走钢丝的行业"，每天除了备课、上课、批改作业，还要填写与教学无关的各种各样、名目繁多的表格，还承担着各类活动的设计、策划、拍照、留痕，以及做美篇、快手等与教学无关的宣传工作，更重要的是还得关注学生的心理变化……因此，教师可以在工作之余，培养一些与工作无关或是相关联的兴趣爱好，如读书、品茶、旅行、运动、娱乐等有意义的活动。丰富多彩的业余生活，正是工作情绪的一个宣泄口，便于转移注意力，调节情绪，保持心理健康。

4.教师人格心理对小学生健全人格形成的影响。

（1）促进教师不断更新教育观念。教育的本质是培养人，是塑造健康的人格。作为学生不仅需要知识，更需要高尚的情感。他们还有情感、意志、信仰、行为规范、创造能力，以及身体和心理等方面需要培养和发展。教师通过更新教育观念，不断地引导、帮助、教育，对学生的过错学会容忍，多做深入细致的教育，如此成效较为明显。

（2）用多元价值观来评价学生。时代在发展，教师需要用发展的眼光评价学生，从多个视角去评判孩子的成长过程，不能用单一的考试成绩来衡量孩子的优劣。在孩子成长的过程中，从入学开始，就应该从做人做事的基本要求入手，包容孩子成长中所犯的所有错误，正确对待孩子身上的优缺点，培养孩子善良、勇敢、诚实、守信、风趣、幽默、平和的良好品质和积极心态。用"星探"的眼光，发现孩子身上的闪光点，并且积极鼓励，发扬光大，在培养学生积极心态的同时，完善自己的心理健康素养。

（3）积极培养学生"以人为本"的理念，学会尊重、理解。尊重和理解是与人和睦相处的秘诀。无论何时何地，每一个人都渴望得到别人的理解和认可，小学生更是希望得到老师的表扬，且随着成长，自尊心越来越强。教师的语言就像一把利剑，对学生的讽刺、挖苦，甚至言语暴力，稍不留神就会伤及学生的自尊心，造成不可挽回的后果。而温柔、鼓励、表扬的语言，似春风化雨润泽学生的心田，使得学生在平和友善的环境中健康成长，并且使学生学会悦纳自己，培养自信心，相信自己就是这个世界上独一无二的，无论做什么都是可以的。

（4）学校创造更适合教师发展的环境。教师产生不良教育行为也有外在因素，比如学校的管理、社会的压力，这些外在因素直接影响教师的情绪，并间接影响到教师的教育行为。因此，学校应努力创设适合教师发展的环境，如优化办公条件，再如在职称评聘等敏感问题上做到公开、公平、公正等。此外，还要关心教师的生活状态，提供一切合理的、可能的帮助。

俄罗斯教育家乌申斯基曾强调："在教育工作中，一切都应以教师的人格为依据。因为，教育力量只能从人格的活的源泉中产生出来，任何规章制度，任何人为的机关，无论设想得如何巧妙，都不能代替教育事业中教师人格的作用。"

习近平总书记也一再强调："国家繁荣、民族振兴、教育发展，需要我们大力培养造就一支师德高尚、业务精湛、结构合理、充满活力的高素质专业化教师队伍，需要涌现一大批好老师。"由此可知，教书育人是教师人格魅力的体现。离开了教师人格，良好的学生人格将变成一句空话。新时期肩负着历史重任的教师，要培养全面发展、适应社会需要的人才，不仅要有渊博的学识，更要注重培养良好的人格品质，以自己健康的人格去影响和教育学生，从而无愧于"人类灵魂工程师"的称号。教师人格魅力的塑造不是一个简单的一蹴而就的过程，这需要教师长时期对教育事业无比忠诚，需要教师自身能力、道德品质、个性修养、学识才华都修炼到很高的水准。这不仅是教育事业的要求，更是全社会的要求。

二、我这样做省级规划课题

省级规划课题"研究报告"的撰写

一线教师对结题报告的看法大多是一致的，那就是让人"不寒而栗""望而生畏"。按道理说，结题报告是课题的研究成果，面对历经艰难探索研究出来的成果，应该欢欣喜悦才对。为什么会如此令人苦恼和困惑呢？究其原因，还是基础教育的绝大多数教师，理论知识储备不足，面对丰富的课题成果，老虎吃天，无处下爪，既不知道研究成果如何梳理，也不清楚结题报告该如何撰写。

结题报告又称为研究报告，是以课题研究、课题实验为前提的一种总结性科研论文。它的实践性和理论性都很强。

从实践的角度来说，课题研究、课题实验是一种有目的、有计划、有步骤、有一定的理论做指导的实践活动，在实践之前必须拟订好课题研究（或实验研究）的方案和计划，然后按既定方案和计划实施。在实施取得一定的成果之后，再写成课题报告。由此可见，课题报告是对课题研究、课题实验行为的一种科学总结，课题研究、课题实验是写好课题报告的前提和基础。

从理论性的角度来看，课题研究、课题实验一般是对新领域或新问题的一种探索，因此在理论上要有新意。与一般性的教育论文比较，它的理论色彩更浓。

课题研究、课题实验需要写的文件类型较多，如方案、计划、报告等。我在完成省级规划课题的研究报告时，主要从"问题的提出""研究目标""研究内容""理论依据""研究方法、对象和范围""研究的思路、过程与基本做法""课题研究的结果与分析""建议及设想"等八个方面，对在微课视域下前置性学习在小学语文学习中的方法指导，进行了详尽的记叙。本课题无论是选题的起源，还是长达十四年的课堂实践研究，都能够以学生的学习能力提升与发展为宗旨，落实"真实践、真研究、解决真问题"的课题研究原则，在不断的实践反思过程中，提炼出了理论与实践相结合的研究成果，对于推动区域课改的发展，提供了一定的观察范例和实践课例，是一份理论性和实践性都比较强的研究报告。课题成果评审时，有幸被评为"陕西省基础教育'十三五'教育技术研究规划课题"优秀格次。

附：陕西省基础教育"十三五"教育技术研究规划课题

《基于微课的小学语文前置性学习指导策略》的研究报告

宝鸡文理学院附属学校 安瑛

【摘要】小学语文前置性学习是一种全新的生本教育学习方式，是对传统预习教学方式的一种挑战。学生使用前置性微课，就能更有效地提高预习质量，为课堂教学预热；教师也能更加清晰地了解学生的学习起点，在准确把握学情的基础上展开教学，提高语文课堂教学的针对性。微课视域下的前置性学习指导模式和指导策略的研究，对于改变传统的课堂教学模式，引导学生进行深度学习有着十分重要的意义。《基于微课的小学语文前置性学习指导策略》课题，依托行动研究和案例研究，创建了"基于微课的小学语文前置性学习的指导策略"模型，总结提炼出了"四段·五读·七步"教学模式，这些教学模式、指导策略，简洁明了，便于操作。形成的微课资源能有效地指导课堂教学，为提高课堂教学效果提供了强有力的理念支撑及方法引领，具有一定的推广应用价值。

【关键词】前置性学习　微课　指导策略　学习策略

一、问题的提出

当下的小学语文教学，普遍存在教师对前置学习的意义认识不够，作业设计缺乏科学和理性，学生的负担加重导致学生学习语文的兴趣不浓，课堂上交流讨论时教师缺乏科学的引导，以至于学生的前置性学习成果不能够在课堂上合理地展示，导致课堂效率低下等问题。本课题在研究的过程中，运用科学的方法对这些问题加以整理和综合，分析问题产生的原因。引导教师对教材教法进行研究，科学合理化设计语文前置性作业。课堂采用板块式进行教学，侧重自主、合作和探究学习，以个人展示为主，充分体现教学中学生的主体地位，体现教学中"生本课堂"的教学理念，创建"以学定教""先学后教"的"四段·五读·七步"课堂教学模式。本课题的研究，旨在转变教师的教育教学理念，促进教学方式的改变，让深度学习有效发生，同时，在提高语文课堂教学质量的前提下，为其他学科的推广应用提供一定的借鉴和参考。

二、研究目标

通过本课题的研究，最终创建、总结提炼出微课视域下小学语文前置性学习的指导策略模型及课堂教学模式，为提高教学效果提供方法策略。创建小学语文前置性学习指导微课资源库，实现微课资源共享，为教师教学和学生学习提供素材。

三、研究内容

（一）基于微课的小学语文前置性学习指导策略研究。

（二）基于微课的小学语文前置性学习课堂教学模式研究。

四、理论依据

（一）生本教育。生本教育的首要原则就是"先学"。将教师的教改变为学习任务前置，教师运用科学有序的方法，指导学生完成学习任务。一改传统教学中教师掌控课堂节奏、安排课堂内容，学生被动接受的局面，要求教师必须尊重学生的需求，全面依靠学生。

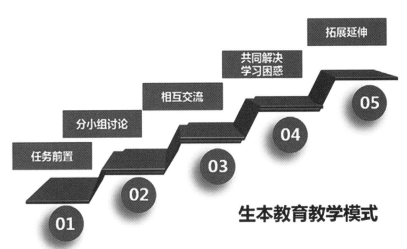

生本教育教学模式

生本教育理论。生本教育的教学模式包括五个步骤：任务前置、自主探究、相互交流、共同解决学习困惑以及拓展延伸。全新的课程改革，应在生本理念的引领下，打破传统观念的束缚，用全新的教改理念规范自己的课堂教学，努力使自己成为学生学习的参与者、陪伴者和引领者，帮助学生更好地提高语言文字综合运用能力，提升语文素养。在生本教育理念下，前置性作业必须能够对学生的先学有指导作用，能够通过"先学"内容的引领，将语文阅读引向纵深，能够诱发学生的深度思考，引导学生去探索语言表达的规律，在获取知识的同时，掌握一定的语言表达技能，养成良好的语文学习素养，培养学生的语文思维能力。

（二）有意义学习理论。奥苏贝尔根据学习材料与学习者认知结构中已有知识的关系，将学习分为机械学习和有意义学习。他认为有意义学习是指符号所代表的新知识与学习者认知结构中已有的适当概念建立非人为的、实质性联系的过程。在语文教学中，依靠学生自我探究、发现问题、解决问题，引导学生在自我探究中发现新知识，这样的知识才是有意义的、根深蒂固的。实现学生理解和发现新知识的重要条件就是学生已有的认知结构必须使核心知识产生迁移。

五、研究方法、对象和范围

本课题的研究主要采用调查研究法、行动研究法和文献研究法，辅以经验总结法、教学实践研究和调查问卷。

（一）研究方法

1. 调查研究法：采用问卷调查和访谈调查，制定问卷调查表，分析学情：依据小学三个不同学段学生不同的学习特点、生理特点，设计适合学情的问卷调查表，便于根据学生的学情，确定子课题研究方向。研制高质量的参研教师问卷调查表，便于教师根据自己的实际情况、对课题的认知程度，完成子课题的设计、指导及教学任务。

2. 行动研究法：将研究制订的实施方案贯彻落实到具体的综合实践教学工作中去，有计划、有步骤地在教学工作中开展。行动研究的步骤是"计划—行动—观察—反省"。参与课题研究的人员，根据行动研究的基本步骤，反复实践，分析研判在实践过程中所取得的成就，及时发现实践中出现的问题；主持人根据各个子课题研究的翔实数据和研究结论，及时调整研究方向，开始下一阶段的修正研究计划，即"重新计划—行动—观察—反省"，力争实现课题研究的目标。

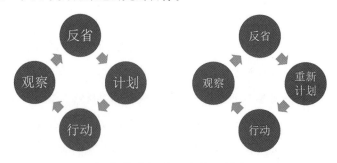

凯米斯的行动研究循环模式

3. 经验总结法：分阶段收集和总结研究过程中的数据资料，进行深入分析、归纳和整理，建立小学语文前置性学习指导微课资源库及教学设计集。

4. 文献研究法：文献检索是科学研究工作中一个重要的步骤，它贯穿研究的全部过程。从选择课题到初步论证课题、制订研究计划，收集、整理和分析研究资料，再到最终形成研究报告，都离不开有关课题文献的检索和利用。笔者身处宝鸡文理学院附属学校，借助学院强大的科研环境，通过中国知网（http：//www.cnki.net/）、万方数据知识服务平台（http：//g.wanfangdata.com.cn/）、人大复印资料系列数据库（http：//ipub.zlzx.org/）等网络平台，对课题相关文献资料进行了详细的分析鉴别、归纳整理，为本课题研究成果的形成指明了方向。

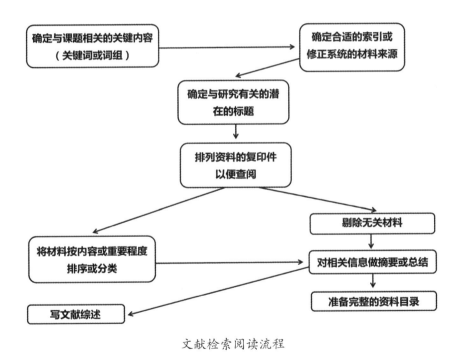

文献检索阅读流程

（二）课题研究的对象

在宝鸡文理学院附属学校进行基于微课的前置性学习指导策略模型创建研究，在渭滨区清姜小学、渭滨区航天小学、渭滨区石鼓小学和经二

路小学分别进行基于微课的前置性学习教学模式创建研究。（均为统编教材）

（三）概念界定

1. 微课的内涵：微课是传统课堂学习的拓展性资源，作为一种教育技术，是为了在快节奏、碎片化的学习时代满足学生的学习需求。

2. 前置性学习：前置性学习是生本教育理念的另外一种呈现形式，它指的是教师在向学生讲授新课内容之前，让学生先根据自己的知识水平和生活经验所进行的尝试性学习。

3. 前置性学习的内涵：前置性学习是一种研究性学习，无论是在时间还是内容上，都更具有灵活性和趣味性，学习动力也更具主动性。前置性学习是在预习的基础上衍生出来的一种互联网背景下的新型学习模式。

六、研究的思路、过程与基本做法

（一）思路与方法

1. 研究思路：

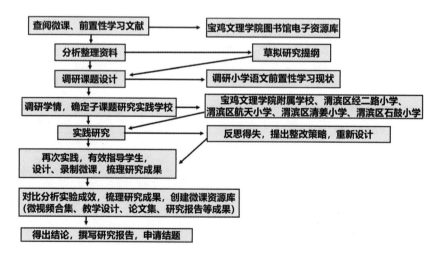

研究思路流程

2. 运用行动研究法，进行微课视域下的前置性学习设计及课堂教学实践、观察和反思，检验教学方式的实效性，查看问题的解决程度。对教学方式在应用中出现的问题及不妥之处，进行再修改，再实践，反复循环，直至问题彻底解决。通过问题的解决，寻找一个相对稳定的、具有典型性的前置性学习指导策略或流程。

3. 反思基于微课的小学语文前置性学习指导策略在课堂教学中的应用，写出有一定应用价值和借鉴价值的教学案例，以方法指导案例，以案例支撑方法。

（二）过程与做法

本课题研究分四个阶段进行：前期准备阶段、个案阶段、中期反思阶段和结题验收阶段，历时2年。

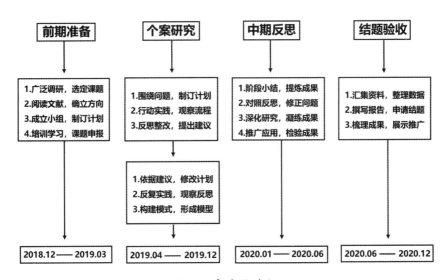

课题研究阶段进程

（三）具体实施过程

第一阶段：准备工作阶段。（2018年12月—2019年3月）

1. 广泛调研，选定课题。

2．搜集资料，大量阅读文献资料，确立研究方向。

3．成立课题小组，制订研究计划。

4．组织课题申报。

第二阶段：个案研究阶段。（2019年4月—2019年12月）

1．组织开题会。

2．培训课题组成员。

3．开展课题研究。①调查学生阅读现状，整理分析调查资料；②分解子课题，进行研究实践；③定期集中研讨；④观摩教学；⑤专题辅导，问题诊断；⑥运用行动研究法，进行微课视域下的前置性学习指导，检验其在课堂教学中的应用，查找优劣，修正研究思路，调整教学方式。

第三阶段：课题研究中期评估阶段。（2020年1月—2020年6月）

1．中期评估，进行阶段性总结与成果展示，推动课题持续深入开展。

2．对照研究目标与中期成果，查找薄弱环节，开展有重点的深化研究。

3．深化研究，凝练成果。将已形成的方法、案例应用于本校新一届学生及教师中，进行验证和推广，以检验前置性学习教学模式及前置性学习指导策略在课堂实践中的实效性，以及提炼的案例的典型性。

4．推广应用，检验成果。将研究成果在学校进行验证和推广，探寻教学应用方法的适用范围。

第四阶段：总结验收阶段。（2020年6月—2020年12月）

1．汇集资料，整理课题研究的过程性资料。

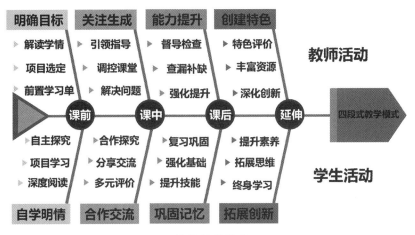

四段式教学模式

2．撰写研究报告，申报结题。对照方案，围绕课题，回顾研究进程，查缺补漏，撰写结题报告。

3．展示和推广研究成果。整理微课资源库，借助互联网、陕西省教育厅名师资源网站、宝鸡市教育云平台等网络空间进行推广，为广大师生提供丰富的资源共享空间。

七、课题研究的结果与分析

（一）提炼出了"基于微课的前置性学习"在小学语文教学中的"四段·五读·七步"教学模式。

通过反复实践，我们形成了基于微课的小学语文前置性学习指导模式"四段教学法"，引导教师按照"四段教学法"（课前—课中—课后—延伸）教学模式，在课堂教学中积极实践，提升课堂教学的有效性，力求达到高效教学的效果。其方法为：

1．课前——微课视域下的"五读七步法"学习方式。

前置性学习通常在课前进行，在自媒体环境下，通过。多种方法，引导学生积极思考。在此，我们采用"五读七步法"学习方式，对前置性学习做了系统化的实践探究，将学生的阅读由认知性阅读向深度阅读引领，旨在拓展创造性思维活动的张力，增强能力，发展智力。

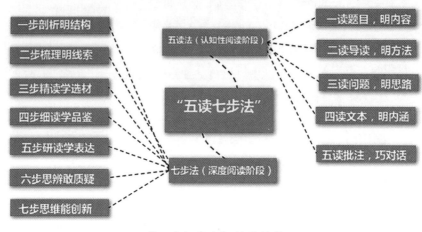

"五读七步法"阅读模式

（1）五读法（认知性阅读阶段）：

一、读题目，明内容。标题是文章的眼睛，往往具有很强的表现力。有的标题本身就是对文章中心和主要内容的提示和概括。引导学生抓住题眼，即题目中的关键词，来猜想文本可能要表达的主要内容。二、读导读，明方法。抓住单元导读中本单元语文要素的具体要求，结合"语文天地"中交流平台的阅读提示，尝试解析本单元的语言表达方式，为掌握阅读思路做好技术铺垫。三、读问题，明思路。即带着课后问题，有目的地进行多种形式的阅读体验。记叙文往往都要采用恰当的记叙顺序，而叙事性记叙文对记叙顺序的要求则更为严格。因为事情总是一步步向前发展的，叙事也就必须依序而写、环环相扣。通过带着问题默读浏览全文，了解全文大意，把握文章采用的记叙顺序（是顺序、倒叙还是插叙、补叙），这对于理清文本思路十分重要。四、读文本，明内涵。即在精读、赏读中，体会本单元人文要素在字里行间的情感体现，创建文本对话体系。五、读批注，巧对话。运用已有的阅读策略学习，对一篇文章进行深度阅读，以摘录式笔记、批注式学习、思维导图等多种形式的阅读体验综合运用为主，引导学生在问题处写出自己的分析、体会，在感动处写出自己的阅读感受，借助摘录笔记积累优美词句。

本环节为认知性阅读阶段，即初读感知环节。学生能够借助工具书、互联网等平台自读自悟，能够正音辨识生字，根据文意推断词义，无障碍通读全文；能用自己的话简洁明了地复述文本大意或故事梗概；能够准确梳理文本的结构层次，并简要概括段落大意；能够借助课文注释或自备的教学辅导资料回答问题，背诵或者默写精彩段落甚至全文。

（2）七步法（深度阅读阶段）：

七步法的第一步是剖析文本明结构。在通读全文、理清要素的基础上，探究文本结构，分析作者是从整体到局部，还是从局部到整体来结构文章的，即文本是采用"总写—分写—总写"或者"先总后分"抑或是"先分后总"中的哪种结构。辨析文本结构有利于立体理解文本内涵。

第二步梳理明线索。不管是写一件事还是写几件事，总免不了要出现频繁的时间推移和地点变化。为了把不同的时间、地点所发生的事连接起来，就必须确定一条能贯穿全文的线索。在阅读叙事文时，如果能抓住文章的线索，就容易理清文章的记叙脉络。一般来说，叙事文的线索有以下几种：一是以"我"作为叙事线索，即在叙事中采用第一人称的写法，用"我"的所见所闻所感和所忆来贯穿全文。二是以感情作为叙事线索。人的感情可谓多种多样，但一篇文章总是有感情线索贯穿始终，而这种感情也会随情节的发展变化而变化。三是以某物为叙事线索。而写景类文本的线索则通常按照时间顺序、空间顺序，以及作者的行踪（观察点）变化来安排。

第三步精读学选材。叙事文往往通过一件或者几件完整的事情来表现中心思想。在叙述的过程中，作者的写作目的一般都隐含在叙事的字里行间，通常通过对事情发展过程的具体叙述来反映中心，而不是借助直白的语句来表达。阅读文本时，我们要引导学生绕到文字的背后，去探究作者的创作意图，了解文字背后的秘密。写景类的文章除明确作者所描写的景物以及景物的特征之外，还应掌握写景文章寓情于景、情景交融的特点来组织材料。

第四步细读学品鉴。品鉴顾名思义就是欣赏鉴定，对一篇文章的欣赏除对文本内容的解读之外，更多的是通过有感情地朗读来激活语言文字的艺术美、文化美，感悟文本的趣味性，还原文字的真实情感，学习作者布局谋篇的技巧，欣赏作者遣词造句的语言艺术，用心触摸语言文字的温度，从艺术的视角，升华作者的情感。

第五步研读学表达。紧扣单元语文要素的落实，借助深度学习单，通过学习场景和情节、了解故事和主题、分析写作手法和文本结构、读懂人物等多种方法完成文本的深度学习，扎实掌握小学生必备的阅读能力：学会定位作品中的核心信息，总结作品的中心思想，概括段落大意；通过作者的描写，学生能将看到的、听到的、闻到的、尝到的在脑海中形成画面；能将正在阅读的作品与自己的生活建立联系，提高共情能力，完善知识体系。无论哪一类文章，阅读时都需要善于抓住文本详写的重点段落和语句，并对其进行认真的分析和思考，从而深刻、正确地理解文本，真正体会作者的写作意图，从中学习作者在创作时所采用的写作方法和技巧，从而学会写法的迁移运用。

第六步思辨敢质疑。质疑是学生必备的基本阅读能力，常言说"学贵质疑"，鼓励学生边读边思考边提问，尝试在文章中找到自己的答案。当文章的内容信息不能直接回答学生所提出的问题时，教师需要引导学生结合自己已有的知识或者做调研来获得自己想得到的答案，格物致知的探究精神是需要从小根植于学生思维深处的。

第七步思维能创新。课堂教学中通过思辨性阅读方式，巧设情境、质疑激思等丰富多样的课堂教学情境，发展与提升学生的语文思维。以此构建语文教学多元化、生活化、系统化、科学化乃至个性化的思维模式，彰显语文学科工具性与人文性一体化的特点，突出语文学科核心素养的基本特质和生命内涵。教学中应注重对教材内容的深入挖掘与审美鉴赏，更多关注学习主体的全面提升与终身发展，强化培养学生的语文思维与语文运用能力，从而有效建构创新型语文思维方式。

本环节为深度阅读阶段，引导学生抓住文章的线索，理清思路，分析文章结构，品鉴蕴含在文本语言中的情感意蕴，品鉴语句的深层意蕴。通过想象、联想、判断、推理、概括等思维活动把握阅读文本的丰富内蕴、写作手法、艺术风格等；同时将学生的思维引向纵深，在构架立体对话模式的前提下，会思辨、敢质疑，透过文本表达的内涵，将学生的思维引向"怀疑、批判、独见"三个思维制高点，即引导学生自己发现问题，多角度思考问题，尝试自己解决问题，让问题意识引领思维意识。

2. 课中——交流分享，多元评价。

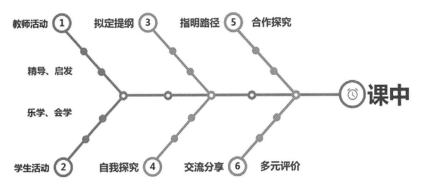

课中师生分享交流评价策略

交流分享，多元评价是课堂教学的最重要阶段，由教师的"拟定提纲、指明路径、合作探究"和学生的"自我探究、交流分享、多元评价"合作完成，突出体现了教师"精导"和学生的"乐学、会学"。

3. 课后——巩固记忆。

巩固记忆是学生获取知识、掌握学法、形成技能的一个重要环节，同时又是运用知识、发展思维的重要阶段，可以提高学生的分析综合能力。

4. 延伸——拓展创新。

拓展创新是在片段教学或一课教学之后，教师根据教材特点抓住教材中的知识点，挖掘教材中蕴含的创新素材，对学生进行创新能力的培养。每一项"创新能力题"的设计不仅要与教材挂钩，还要依据每一学习小组的实际知识水平设计这一环节的练习，主要是拓展性练习。比如深度阅读单就是课后拓展阅读，训练思维，引领学生的思维与文本对话的一个必不可少的支架。

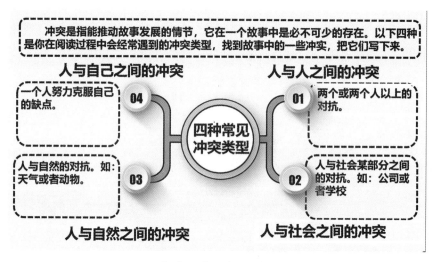

冲突是指能推动故事发展的情节，它在一个故事中是必不可少的存在。以下四种是你在阅读过程中会经常遇到的冲突类型，找到故事中的一些冲实，把它们写下来。

人与自己之间的冲突
04 一个人努力克服自己的缺点。

人与人之间的冲突
01 两个或两个人以上的对抗。

四种常见冲突类型

人与自然之间的冲突
03 人与自然的对抗。如：天气或者动物。

人与社会之间的冲突
02 人与社会某部分之间的对抗。如：公司或者学校

深度学习单摸清矛盾冲突

（二）创建了基于微课的小学语文前置性学习指导策略模型。

基于微课的小学语文前置性学习指导策略"四二四"模型的创建，为学生探索未知、提升阅读与写作能力、提升综合素养提供了翔实的理论支撑与实践范例，形成了一整套拿来就可以尝试的前置性阅读学习方略，深受一线教师的欢迎。

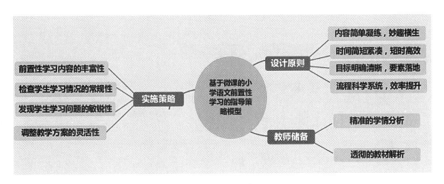

"四二四"指导策略模型

1. 微课在小学语文前置性学习中应用的四个设计原则。

（1）内容简单凝练，妙趣横生。根据不同学段学生注意力集中的时间以及学习任务的不同，尊重小学生身心发展的规律，科学地设计微课学习内容及学习时间。比如以《四季之美》为例引导学生从阅读方法入手，学习写景散文的前置性学习内容：

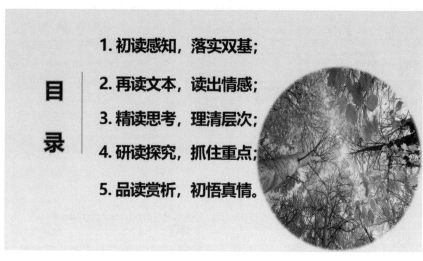

前置性学习样例

（2）时间简短紧凑，短时高效。微课的设计应在听说读写练的基础上，合理分配时间，使得言语思维在一个良性循环的轨道上缓缓而行、踏地而行。因此，老师设计的前置性学习的持续时间尽量不要超过10分钟。利用微课平台进行小学语文前置性学习，学生观看微课的时间尽量不超过10分钟，看完微课完成作业的时间最好控制在15分钟以内。

（3）目标明确清晰，要素落地。根据单元导读、课标三维目标的要求，针对每节课设计出本节课语文要素、人文要素的达成目标，有了明确的教学目标，这堂课才有一个清晰的方向。

（4）流程科学系统，效率提升。学习流程是短时高效完成前置性学习的关键所在。以使用"深度阅读学习单"的系列微课设计为例：

深度学习单使用流程

微课内容一般包括学习方法引领、内容浅析、问题提出、完成学习单等环节，老师根据课程内容和特点安排前置性学习的流程，让学生按照科学有序的引导进行学习。这样学习会更有利于学生找出自己的问题，加深师生之间的互动。

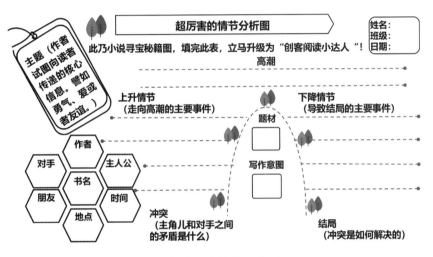

深度学习单情节分析图

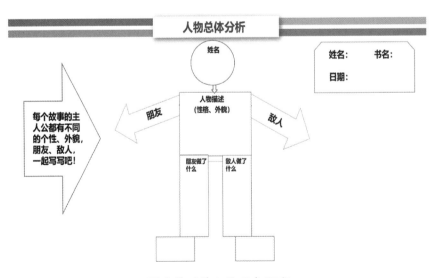

深度学习单人物形象探究

2. 教师前期需要完成的两项工作

（1）精准的学情分析。精准分析学情，是完成微课设计的前提。

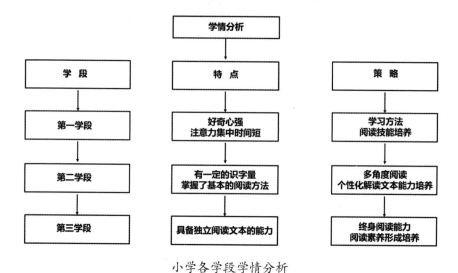

小学各学段学情分析

第一学段的学生重点在培养他们的倾听能力、观察能力和朗读能力。微课的设计应凸显趣味性、技能性，主要是学习方法、阅读技能的培养。第二学段的学生，已经掌握了一定的学习技能，拥有了一定的识字量，能够运用默读、诵读、朗读等基本阅读方法。这一阶段设计的前置性学习微课，旨在引导学生学会独立阅读，多角度解读文本。第三学段的学生已经具备了独立解读文本的能力，这一阶段的前置性学习微课设计，应该更趋向于不同文体的阅读方法、语言表达方法的探究等阅读策略的培养方面，更趋于理性，并且关注扩大知识面、拓展阅读视野的训练。在趣味性与知识性、技能性相结合的视域内完成独立阅读的任务，从而培养终身阅读、终身学习的好习惯。

（2）透彻的教材解析。全面、多维、深层次解读教材，是设计好微课的前提。教师需要具备深刻的洞察力，能够对文本的内容、语言表达方式、作者的创作背景以及表达的情感等诸多因素，有高屋建瓴的认知，才能够以课文为例子，引领学生在课文中走一个来回，涵泳文字的内涵，触摸语言文字的温度，才能有的放矢地选取教学内容，完成"教什么"的目标；而后再综合学段特点、单元人文要素和语文要素以及学情，设定教学目标，选择教学方法，完成"怎么教"的任务。而"为什么教""教到什么程度"需遵循因材施教的原则，智慧调控课堂。

3. 以学生为主体的四个实施策略

（1）前置性学习内容的丰富性。前置性学习的内容大致包括三个部分：观看微课、完成练习、互帮互助。前置性学习任务单中需要明确的是要求学习什么，从语文知识到学习技能到创新思维，内容丰富饱满，针对相应的单元课程，学生需要在学习内容的引领下，从认知性思维向创新性思维慢慢过渡。

（2）检查学生学习情况的常规性。学生的前置性学习是课堂教学一项非常重要的环节。检查的方式是多元的，可以通过课前同桌检查、抽查、作业打卡等方式，掌握不同层级的学生前置性学习的状况，便于及时调整课堂教学目标方向，把控课堂教学节奏；可以通过班级博客、微信群、黑板上的留言了解学生前置性学习中存在的问题和困惑，有利于有的放矢地突破课堂教学的重难点。

（3）发现学生学习问题的敏锐性。通过检查学生完成的前置性学习结果，可以观察学生是否认真完成观看微课、完成前置性作业，以及学生对哪些知识比较感兴趣，优化前置性学习设计。在检查前置性学习的时候，老师要能够敏锐地发现学生作业中存在的问题，并且能够准确地给问题分类，从而有针对性地调整课堂教学思路。

（4）调整教学方案的灵活性。通过前置性学习，学生对第二天课堂教学的内容已经有了一定的了解和掌握。在课堂教学过程中，教师可以通过学生的分享交流，掌握哪些知识点是学生在前置性学习时尚未掌握的，哪些问题思考的角度尚且有所偏颇，哪些语言表达方式理解不到位，哪些是绝大多数学生已经掌握的内容，等等，及时对课堂节奏做出调整，有针对性地解决课堂教学中出现的问题，因材施教，有的放矢。

（三）通过课题研究，不仅实现了教学方式和学习方法的转变，更重要的是引发了学生思维方式的转变。

1. "四段式五读七步法"学习方式，是一种全新的生本教育学习方式，是对传统预习教学方式的一种挑战。学生使用前置性微课，就能更有效地提高预习质量，为课堂教学预热；教师也能更加清晰地了解学生的学习起点，在准确把握学情的基础上展开教学，提高语文课堂教学的针对性。本课题充分发挥自媒体环境下前置性学习的优势，微课资源的灵活性、自主性、丰富性、趣味性得以充分发挥，最大限度地为学生营造自主探究、独立学习的氛围。

师生课堂双边活动活跃情况统计表（人次/节）

学生发言次数	前置性学习前	前置性学习中	前置性学习后
周次	第 12 周	第 13 周	第 16 周
周一	5	8	9
周二	4	8	7
周三	6	6	8
周四	3	6	7
周五	5	7	7
合计	23	35	38

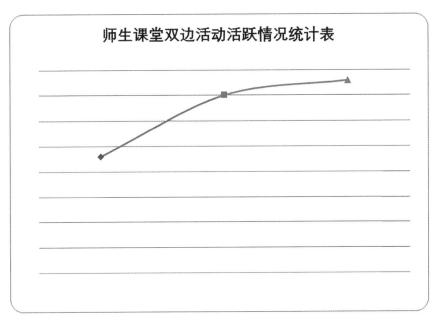

师生课堂双边活动活跃情况统计表

　　从上图分析看，课堂上学生参与课堂教学活动的概率大大提高。在生生互动、师生互动中，学生的思维方式发生了根本性的改变，从简单的认知性思维逐渐向启发理解性阅读思维迈进。随着学生阅读理解能力的不断提升，他们已经不满足于只是完成读顺、读懂文本之基本任务，阅读思维不是停留在文字表面，而是开启了个性化阅读品鉴，敢于质疑问难，善于发现问题，并能根据文本提出许多有价值的问题，并尝试创造性地解决。

　　2. 微课是一种重要的教学资源，也是一种重要的教学手段。能够聚焦语文学习中的一个知识点，能够将单个资源进行有效整合，能够突破传统教学的时空限制，具有灵活、多元、自主的特性；教师是学习活动的组织者和引导者，语文教学是在师生平等对话的过程中进行的。虽然微课不可能替代教师的指导，不可能替代课堂教学，但是对促进学生个性化学习和移动学习，对提高教师素养和课堂教学效率有着极其重要的作用。

　　3. 小学语文前置性学习教学是小学语文各个学段中的教学重点，将其制作为微课，已成潮流。微课作为一种媒介或者桥梁，将小学语文前置性学习与课堂教学进行无缝对接，激发了学生自主学习的意识，增强了学生自主学习的能力，扩大了学生自主学习的时空，打破了传统语文教学中学生"等老师教了再学""课堂学了回家练"的依赖思想和被动学习状态。

学生学习情况变化统计表

	前置性学习前	前置性学习中	前置性学习后
阅读速度	70～100字/分钟	80～120字/分钟	100～300字/分钟
背诵诗文	5篇	15篇	25篇
最大阅读量	每学年3万字	每学年10万字	每学年20万字
词句积累量	每学期1000字	每学期3000字	每学期3000～5000字

学生作文字数变化统计表（47人）

人数	前置性学习前	前置性学习中	前置性学习后
周次	第12周	第13周	第16周
300字以内	5	5	4
300～400字	18	16	14
400～500字	12	11	12
500～600字	8	7	9
600字以上	4	8	8

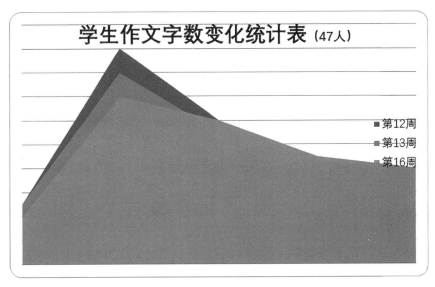

学生作文字数变化统计表（47人）

　　基于学生层面的分析研判，发现参与实践的学生的学习品质、个人阅读素养都有了很大的改善。参与实践前：不预习或少预习，被动完成作业；上课不回答问题；不提问；课后不完成作业；阅读理解能力差；阅读速度慢，每分钟70至100字；每学期背诵优秀诗文5篇，课外阅读量每学年3万字，优美词句积累每学期1000字，写作能力弱。

　　参与实践中：50%的学生完成前置性学习作业，40%偶尔完成；上课部分学生参与活动，积极发言；能针对内容提出问题；70%完成课后作业；阅读能力有所提升；阅读速度较前提高为每分钟80至120字；每学年背诵优秀诗文15篇，课外阅读量每学年10万字，优美词句积累量每学期3000字，写作能力逐渐提高。

　　参与实践后：80%的学生认真完成前置性学习作业，20%完成不认真；上课90%积极发言；能大胆质疑；95%完成课后作业；阅读能力高于同年级学生；阅读速度较前提高，为每分钟100至300字；每学年背诵优秀诗文25篇，课外阅读量每学年20万字，优美词句积累量每学期3000到5000

字，写作能力大大提升。

（四）通过课题研究，形成了"业务主管单位牵头，省级名师工作室搭建平台，大学做后盾，名师工作室子团队参与"的研究模式。

本次课题研究，我们采用区电教中心牵头，依托宝鸡文理学院强大的科研后盾，借助陕西省安瑛名师工作室、陕西省安瑛特级教师工作室的平台，名师工作室子团队积极参与研究的形式开展课题研究工作，收到了意想不到的效果。该研究模式具有以下明显的优势：

1. 科研环境。我校依托大学得天独厚的办学条件，率先在宝鸡市实现了首家交互式电子白板教学，先进的教学设备、一流的教师队伍，在学院教育系的专家教授的支持下，教育教学等教研活动开展得有声有色，《注音识字提前读写》《经典诵读》《演讲与主持》《有效教学的探讨与研究》等校本教研课程的开发，在全市校本教研课题研发成果展示中获得一致好评。

2. 资料设备保障。课题业务主持人有独立的课题经费保障，加之宝鸡文理学院拥有丰富的教师教育类的图书和杂志，图书馆电子资源库等都能保障本课题的资料需要，科研设备齐全，笔记本电脑、互联网、打印机，科学的指导，高清录播教室，为研究工作的开展、研究成果的制作及推广提供保障。

3. 导师团队经验丰富。宝鸡文理学院有许多经验丰富的专家教授，为校本研修提供了科学的指导。本课题在课题立项之初，就聘请了原宝鸡文理学院中文系教授、研究生导师党天正，原历史系主任何志虎教授，陕西宝鸡高级职业技术学院原图书馆馆长王发平副教授担任课题导师，全程对课题进行专业性的指导，为课题研究的顺利开展提供了强有力的支撑。

4. 借助名师工作室平台。陕西省小学语文安瑛名师工作室、安瑛特级教师工作室是陕西省教育厅、陕西省人力资源和社会保障厅在2018年3月批准组建的，经过遴选吸纳了渭滨区教学名师经二路小学张苗力团队、渭滨区教学名师清姜小学邹玉翠团队、渭滨区教学名师航天小学孟茜团队为本次课题研究的子团队。在渭滨区电教中心的统一指挥和协调下，陕西省安瑛名师工作室为课题交流、成果推广、跨区域教研提供了交流平台。从组建科研团队到课题结题，先后组织了四次集中培训，多次为参研团队送教、送培进课堂，引领参研团队对前置性学习的设计、使用及教学效果进行科学评估，及时矫正，使得课题研究能够顺利进行。

（五）通过课题研究，建设了一支能上课、善教研、敢创新的科研型教师队伍，推动了课题研究的深入开展。

通过讲座、示范引领的方式，培养教师的职业信仰，为青年教师制订适合其中长期发展的读书计划，从教育教学理念的引领到课题研究的实操性指导，培养出了一支能上课、善教研、敢创新的科研型教师队伍。

能上课：用科学的方法，引领参研教师，以课题研究的子课题为核心，在课堂实践中发现课题研究中存在的问题，有针对性地解决问题，做到"脑中有纲""目中有人""手中有法""心中有本"。善教研：构建了"教学研"三位一体的学习共同体。通过"走出去""领进来""扶梯子""搭台子"的方式，为前置性学习的课例研究搭建交流平台，结对帮扶，优势互补，取长补短，培养青年教师的问题意识，能够在课堂教学中发现问题、解决问题，在观课议课听评课中不断历练，提升自己的教育教学能力。敢创新：敢于推陈出新，与时俱进，用先进的理念指导自己的教育教学实践，实现课堂改革的自我突围，打造精品课，创建品牌团队。

本课题初步形成了小学语文前置性学习指导的微课精品课程资源库。其中12节关于学习技能及特殊文体前置性学习的微课课件设计、录制成品及教学设计均已经录入完成，部分微课及教学设计成功入选陕西省微课资源库，56节与本项目研究相关联的微课均被陕西省名师资源库录用，在全省引起了一定的反响，为一线教师破译部编版教材教学密码提供了优质的范例。

　　课题学术主持人安瑛的五篇教学论文均收录于个人所著《例谈小学语文教学设计》中，论文的形成均与前置性学习的核心要素"朗读指导""笔记式阅读之批注式阅读"密切相关。笔者在长期的教学实践中，不断探索、研究，总结出了一系列适合本年段学生前置性学习的策略及方法，为学生探索未知、提升阅读与写作能力、提升综合素养提供了翔实的理论支撑与实践范例，形成了一整套拿来就可以尝试的前置性阅读学习方略，深受一线教师的欢迎。

　　通过课题研究，教师们的科研能力有了极大的提高，成果丰硕。

　　研究成员周红的论文《自媒体视域下的前置性学习指导策略》、曹海燕的论文《语文前置性学习设计例谈》均已在公开刊物上发表，邹玉翠的论文《科普类文本指导阅读的前置性学习》也在课题研讨会上做了交流。

　　研究报告《基于微课的小学语文前置性学习策略研究》已经完成，翔实的研究报告，详尽、丰硕的研究成果，微课资源库的不断扩充，都将为统编教材教学研究探索出一套行之有效的前置性学习的全新模式。

　　八、基于微课的小学语文前置性学习指导策略研究的建议及设想

　　（一）基于微课的小学语文前置性学习需要构建形式多样、容量巨大而又实用易用的资源体系，需要借助网络移动的可视化教育技术支撑，因而应在市级、县（区）级层面统一安排组织，聚集优势力量，避免资源重复，提高质量。

　　（二）本研究立足于一所学校的教学实践，由于本校教育生态环境欠佳，教师教改创新积极性不高，因此，此课题研究范围太窄，成果推广性较弱；师生调查问卷设计相对合理，但调查范围受限，所获得的数据分析不具备普遍性。目前微课在国内外教育教学中应用已经相当普遍，发展较为迅猛，但将微课与前置性学习相结合，仍然是一种全新的学习模式，需要我们一线教师在不断探索中，不断总结先进的实践经验，不断优化教学手段，为优化课堂教学模式不断探索，不断前行。

（三）教学策略、教学方法的研究要在先进的理论指导下，依托专家的帮助培训指导，在教学实践中进行反复探索和总结。小学教师任课量大，大多教师再学习、再提高时间有限，走出去的机会少之又少，研究效果明显受限。建议高校及教科院所专家能多走下来，在我们基层学校直接指导。

陕西省基础教育"十三五"教育技术研究规划课题研究成果
论文1：

浅议微课在前置性朗读教学中的应用

【摘要】微课教学为学生打造了一个具有浓郁学习氛围的平台，引导学生积极融入自主学习的环境中来，为学生打通课前一公里路程，实现微课的朗读指导与课堂上的朗读指导无缝对接，教师的点拨与学生的朗读训练巧妙地结合，真正提高学生朗读水平，丰富语言积累，形成良好的语感，夯实阅读基础，提升阅读品位。

【关键词】朗读教学　前置性学习　微课朗读技巧

前置性学习是"生本教育"理念的一种实践和体验，是方法策略的指导落实。微课视域下的前置性学习，更是在科技飞速发展的今天应运而生的一种自媒体终端的学习方式，它集微小、方便、简洁等特点于一身，可以随时随地播放、观看，亦可回看。微课的设计是指向"学"的研究，将方法的指导与习练进行科学、系统的设计、编排，为学生的自主探究学习提供了强有力的支持。

而朗读是一种口头语言艺术，将微课融入朗读指导更是一种朗读技巧的艺术再现。朗读教学既是传统的，又是创新的；既是感性的，又是技巧的。我们应该讲究朗读训练的技巧与方法，使朗读训练艺术化，让学生爱朗读、会朗读，完成对作品的再创造过程，从而提高学生的语文素养。因此，掌握朗读教学的基本技巧很重要。

一、精心设计，创设情境，引导学生读出文章情感

"感人之心，莫先乎情。"一切文学艺术，都是抒发一定情感的艺术活动。那究竟怎样才能读出情感呢？一方面要加强修养，培养良好的情感品质。另一方面要对作品进行认真的分析揣摩，达到真正的内化，构建立体的对话模型，让读者、作者、编者、主人公产生心灵的对话、情感的共鸣。在朗诵的时候，要有我就是作者的心理。也就是说，要把自己设想成作者的化身，自己就是抒情的主人，诗文中的话就是我要说的话，诗文中的情就是我要抒的情。全身心地投入，入情入境入理入心，正所谓情到之处意相随。

（一）深入了解诗文及作者的创作背景，体会文章与作者的真实情感，以便在朗读中准确再现作者的情感。如指导毛泽东的《贺新郎·别友》，首先将诗文创作的背景、毛泽东与爱妻杨开慧的故事动态呈现：1923年底，毛泽东接到中共中央通知，由长沙到上海再转广州，准备参加国民党第一次全国代表大会，此词系诗人离开长沙不久后写给杨开慧的。词的上阕把与爱妻离别时那种难舍难分、无限依恋的场面表现得淋漓尽致，凄切动人。毛泽东当年才三十岁，上有高堂老母，下有两个幼子，因革命需要又远行，更何况当年的那种环境，谁能预料"挥手从兹去"是生离还是死别呢？所以，在读"挥手从兹去。更哪堪凄然相向，苦情重诉"一句时，既要读出凄苦缠绵，又要读出伟人为了革命事业毅然决然与亲人分别而又不忍分别的矛盾心情。应用缓慢、思考、深情、矛盾、不忍分离的语调朗读这一句。而面对深明大义的妻子，毛泽东深感欣慰，从内心抒发了"算人间知己吾和汝"。所以，在指导朗读这一句时，应该引导学生把握杨开慧的性格特点，既要读出对爱人的挚爱、理解、支持，又要读出

坚定顽强的大爱情怀。词的下阕又回到离别的场景，东门外遍地白霜，头顶上半天残月，横塘四周呈现出一派肃杀悲凉的景象，衬托出一对青年夫妻的离情别绪。从词的尾句"重比翼，和云翥"还可以看出诗人热切期望着不久的将来夫妻团聚，比翼双飞，共同为革命做贡献。短短六个字，融入了诗人无限的深情和美好愿望。所以，下阕的指导应把握一个基调：肝肠寸断、大义凛然。语气应是难分难舍、坚定豪迈，对未来美好幸福生活充满无限憧憬和向往。微课讲解简明扼要，但教师创设情境，以《有情人终成眷属》为背景，声情并茂地范读，将学生带入当时那个战火纷飞的年代，这位马背上的诗人毛泽东与爱妻在革命年代所产生的伟大爱情，不禁令人荡气回肠、潸然泪下。学生自然也会在一次又一次的反复听读中，融入真情，升华情愫，体会语感。

（二）准确把握诗文的情感色彩，确立朗读基调。微课在确定"基调"这个专业名词的解读中，精心设计基调的类型，引导学生根据文本内容，选择、确定适合此类作品朗读的基调。基调是贯穿全篇作品的总的感情色彩和分量，也就是一篇作品主导的情感及其强度。

朗诵中要自始至终把握住基调。基调既要统一又要有变化。全篇的处理都要服从于这个总基调，但又不是从头到尾一个调，还要有变化，局部的变化又要服从这个总的基调，不能游离于基调外，要做到基调统一有变化。我们的很多文章，感情特别强烈，在朗读前，我让学生深入、具体、形象地感受文章的内容，使文章的人、事、物、理在学生的头脑中形成一个闭环式的思维链条，也使学生的思想感情与文章所表达的思想感情、作者的思想感情融合起来。如在朗读《丰碑》一课前，我们先让学生根据文本插图想象作品内容，用一段两分钟的微视频播放文本核心内容：在风雪交加的行军途中，一位红军的军需处长因衣服过于单薄被严寒冻死这样的感人事迹，表现了这位军需处长毫不利己、专门利人的高贵品质。从中可知《丰碑》的基调是庄严、悲痛的。同时，我还让学生明白文章的主人公是军需处长，而军需处长的高大形象在有关环境和对将军的描写中突显。因此，要让学生通过观察体会将军神态的变化，以及这些神态变化所体现的不同的思想感情。学生了解了文章思想内容后，在朗读时，就会特别注意朗读出将军神态变化时应有的语气、语调等。

又如《有的人》一文中对为人民服务的人的赞扬与对欺压百姓的人的憎恨，感情对比非常明显；《再见了，亲人》充分表达了朝鲜人民与中国人民志愿军之间的深情厚谊，写出了他们分别时的难舍难离……这些课文所要表达的情感，学生读了之后也能感受到，那么我们就可以在朗读之前奠定朗读时的感情基调，对文章有整体的把握，这样指导下的朗读是一体的，不会支离破碎。

二、指导学生分析人物形象，用声音再塑形象

诗歌、寓言、故事要用形象思维解读。这类文章的抒情不是干巴巴地直说，而总是要借助一定的景物，借景抒情，托物言志。丰富的想象、鲜明的人物形象是它们的重要特点之一。诗歌和寓言都讲究意境。

读出了文章的情感，又读出了文章的形象，也就读出了文章的意境。怎样才能读出形象呢？要展开想象，获得形象感受。想象力对朗读者来说是十分重要的，要充分发挥这种能力。当然，这种想象也不是漫无边际的任意想象，而是有条件的、受作品制约的，是一种再造想象。朗诵的时候，脑海里要"过电影"，依据人物的性格特点模仿、处理声音，能更好地把握文章感情，体会人物内心。通过自己的朗诵进行人物形象的再创造，不仅有情，而且有形，形神兼备，生动感人。如《狼和小羊》中的狼是凶恶的，一心要吃掉小羊，因此狼的话要读得声音粗重，要有一种恶狠狠的样子。小羊善良柔弱，声音就要低小，语气温柔，但因为急于分辩，速度又要略快一点儿。精选适合的背景音乐，辅以能表现文本主旨的精美图片，在微课动态环境下，教师配乐示范朗读，为学生营造贴合作品内容、符合人物形象、凸显人物特点的语言环境，对于学生把握朗读基调、

运用朗读技巧，会起到事半功倍的效果。

三、教会学生欣赏诗文的节奏美，读出诗文的艺术美

诗歌、散文的语言是最富有节奏感和音乐美的，朗诵的时候一定要注意。诗文的节奏主要体现在停顿、轻重和缓急上，平仄和押韵也有一定的影响。朱自清的《春》，这是一篇优美的散文，这类写景抒情的散文，指导时应把握好整篇文章的节奏。作者抓住了春天景物的主要特征，绘出了一幅幅动人的春景。文章处处充满着轻松、明快的气息，应带着欣喜的语气去读，语调上扬。整体节奏为轻快型，中间又有舒缓型交错，形成文章节奏回环往复的特点。如在教学"盼望着，盼望着，东风来了，春天的脚步近了"这一段时，以巴赫的钢琴曲《春》为背景，初春时绿草如茵、细雨蒙蒙、春风拂面等画面交替出现，使学生置身于春天的美景之中，产生身临其境之感。此刻，指导学生读出对春天到来的欣喜之情，读出人们在春景中尽情欢乐的情景，读出舒缓型节奏，为下文轻快型节奏做铺垫。

四、解放学生的手脚，激发学生朗读的体态语言表现

人们说话时，除声音之外，总还伴随着一定的体态来帮助表情达意。每个人的体态不尽相同，但人人都有。在朗读教学中，教师要善于调动学生的朗读兴趣，激发学生的朗读热情，解放他们的手脚，调动体态语言参与到朗读中。体态语言主要包括面部表情、手势和身体动作，这三个方面在朗诵中都会用到。面部表情是指在内心情感的作用下，面部五官所做出的喜怒哀乐等情态变化。朗读的体态语言最主要的是面部表情。手势是根据表情达意的需要，手胳臂所做的比画或摆动等动作。朗诵中根据表情达意的需要适当运用手势，可以更充分地表达作品的思想感情，同时，也可避免呆板，增强可视性。身体动作是指身体姿势和动作的变化，身体动作只有运用得体，才会起到锦上添花的效果。简单地说，就是要做到适度、自然、协调、优美，使人感到舒服愉悦。微课教学设计中，教师的站立姿势、朗读中体态语言的运用都应有极为专业、标准的示范，学生可以在家

里对着镜子反复练习。长此以往，既可塑造学生的形体美，也可极大地激发学生的朗读激情。

　　微课教学为学生打造了一个具有浓郁学习氛围的平台，引导学生积极融入自主学习的环境中来，打通课前一公里路程，实现微课的朗读指导与课堂上的朗读指导无缝对接，教师的点拨与学生的朗读训练巧妙地结合，真正提高学生朗读水平，丰富语言积累，形成良好的语感，夯实阅读基础，提升阅读品位。

　　论文2：

基于微课的第一学段绘本阅读指导方略

　　【摘要】将微课融入绘本阅读教学中，借助手机自媒体平台以微视频、音频等形式，以第一学段学生更容易接受、更为形象的方式呈现，通过各种形式的绘本阅读和正确规范的引导，激发学生的阅读兴趣，培养学生丰富联想和大胆想象的能力，提升学生的阅读素养；改变教师的绘本阅读教学理念，形成一套行之有效的可操作的绘本阅读教学策略，对于夯实绘本阅读教学的基础起着战略性作用。

　　【关键词】绘本　绘本阅读　微课

　　大卫·威斯纳在《图画书为什么重要》的序言中这样诠释绘本："图画书采用一种视觉语言讲故事，这种语言是丰富的、多层次的，尽管表面上常常会让人误以为简单，但表现手法实际上精致而复杂。"绘本这种看似简单却内涵丰富的作品值得每一位教师认真研读，科学施教，引领学生在绘本阅读过程中欣赏图画色彩的神奇，感受语言文字的魅力，体会情感表达的真善美。

在开展绘本阅读教学过程中，教师以微课为载体，借用学生喜闻乐见的微视频、抖音等自媒体手段，指导学生科学有效地开展绘本阅读。微课设计以兴趣点为导向，抓住一个点来突破，通过正确规范的引导，重在培养第一学段学生阅读绘本的兴趣，进行科学的口语表达技能训练，提高学生的阅读素养，科学引领学生从绘本阅读逐渐向桥梁书的阅读过渡。

一、创设情境，猜读元素，培养读书用脑好习惯

微课一般是指5到10分钟的微视频，教师在设计微课时，首先要精选，争取在有限的时间内，选准知识化、碎片化的突破点，将绘本阅读教学内容系列化呈现，以达到激发兴趣、思维创新的效果。

《大卫，不可以》就是一本非常受孩子们欢迎的图画书，作者及绘者大卫·香农（David Shannon）以自己小时候绘制的图画为蓝本，刻画出了一个捣蛋鬼式小男孩的形象。小男孩被绘制得很丑，一看就是一个不招人喜爱的捣蛋鬼：圆圆的大脑袋上，稀疏地长着几根头发；偌大的嘴巴，长着六颗凶巴巴的牙齿；三角形的鼻子，鼻孔朝上。随时随地都在惹祸，给妈妈制造麻烦。整本书都响彻着同一个声音，即"不可以"。这样的一本图画书，该怎样推介给孩子，使得妈妈和孩子都喜欢上它，并且从中读到作者的温情内涵呢？

猜读是最有效的方法之一了。精心选取热闹、欢快的背景音乐，将学生的思维引入一个时时处处都可能发生状况的情境中，绘本全书只有15句话，在一声高过一声、一句紧似一句的"大卫！不可以！"中，将一个把家里搞得乱七八糟、天翻地覆的顽皮捣蛋鬼推到了小读者面前，同时也把一个无奈、焦虑但温情包容的妈妈的形象推到了读者面前。此刻，引导学生在配乐朗读中，边听边猜：书名为什么叫作《大卫，不可以》？大卫是谁？作者是不是大卫自己呢？他长什么样？封面上这个长着圆圆的大脑袋、龇牙咧嘴、圆肚皮上裹着海军衫、手扶摇摇欲坠的鱼缸、脚下踩着一摞即将失去平衡的书籍的小男孩是大卫吗？"大卫！不可以！"的声音从

空中传来，不可以干什么？扉页上这个穿着一条绿裙子、脸被截掉、双手叉腰、左脚向上跷起的人，一定就是大卫的妈妈吧？她的表情是怎样的呢？淘气的大卫还会闯出什么祸呢？

引导孩子从书名开始畅想、猜测，到作者、封面、扉页、人物、事件、情节等诸多元素均在学生一系列的猜测中形成问题链，进而在后续的阅读中一一得到验证，无论猜想得对与错，学生都会在独立思考中获取一定的阅读体验感。

因此，在微课视域下，创设情境，练习猜读是大有益处的，主要表现为：首先，引领学生树立起正确的读书意识，用创造性的目光去研究分析知识，防止走马观花、囫囵吞枣；其次，打开书本后的猜测是用脑的开始，阅读、质疑、解惑、揭秘，使整个问题链在对比阅读中获得真知，锻炼了学生的创造力；最后，促使学生边读边思，读思结合，养成读书用脑的习惯。

二、策略指导，联想想象，培养语文思维能力

绘本中的图文是统一的不可分割的整体，它们打破传统图书中以文字为主、画面为辅的图文关系，图文是图书的命脉，图和文字都不是彼此的附属品，图和文都承担着各自叙事抒情、表情达意的作用。因此，绘本阅读不仅仅是阅读文字，了解故事梗概，进而明白一个道理；更重要的是在绘本阅读指导过程中借助画面，丰富学生的语言体验，促进他们想象力和理解力的发展，满足学生对文学的审美要求。

同样以《大卫，不可以》为例，这本书除书名页及最后一页外，整本书都是由跨页图画组成的，而所有的跨页画面都是满版，让读者和画面之间没有距离，同时，也为学生的联想和想象开拓了无限的空间。画面的内容与生活联系紧密，贴近儿童的认知心理。哪一个熊孩子没有过大卫这样的无所顾忌、翻江倒海的淘气？本书每一张跨页都是一个独立的个体，每一个场景都是一个新的开始。比如大卫从储物柜上取玩具、干净的客厅

留下一排泥巴脚印、浴缸里玩具开会、光着身子跑到大街上、铁锅铁铲疯狂敲击、随意玩耍食物、胡吃海喝、在房间里假扮超人不睡觉、玩具满地都是……

在微课设计时，引导学生根据画面内容展开丰富的联想和想象，在背景音乐的引导下，将一张张色彩饱满的图画展示在学生面前，引导学生根据画面内容，联系自己的生活实际，发散思维：为什么大卫会有这么多的奇思妙想？储物柜上的瓷器、布面的沙发、大卫被子上的图案、刀叉下的鸡腿、塞在鼻孔里的粗手指、大嘴巴里蹦跳的食物、大卫的玩具等都跟我们自己的生活有或多或少的联系。你的生活中有过类似的场景吗？当时你的妈妈是怎么说的？

训练学生的连贯性思维是这一绘本的另一特点。最后三页的内容有明显的连贯性，是训练学生连续性思维的良好素材。在进行微课设计时，将这三页的内容，平铺在一页幻灯片中，让学生根据画面内容想象：在客厅可能发生了一件什么事？结果怎么样？

故事情节的无限延展，让学生的思维在无拘无束中得以升华，进而与故事中的人物发生对话，走进主人公大卫的内心，揣摩大卫做这些事情时内心的真实想法。大卫的造型既像是用几何形体拼接的玩偶，又像孩子用稚嫩的笔触描绘的自画像。因此，人物就在每一个场景演绎中鲜活起来，与学生变得亲近，形成你中有我、我中有你的融洽关系。

妈妈的形象，更是为学生打开了一扇思维的窗户。全书中妈妈只在扉页和最后一页出现，每一次妈妈的脸都被截去了，但第一次突出了双手叉腰、左脚跷起的姿势，第二次凸显了妈妈环绕大卫的手臂、怀抱。通过这些元素，一个和蔼可亲、耐心包容的妈妈形象呼之欲出，同时，这些元素也为学生想象妈妈的表情、神态提供了思维工具。

微课设计中还选取了只有声音，没有图画内容的页面，整个背景是空白的，只有妈妈的声音"大卫！不可以！"在耳边回荡，引导学生在声音的引领下，回忆刚才看到过的画面，浅谈自己的感受。大卫是个怎样的孩子？你喜欢大卫的妈妈吗？你最想对大卫的妈妈说些什么？你最想对大卫说些什么？大卫这样做对吗？……

绘本是一种图文并茂的儿童文学形式，富有文学韵味的文字和内容丰富的图画构成一种独特的文学艺术表达方式。图画和文字这两个不同的符号系统相互阐释，互相补充，文字的讲述和图画的讲述在绘本里得到了完美的融合。教师应引导学生在绘本阅读过程中做到赏图读文相结合，在此基础上展开丰富的联想和大胆的想象，萌发无数种关于绘本故事的解读与延伸。学生的语文思维能力也在图画与文字相互阐释之间得以有效提升。

三、科学训练，浅显表达，根植阅读素养

图画为儿童提供了多元的想象空间，刺激儿童进行创造性思维和学习，运用自己已有的经验去解读图画，读出一个属于自己的独特故事。而文字部分又为儿童阅读和理解图画的故事提供了辅助，帮助儿童将文字的故事和图画讲述的故事联系起来，从而生成一个新的故事。

复述和转述是训练学生语言表达，进行二次创作的有力抓手。

复述在小学语文学习中有着极其重要的作用，它是学生对语言材料吸收存储、判断整理、内化表达的过程，有利于理解课文内容，有利于活跃思维，有利于内化积累和理解运用语言文字，有利于语言表达能力的提升。

在美国作家玛格丽特·怀兹·布朗（文）与克雷门·赫德（图）创作的《逃家小兔》一书中，"兔子妈妈和小兔子之间富于韵味的奇妙对话，构成了一个个诗意盎然的小故事"。对话体现的是语言的魅力，揭示的是文字表达的密码，师生合作分角色扮演，在绘声绘色的朗读中体会小兔的思维、心理、情绪、语言等的变化过程，感受母爱的包容与伟大。

《逃家小兔》的微课设计，更多的是关注文本语言的对话特点，引导学生在熟读、读熟的基础上进行复述。首先引导学生探寻本课的对话特点：朗朗上口的假设关系复句，便于学生模仿。"如果你来追我，"小兔子说，"我就要变成溪里的小鳟鱼，游得远远的。""如果你变成溪里的小鳟鱼，"妈妈说，"我就变成捕鱼的人去抓你。"……"如果……我就……"这样近乎口语化的表达，为学生模仿口语表达做好了言语铺垫。其次，引导学生在听读的基础上，能够读懂、读通顺长句子，学习断句、停顿，丰富语感。然后，在语感流畅、能够熟读成诵的基础上，借助图片和关键词（"小鳟鱼——捕鱼的人""大石头——爬山的人""小花朵——园丁""小鸟——树""小帆船——风""空中飞人——走钢索的人""小女孩——妈妈"），进行复述练习，还原故事的本真，体会小兔子与妈妈之间的情感纽带其实就是爱，无论小兔子走到海角天涯，妈妈的爱都在。

复述是一种完整的言语表达训练方式，绘本教学同样应该运用从阅读了解（理解）到复述的教学方法，即完成阅读理解—内化转换—口头讲述这个学习过程。了解、熟悉故事内容，理清顺序，是复述的前提；不熟悉内容顺序就能复述，是天方夜谭。因此，充分利用微视频组织引导做好"阅读理解"，通过朗读、提取关键词、梳理内容、理解品读长句子等的阅读学习，在熟读成诵的基础上，发展思维，培养语感，促进内化积累语言文字，为复述打下坚实的基础。

转述也是复述的一种，小学低段的说话、写话的转述训练，需要在一定的语境中完成，引导学生将文本的"原始信息"如阅读材料、图片或声音信息等，通过阅读或倾听等语言表达行为，对原始信息进行思考、加工和组织，并将自己加工的结果输出给接收者。

四、资源拓展，有效整合，夯实阅读基础

资源拓展，有效整合，夯实阅读基础是绘本拓展延伸的基本路径。

可以利用微课的动画功能，精挑细选，介绍不同类型的绘本，以引领学生走进绘本的大千世界。如从绘本的呈现方式推介，有立体和平面两种形式：《你千万别上当啊》是平面的，《中国弹起》是立体的；以内容为主线推介，如科普类《一粒种子的旅行》、神话类《日月潭的传说》、故事类《亚历山大和发条老鼠》、常识类《呼吸的空气》等；从画面与文字编排形式来推介，如无字绘本《流浪狗之歌》、多图少字绘本如《大卫，不可以》等等。

利用微视频推介，将一些对话简单明快、画面清晰、色彩饱满、故事情节曲折有趣、人物角色特色鲜明、适合表演的绘本推介给孩子们，让他们在熟读的前提下，依据微课的表演提示，与家人一起开展亲子阅读。可以一人扮演多个角色，也可以与爸爸妈妈合作，将故事中的人物、情节再现，达到语言的二次创作，为言语训练的延伸和拓展做好铺垫。如在读完《老鼠牙医》后，可引导学生在故事基础上结合自己的联想分组表演，使学生通过扮演"牙医"或"病人"揣摩角色特征和心理，从而加深对故事的理解。读完《逃家小兔》后，与妈妈一起表演小兔与妈妈的几次对话，体会语感，感悟母爱的伟大和崇高。

有的绘本在故事发展情节中或结尾处进行了留白处理，学生会觉得意犹未尽。教师可引导学生对这些留白处进行猜想、想象，并将自己的想法表达出来，锻炼其发散思维。教师还可以以小贴士的形式，把学生感兴趣的一些问题贴在绘本的扉页，为学生的阅读起到引领、启发的作用。

全国著名特级教师薛法根老师在《玩转绘本创意读写》序二《专业成长的第二通道》中这样写道："扎根于实践土壤的课程开发，才能绘出最美的画来。"在绘本阅读教学实践中，教师要善于通过听、说、读、写、问、议、欣赏、联想与想象等多种方式来引领学生体会作品的情感表达。只有恰当引领，学生才能深刻地体会绘本所表达的情感，在阅读中引起情感共鸣。只有教师做好引领，那些充满着人性之美、自然之美、主题之美、构思精巧之美、角色造型之美的绘本，才能让学生在阅读中内心愈渐充盈，人格不断健全。

论文3：

儿童诗朗读技巧撷谈

【摘要】朗读，也可以叫诵读，是指把文字语言转化为有声语言的活动。朗，是说朗读者声音的清澈、响亮；读则是指念书、念文章。课程标准对学生的朗读能力有明确的要求，能用普通话，通过"正确、流利、有感情地朗读"，在朗读中品味语言，体会作者及作品中的情感态度，学习用恰当的语气语调朗读，表现自己对作者及其作品情感态度的理解。学习朗读技巧，提高朗读能力，就是一个深入探究文化底蕴的过程，就是一个把握文化精髓、体会语感的过程。因此，朗读者发挥创造力和想象力，以桥梁和媒介的角色，将文字语言所不能抵达的意境，用声音再现，有声语言的审美价值、创新意义便不言而喻了。

【关键词】基调　重音　停连　朗读技能

朗读是语文老师的基本功之一。在课堂教学中，教师通过丰富多样的教学情境创设，指导学生掌握一定的朗读技巧，在把握基调的基础上，用停顿、连接、重音、语气、节奏等对文字进行艺术加工，以便从有声语言中准确、鲜明、生动、形象地体现出原文的基本精神，表达出作者原本的创作意图，水到渠成地完成读者、编者、作者三者之间的共情对话模式。一、二年级教材中，儿童诗的篇目较多，大多节奏鲜明、朗朗上口、韵味十足，深受儿童的喜爱。如何引领学生通过习练掌握一定的朗读技巧呢？笔者以柯岩的儿童诗《老树的故事》为例，撷谈儿童诗的朗读指导方法在课堂中的实施策略。

《老树的故事》四节文字都以儿童的口吻向老树提了三个问题：问老树的年龄，问栖息在老树身上的小鸟，小鸟的歌唱。最后还想知道老树爷爷所有的故事。问题层层递进，通过不断追问，表现了儿童的天真和强烈的好奇心、求知欲，表现了人与树、人与鸟、老树与小鸟彼此之间相互依存、和睦相处、自然相融的景象。

首先确定文章中的总体基调。基调是指作品的基本情调，是一篇作品"总的情感色彩和分量"。朗读时，必须准确把握作品的基调，在理解感受和语言表达的统一中，在情和声的和谐中，完美呈现作品的朗读基调。朗诵时或深沉坚定，或悲愤凝重，或喜悦明快，抑或豪放舒展，都属于基调范畴。朗诵之前，对基调精准拿捏是至关重要的，这对音色的调控、语气的变化等都有强烈的指向作用。每一篇作品的基调就是一个和谐完整的统一体，是作品中部分、层次、段落、语句中具体思想感情的总和。没有整体感悟，具体感容易支离破碎；没有具体感，整体感便会如水中浮萍，情感漂移，干涩乏力。就好像唱歌要有音调，绘画要有色调，说话应有腔调。"调"显形态、见个性、定分寸。儿童诗的朗诵，是语言的"歌唱"、声音的"绘画"、灵魂的"说话"；它源于文字，形成于音韵，没有乐谱，没有画布，没有量化的规定，情感的张弛、语意的开合，须听凭于基调的把控。作家写文章的时候，他的思想感情是通过文章的词汇语句表达出来的；而我们朗读的时候，思想感情又是通过我们的声音、气息表现出来的。我们在朗读的时候经常会说"以情带声""以生传情""要变声音先变状态"，其实都是说要仔细体会文章的思想感情，从而把握我们朗读的主动权。

"未成曲调先有情。"与唱歌一样，朗诵之前，首先得熟悉文本内容，渲染气氛，创设情境，引领学生走进美妙无比的大自然，诱发学生的好奇心和求知欲。我将整首诗的朗诵基调确定为愉悦、活泼，充满好奇与探究。上课伊始，伴随着欢快的音乐，创设朗读情境，引导质疑：你最想知道老树的什么故事？而后，呈现在学生面前的是黄山奇松、百年古树、枝繁叶茂的老树爷爷、晨光中树梢上引吭高歌的鸟儿、夕阳西下树冠上静谧远眺的鸟群……一下子就吸引住了孩子们的注意力，当学生沉浸在丰富的联想之中，将自己已有的认知线索进行重新整合的时候，老师声情并茂的配乐范读，又为学生开启了一扇联想和想象的闸门。

其次处理好停、连。停、连是朗读中的标点符号，是体现文本韵律美的关键所在。它解决词、词组、句子、段落、层次之间的疏密关系，使语意完整清晰，感情隐现得体。但是，只有语气贴切，停连的位置和时间准确才会有生命的活力。作品的有声表达气息再长，也难用"一气"来"呵成"全篇；读者的听觉接收能力再强，也难理解"连刀成块"的内容传达。于是就必然会产生朗诵者的呼吸换气、文章的句读标点，也就有了朗诵中停连运用的表达方式。朗诵创作中的停连活用，远非仅仅标明语法、点示逻辑，它是作品肌体的"神经系统"，往往牵筋而动骨。掌握怎样断连诗句、组织好语言意思的表达，对有声语言的表达作用是巨大的。而停连的错误也会造成语气的不当，将直接影响我们对诗句内容的理解，还会使原本简单的句子读破或者发生歧义，许多言外之意单靠标点符号是无法完全表达清楚的。这首诗的停顿，我是这样设计的：

"在你身上∧安过家，""和你▼谈过话？""所有的故事∧和童话。"

"在你身上安过家"一句的朗读，我引导学生在"在你身上"之后，留一个气口，似乎是在发问："有多少鸟儿在你身上，干过什么？"将这个句子用有声语言表达成一个设问句的形式；"和你"之后的停顿，主要是强调谈话对象是有所指的；"故事和童话"的停顿属于并列停顿，并列停连的朗读有利于形成抑扬顿挫的语言节奏。经过这样设计的文字也显得很规整，同时渗透着诗歌中丰富的童真童趣，完全符合儿童的认知规律和思维习惯。"所有"的"所"采用滑音处理，将孩子们充满好奇的期盼与向往提升到了一个制高点，孩子们迫切想知道隐藏在老树爷爷身上的全部故事和童话究竟是些什么。这样的朗读也为培养孩子的质疑能力奠定了坚实的基础，是诱发想象的技巧之一；而"有"的轻读，又为整个句子的舒展连贯做了很好的铺垫。

　　有时候无论是情感表达的需要还是语气强弱的处理，不仅要注意停顿，还得考虑连起来。如这首诗的连我是这样处理的：

　　在朗读"老树，老树"时，"老树，老树"之间的逗号就被取消了。"你有"一词，在朗读时，"有"应该调值处理为半音，轻读，与"你"连接紧密，目的是读出孩子心中的好奇、探究欲，想知道老树年龄的迫切心情。而"有"的轻读是读出这个句子探究意味的关键。

　　在处理"这些身穿礼服的音乐家"这一句时，重点知道"这些"一词的朗读，此时"些"我设计为轻读半音，调值不发完整，这样能够比较准确地读出疑问的急切心情。这么多鸟儿的突然出现，让孩子们的思维顿时活跃起来，儿童天生的好奇心促使他们无法抑制自己内心的喜悦和好奇，忍不住追问："老树，老树""告诉我吧，告诉我——"迫不及待想探究老树秘密的心情，让呼吸都显得急促了，对老树的呼唤和请求，一股脑儿地倾泻而出。

读好这两个地方的停顿、连接和重音，"告""所"两个字后面的滑音是关键。

老树，︵老树，
告诉我吧，︵告诉我——
所有的故事︿和童话。

因此，在朗读"老树，老树"时，逗号就被感情所淹没，自然取消了。"告诉我吧，告诉我——"这一句在朗读时，不仅仅让逗号消失，还得读出在老树面前撒娇的感觉，这样更能体现诗歌的韵律美，童真的无拘无束、天真可爱。"告诉我"这一句的"告"可以采用滑音，使得整个句子听起来像是一段老树爷爷跟小朋友妙趣横生的对话，抑或是心灵的对话、空灵的沟通和交流。一幅幅膝下承欢的图景在读者面前铺展开来，诱发联想。

重音是朗读中画龙点睛的一笔。它解决的是句子、段落中的主次问题，使语言的目的性、情感性、指向性更为明确，重点突出，强弱得体。但是，也只有在语气的带动下，重音才能凝神聚力，更有层次地表情达意，重音更是语言表达目的上的需要。我们知道，停连是朗读中常用的重要表达技巧，它可以起到分清结构、辨明语气、正确了解文意的作用。而重音同样也是一个重要的表达技巧。它们的区别在于：停连要解决的是作品内容结构上的分合，而重音要解决的是作品内容、词语关系的主次。重音的位置往往是多变的，不同的重音位置语气语调不同，可以强调出不同的意思。语意的千差万别都是通过重音的不同位置表现出来的。

例如，《老树的故事》这首诗歌在朗读指导时，我这样处理了重音：

在指导这两句诗的时候，我将重音安排在"这么""一百岁"，指导学生要读出惊奇、超乎想象、不可思议的语气来，这里"这么""一百岁"属于强调性重音的范畴，突出强调大的范围，时间的长度，"一百岁"对于第一学段的小朋友来说，是非常大、无限遥远的一个概念。因此，朗读时的语气语调、体态语言、表情神态等朗诵因素应积极调动起来，将一个充满好奇的孩子的形象呈现在大家面前。

　　这句话中"多少"设计为重音的理由是：鸟儿多得数都数不过来。由于认知水平有限，小朋友对家的概念很模糊，在他们的理解中，"家"就是爸爸妈妈和我的小世界，而你——老树，有数不清的鸟儿都在你身上安家，你该有多大、多茂盛啊！"你"是一种拟人修辞手法的运用，特别强调小朋友是把老树爷爷当成了好朋友，那种无拘无束的沟通、交流，让一个打破砂锅问到底的形象渐渐清晰起来。而"你"又是有所特指的，小朋友接连不断的发问都是指向老树的。

读好这两个地方的停顿、连接和重音，"告""所"两个字后面的滑音是关键。

老树，⌒老树，
告诉我吧，⌒告诉我——
所有的故事∧和童话。

这一小节中"音乐家""哪""歌"设计为重音，能清晰地感知到，小朋友的问题越来越多了，将他们认知世界里的鸟儿比喻成音乐家，并一步一步探究，他们从哪里来？唱的是什么歌曲？这种比喻、拟人相结合的修辞手法，为学生的联想和想象创造了无限的空间。这样处理重音使原本抽象的问题具象化了，使被比喻的鸟儿鲜明活脱、生动可感。

读好这两个地方的停顿、连接和重音，"告""所"两个字后面的滑音是关键。

老树，⌒老树，
告诉我吧，⌒告诉我——
所有的故事∧和童话。

这里用并列重音做了处理。关于停连的表现技巧，有一种并列停连。这一句，单纯用并列停连还不足以表达小朋友想知道答案的急迫心情，用两个并列的重音来突出并强调所有的、你所知道的一切故事和童话，这样，这句话中需要强调、突出的内容就越来越清晰了。

其实，任何一个文本的朗读技巧，都不是单一的，它是各种朗诵技巧综合利用、巧妙融合的结果，尤其在朗读诗歌时，将诗歌的音韵美、结构美、节律美、语言美有机组合，是一种艺术享受。充分利用新媒体资源，为学生的朗读提供强有力的技术支持与指导，让学生在课堂之外也能够学习和掌握朗读技巧，最终触类旁通，学会优雅的语言表达方式。

附：朗诵符号参照表

朗诵符号参考对照表

朗诵符号	名称	含义
∧	停顿符号	不论有无标点符号均可用，停顿的时间稍稍加长。
⌢	连接符号	用于有标点符号的地方，表示缩短停顿时间，连起来读。读的时候要连贯而迅速。
·	重读符号	表示重音，读的时候饱满有力。
∘	轻读符号	读的时候声音放慢、放低。
<	渐强符号	渐强读的时候声音逐渐增大、增强。
>	渐弱符号	渐弱读的时候声音逐渐变小、减弱。
↗	上扬符号	上扬音，表示由低平转为高昂。
↘	下沉符号	下沉音，表示由高昂转为低平。
—	拖音符号	尾音拉长，表示语气、语调、语义延续。